朴正熙の時代
韓国の近代化と経済発展

趙利済／渡辺利夫／カーター・J・エッカート［編］

東京大学出版会

The Era of Park Chung Hee:
Modernization and Economic Development of Korea
Cho Lee-Jay, Toshio WATANABE and Carter J. Eckert, Editors
University of Tokyo Press, 2009
ISBN978-4-13-026137-1

目　次

序　章　韓国の近代化
　　　——歴史と制度の観点から　　　　　　　　趙　利済　1
- 第1節　植民地統治下の韓国…………………………………………5
- 第2節　植民地統治期における経済・社会インフラの遺産…………7
- 第3節　第二次大戦後の国家分裂……………………………………11
- 第4節　第一共和制および朝鮮戦争…………………………………13
- 第5節　第二共和制（1960-1961年）…………………………………15
- 第6節　軍事政権（1961-1963年）……………………………………16
- 第7節　後発国の産業発展モデル——資本主義開発国家……………18
- 第8節　社会科学理論——圧縮されたキャッチアップ型開発の帰結…21
- 第9節　東アジアのリーダーシップと権威の象徴……………………22
- 第10節　朴正熙将軍……………………………………………………25

第1章　5月16日軍事革命
　　　——歴史的視点　　　カーター・J・エッカート　35
- 第1節　軍事力強化……………………………………………………36
- 第2節　韓国軍の性格…………………………………………………39
- 第3節　文民統制の弱点………………………………………………45
- 第4節　米国の黙認……………………………………………………50

第2章　国民経済運営のための制度改革　　李　基俊　59
- 第1節　経済開発計画の立案と行政制度整備………………………59
- 第2節　五カ年計画のための制度創設………………………………67
- 第3節　業績と評価……………………………………………………74
- 第4節　大統領ならびに首相直属の諮問評価組織，大統領議長会議…79
- 第5節　国家政策研究機構の創設……………………………………86

第6節　国内ならびに海外の資本動員システムの強化……………… 89
　第7節　重要な企業団体の制度化………………………………………… 94

第3章　産業政策のダイナミズム
　　　——輸出志向型工業化（1961-1971年）　　　金　光　錫　101
　第1節　軍事政権による産業政策の転換（1961-1963年）………… 102
　第2節　輸出志向型工業化への政策改革（1964-1967年）………… 109
　第3節　製造業部門の重点的推進………………………………………… 121
　第4節　主要な社会間接資本の政策（1962-1971年）……………… 130

第4章　国家主導の近代化と科学技術政策
　　　　　　　　　　　　　　　　　　　　　　金　仁　秀　143
　第1節　技術移転政策と実際……………………………………………… 147
　第2節　技術波及政策と実際……………………………………………… 156
　第3節　研究開発政策と実際……………………………………………… 160
　第4節　高度知的労働者の育成政策…………………………………… 169

第5章　「偉大な人物」と韓国の工業化
　　　　　　　　　　　　　　　アリス・H・アムスデン　181
　第1節　ビジョン…………………………………………………………… 182
　第2節　キャッチアップ・モデル，アングロサクソン・モデル…… 189
　第3節　米国で教育された韓国人経済学者…………………………… 191
　第4節　経済発展のためのエンジニアリング・アプローチ………… 193
　第5節　朴正煕——優れた経営管理者………………………………… 197
　第6節　正当に評価されていない朴正煕の経済開発戦略…………… 200
　第7節　目標の超過達成…………………………………………………… 203

第6章　朴時代における経済開発への挑戦
　　　——ベンチャーキャピタリズム　　　　　渡辺利夫　211
　第1節　李承晩時代——米国の復興援助と政治……………………… 212

第2節　軍部による近代化……………………………………………… 215
　第3節　漢江の奇跡……………………………………………………… 219
　第4節　外資依存経済…………………………………………………… 224
　第5節　重化学工業化へのテイクオフ………………………………… 228

第7章　朴正煕開発戦略の移行経済への教訓
　　　　　　　　　　　　　　アレクサンドル・Y・マンスローブ　233
　第1節　後期ソ連邦における朴正煕遺産の再評価…………………… 235
　第2節　初期ロシアの朴正煕経済戦略に対する評価………………… 237
　第3節　1990年代後半期の朴正煕開発モデルに対する評価………… 240

終　章　朴正煕時代の経済発展
　　　　──開発経済学の観点からみる　渡辺 利夫・趙　利済　247
　第1節　経済開発と後発性利益………………………………………… 247
　第2節　輸出志向工業化の実現………………………………………… 249
　第3節　重化学工業化への軌道………………………………………… 251
　第4節　二重経済の発展と解消………………………………………… 252
　第5節　工業化と社会的公正…………………………………………… 254
　第6節　経済開発の対外的側面──日韓経済関係…………………… 255
　第7節　グローバリゼーションと北東アジア地域の経済発展……… 257

あとがき　259
人名索引　263
事項索引　265
編者・執筆者紹介　270

序　章　韓国の近代化
―― 歴史と制度の観点から

趙　利済

　紀元前3世紀，中国の思想家孟子は「恒産無くして恒心無し」という有名な一節を残した．生計手段を持たずに心の安定を失ったものは道に迷い，極端な方向に走って何も成すことができないまま最後を迎えるのであろう．生産活動が持続的に行われている地域においてのみ個人と社会は安定する．人々の衣食住が充足されなければ社会や国家の平和と安定を保つことは困難である．したがって優れた指導者はつねに質素であり，それゆえに尊敬される．立派な指導者は必要以上に民から収奪するようなことはしない．

　1950年代の初期に朝鮮半島では壊滅的な戦争が勃発した．飢餓と貧困の克服こそが韓国の直面した基本的な課題であった．孟子の一節を引用したのは，朴 正 熙(パクチョンヒ)政権の成功と失敗を歴史的に展望するに当たって，これが当時の社会的状況を適切に表現しているからである．ここで扱う時代は，朴正熙がクーデターを起こした1961年の5月から，彼が側近の韓国中央情報局部長に暗殺された1979年の10月までのほぼ18年間である．この時期に，朴政権は祖国の近代化に向けて革命的な努力をつづけた．その結果，韓国は決定的な転機を迎えて劇的な経済発展を達成し，「東アジアの奇跡」の中の4匹の虎の一つとして数えられるにいたった．

　朴正熙政権の終焉からすでに4半世紀以上の歳月が流れた．時間の経過にともなって朴正熙政権の18年間に起こった事件や変化を覆っていた埃が取り払われ，歴史を客観的に振り返る条件が整ってきた．未来を予見するよりも過去を振り返る方が容易であり，歴史は一直線に発展しないことを教えてくれる．実際，歴史は変革的な動きに彩られながらも周期的に循環しているかにみえる．

　およそ100年前の20世紀初頭には，韓国は朝鮮半島全体を領土とする単一

国家であった．しかし 20 世紀の韓国は北東アジアの地理的中心地として中国，日本，ロシア，やや重要度が劣っていたが米国など諸列強の抗争と競争の場となった．20 世紀の大部分，この地域の政治的な環境は軍事的な緊張と衝突，領土をめぐる競争がすべてであった．

　日清戦争（1894-1895 年）は朝鮮半島の支配権を競う戦争であり，中国は敗北の代償として日本に台湾を割譲し，さらに 2 億両を賠償金として払うこととなった．また日露戦争（1904-1905 年）は南満州の領土と韓国への影響力を巡る日露両国の衝突によって引き起こされた．かかる過酷で激動の時代環境の中にあって，小国韓国が独立を保ち，国家として生き延びることはきわめて困難であった．1905 年に日露戦争に勝利した日本は，南満州の旅順のような戦略的な重要拠点と朝鮮半島に対する支配力を確立した．以降，日本は帝国の領土拡大を目的とした植民地政策を展開した．1910 年に韓国は日本に併合され，日本の支配は 35 年間にわたってつづいた．

　第一次大戦において戦勝国となった日本は，中国のドイツ租借地を占領し，シベリア出兵といった名目的な役割しか果たさなかった．1919 年のパリ講和会議において，西欧諸国によって不平等な扱いを受けていた日本人は，人種と民族国家の平等に関する条項を入れるよう提案した．この提案は参加した大多数の国家から肯定的な反応を受けたが，米国を初めとする列強は自国内の政治的理由からこれを受理せず，代わりに日本を懐柔するためにいくつかの譲歩をみせた．振り返ると，パリ講和会議での最も重大な過ちの一つは，アジアで唯一の植民地支配国家日本に中国の領土と主権の侵害を許したことであった．

　パリ講和会議において日本の行動とその要求事項が黙認された結果，日本はアジア太平洋においてますます野心的で民族主義的な行動に走った．弱腰の北京政府を脅かして中国における多くの利権を手にした．第一次大戦で敗北したドイツからは，山東省（青島）におけるドイツの租借地と南洋のいくつかの小さな島々を獲得した．

　1919 年 5 月，青島の主権回復を願う中国国民の期待は裏切られ，青島は奪われてしまった．全国規模で空前の激しい怒りが燃え広がり，民族主義的な独立運動が始まった．ロシアのボルシェビキの指導者たちは，中国に対しパリ講和会議の条件と比べてはるかに友好的な立場を取り，ロシアが皇帝時代に獲得

したすべての利権を中国に返還する旨を宣言した．

　当時，多くの知識人は共産主義に傾き，5月4日，北京天安門広場の抗議デモに参加した．それとともに反植民地主義，反西欧，反日の感情が根を張り，外国の支配を免れ中国の主権を守るために外国の干渉を拒絶しようという決意が固まった．

　他方，日本は西欧列強から冷たい処遇を受けて民族主義を強化し，野心的な植民地拡大の道に突き進んだ．日本は帝国主義列強の仲間入りを果たしたことを西欧に示して，世界の関心を煽りたかったのである．1910年に朝鮮半島が日本に併合されてからは，韓国の独立問題がパリ講和会議で取り上げられることはなくなった．ベトナムの場合も，当時フランスのホテルの若いコック見習いであったホーチミンが請願書を提出したが，フランスからの独立はまったく問題にもされなかった．

　韓国の独立運動は，米国のプリンストン大学（ウッドロー・ウィルソン大統領が教鞭を取り総長も務めたこともある大学）で国際関係論の博士号を取得した李承晩（イスンマン）によって主導された．李承晩は亡命政府の指導者の一人としてパリ講話会議に出席するため米国政府にパスポートを申請したものの，拒否されてしまった．民族自決を重要な条項としていたウィルソンの14カ条を信奉していた李承晩には大きな失望であった．ウィルソン大統領は国際連盟を提唱していたが，米国がその一員として加盟しなかったために，この連盟はアジアの深刻な状況改善には何の役にも立たなかった．日本は実質的に中国の東北三省（満州）を支配して満州国を創設し，皇帝溥儀を傀儡として統治するようになった．傀儡政権は14年間しかつづかず，1945年の日本の第二次大戦での敗北により終焉したが，日本は中国の中央部にまで侵略して中国全土を戦争に巻き込んだ．

　日本による35年間の植民地支配を受けた韓国人は，日本の植民地政府が祖国にどんな害悪をもたらしたのかをよく知っている．この時期の韓国人は，祖国と独立の喪失，自立と表現の自由の喪失，文化的アイデンティティと尊厳の喪失といった，取り返しのつかないような酷い被害に苦しんだ．この問題については，すでに数々の著作があり多くの議論もなされてきたが，今なお糾弾尽きぬ問題である．どんな歴史上のプロセスにもよい面と悪い面がある．19世

紀後半までは「隠者の国」として知られていた韓国は中国を世界の中心と捉え，関心は大陸内部に向けられていた．世界は国際化する一方，韓国は中国化した政治制度，北京を中心とする伝統的な朝貢体制を堅持していた．

　日本では 1868 年の明治維新により徳川幕府が崩壊し，200 年以上もつづいた鎖国時代が終り，西欧の技術と思想を取り入れようと積極的に開国政策を進め飛躍の時代を迎えた．近代化の過程は，衣服から憲法，法体系から教育制度にいたる日本社会の隅々にまで影響を与えた．日本人はいわゆる「脱亜論」を取り入れ，アジアを脱し西欧のノウハウを導入した．日本人は清国や朝鮮を技術的に遅れた国とみなし，東アジアの価値観と西欧の科学技術との融合により近代化と経済発展を進めていった．明治維新に始まり 20 世紀に入るまでの間に日本は西欧に対抗できるアジアで唯一の近代国家へと成長した．日本の植民地拡大政策の結果として，韓国では長期にわたった鎖国の歴史が幕を閉じ，1876 年に日本と結んだ江華島条約により強制的に海外との通商を開始せざるをえなかった．

　自然科学における普遍的な自然法則や熱力学の法則によれば，エネルギー，物質，情報を外部世界と自由に交換できるような環境が与えられれば，どんなシステムでもより高いレベルに発展し成長することができるといわれる（Jian, Song）．同様に，開放やそれにともなう外部世界との接触や交流は，知的，科学的，経済的，政治的な変化と進歩をもたらすがゆえに，決してこれを否定的に捉えてはならない．果たして朝鮮は日本や列強に強制されなかったとしても，みずからを外部に開放したであろうか．これは議論の余地のある問題である．もし干渉されなければより長い時間がかかったかも知れないし，逆により短い時間で開放したかも知れない．東アジアでは儒教の価値観と伝統にもとづく排外主義的な傾向と政策が長期にわたって持続された．鎖国は日本では 200 年以上，中国では 450 年以上もつづいた．変化に対して強い抵抗があったので，大規模な革命や外国の支配を受けなければ，どんな手段を取ろうと「隠者の国」が開放されることはなかったのであろう．

　文明の歴史を眺めれば，農業（野生植物の育成や動物の家畜化）であれ軍事であれ，技術的に優勢なグループや国家が弱者を征服し支配し滅亡させるという先例に事欠かない．自然や地理的障害により例外はあるが，弱者が放置され

るという事例はほとんどなかった．トインビーは人類の文明史を「高い建物の上のコインほどの広さ」と表現するのだが，国民国家と主権，個人の人権の制度化が強調され，認められ，敬意が払われるようになったのは歴史の中でごく最近になってからのことである．朝鮮半島が日本によって強制的に開国させられたという事実は，これがどんなに痛切なものであったとしても認めざるをえない．ほぼ1世紀が経過した今となっては，朝鮮半島が外部世界に開かれたという肯定的な視点からこの現実の結果を客観的に分析することが望ましい．

韓国は，技能や技術が人間相互の接触や移住を通して移転していくという，技術伝播モデルのよい事例である．キリスト生誕後2, 3世紀の間に朝鮮半島からの移民により日本は大きな利益を享受したと歴史家たちは論じている．この人口移動は，製鉄技術や組織力，アジア大陸の騎馬民族国家が取り入れていた政治体制を日本に持ち込んだ．特に朝鮮半島からの渡来人を初めとする，大陸からの移住者が北九州や西日本に勢力を伸ばしたという歴史的証拠は多い．彼らは，大陸文化と物質技術とともに新しい統治体制を導入しながら徐々に東方に向かい，優勢な勢力に太刀打ちできない先住民を勢力下においていった．大陸の文化や技術の伝播とその影響は日本が門戸を開く19世紀までつづいた．

明治維新以後は，有力な文化や技術の導入の重要な表玄関となったのがかつて，裏日本といわれていた石川県，富山県，新潟県などの日本海に面している地域であった．その後，日本は近代化により強大な経済，軍事国家を築き上げ，さまざまな面で開発途上にあった中国や韓国の模範となった．日本が導入した西欧の科学技術，ならびにそれにともなう近代化の影響は朝鮮半島とアジア大陸へと波及していった．

この序章の第1節から第6節で韓国の近現代史を振り返り，第7節以下では韓国の経済発展が現代社会にどのような意味を持つのかを考察してみたい．

第1節　植民地統治下の韓国

長期にわたり日本人は大陸アジアの文化的優勢に敬意の眼差しも持ちつづけたが，明治維新によって近代化した日本人は，中国人や韓国人を啓蒙できない二等国民として扱い，民族的，人種的な差別感を抱くようになった．日本との

併合以降，韓国は日本国内の県と同等とはみなされず，総督府により植民地として統治された．総督府は日本政府が設立し，日本軍の大将級の将校が公的に統治する組織であった．伝統的な韓国の政権は植民地統治体制に置き換えられてしまった．

日本の植民地統治の目的は，日本の産業分野のニーズを充足させながら日本経済が発展していくよう韓国経済を改変させることにあった．当初，日本人は韓国を日本への食料供給地として，また日本の工業製品の市場として開発しようと努めた．1920年代の初期，日本はその技術を韓国に移転して，特に米生産など農業の生産性を高めることに大きな努力を払った．工業部門はそのほとんどが日本人によって所有され，投資もなされた．工業部門の完全払込資本における日本人のシェアは，1911年には32%，1917年には80%，1921年には90%にまで上昇した（Suh, Sang）．

日本は朝鮮半島を永遠にみずからの領土とし，半島を一層の領土拡大の基地として用いることを企図した．広大な中国東北部（満州）は，特に鉱物や農業資源など日本にはさして賦存しない豊富な天然資源に恵まれていた．1932年に日本は傀儡政権を満州に打ち立てたが，満州の政権は政治的また経済的な理由で日本の関東軍によって運営された．資源に恵まれた満州の生産物は朝鮮半島を経由して日本に最も効率的に供給された．朝鮮半島という連結部分が大日本帝国の生命線となった．鉄道幹線は東京に発し，大阪と下関を経過し，対馬海峡の海底トンネルを通って釜山にまでつなげる計画であった．釜山からソウルと新義州，さらに瀋陽と長春を経てハルビンにまで延長することが計画された．また長春市を大日本帝国の新しい首都にして，これに「新京」という名前をつけた．

韓国の鉱物資源，巨大規模の水力発電，低廉で質の高い労働力を利用できたことは，日本と満州の日本軍に物資を供給する好条件であった．満州で日本に統治された政府（満州国）が樹立された1932年以降，韓国はその地政学的位置付けのために戦略的に重要な地域となった．そのために1930年代の初期から1942年まで，それまで重きを置いていた米生産は大規模工業の振興策に取って代わられた．この転換は日本の軍事力増強のために激増する武器需要を満たすためであった．こうして日本は1937年に中国の主要沿岸都市に侵攻し，

1940年にはベトナム，次いで1941年の終わりには東南アジア全域を攻撃することとなった．

　日本の植民地支配の期間，韓国の農業部門はペースは遅いながらも比較的安定した速さで成長をつづけた．一方，工業部門は特に1930年代の後半には毎年農業部門の数倍ものペースで成長した．この時期の韓国の経済成長率は3%，人口増加率は1%であり，日本の植民地統治下で韓国経済は顕著な経済成長を経験した．

　韓国における工業部門の急速な成長は日本の投資によって誘導された．しかしその成長は韓国の外部から押し付けられたものであり，経済の伝統部門には直接関連がなかった．伝統部門と近代部門が相互に補完的に寄与し合い，両部門が同時に成長していくといった部門間連関効果が韓国で作動することはなかった．韓国のいくつかの産業部門は遅れたまま取り残されたが，いくつかの産業部門は日本の同じ部門と肩を並べるほど急速に発展した．

　植民地統治の後半期になると，日本は特定の軍事産業において資本集約的な発展を目指し最新の技術を導入した．このことがますます産業間の不均衡と顕著な賃金格差をもたらし，農業部門と工業部門の生産性格差は拡大した．1920年には両部門の生産性はほぼ同程度となり，農業部門の労働者1人当たりの実質生産額は工業部門の91%になったが，1940年にはわずか24%にまで落ちてしまった．韓国経済はこの不均衡により二重構造に陥ったが，日本経済の戦略的需要を満たす限りにおいて日本はこのことにまったく無関心であった．

第2節　植民地統治期における経済・社会インフラの遺産

　35年間にわたる日本統治の時代を振り返る時，技術や経済の発展の観点からみると韓国にとってすべて都合が悪いものばかりではなかった．帝国主義的な拡大と植民地行政を通して，日本は朝鮮半島にハードとソフトの両面で重要なインフラを建設し供給した．次の例は明白に認識できる．

　(1) 釜山からソウルを経て新義州まで半島をつなぐ主要幹線鉄道は中国国境を越え，満州国の主要都市と連結した．ソウルから北朝鮮を縦断して羅津まで

届き，そこから内陸へ向かって進みロシアのシベリア大陸横断鉄道に結びついた．
(2) 大規模な幹線鉄道と道路に対する投資は，半島の主要都市と釜山，仁川，羅津などの主要港湾施設を結び合わせ，韓国と日本との商業貿易を促進した．
(3) 朝鮮半島で最大規模の発電施設を持つ鴨緑江の水力発電所である水豊ダムや送電線網が設置された．
(4) 電話と電信網などの近代的通信システムが導入された．
(5) 西欧式の日本の教育システムが導入され，日本語による教育が徹底された．
(6) 京城帝国大学が設立され，農業，商業，医療，教員育成などを専攻する専門学校も設立された．

近代化の過程には以下のものも含まれる．
(1) 医療および近代的医療専門職の導入．
(2) 繊維その他の工業製品の工場建設．
(3) 鉱山業の近代化．
(4) 農業の近代化．
(5) 中央集権的な行政機構．

社会のわずかな部分に限られていたとはいえ，こうしたインフラの充足による社会経済的な利益は，その後の経済成長にとって有用なものであった．特に永続的な専門教育の便益，新しい技能や技術的なノウハウの習得，大規模な産業で日本人企業家とともに仕事をした経験，消費習慣の変化などは特筆に価する．植民地政策は韓国にとって苦い経験でもあった．日本は韓国から天然資源や人的資源，日本の需要を満たすために生産された工業製品や農産物を無理矢理に取り上げた．伝統部門は発展が遅く小規模であり，韓国人は農業部門でも工業部門でも主導的役割を果たすことができなかった．しかし両部門とも開発計画に組み込まれた結果，農業と工業でより高い生産性が達成された．日本への安定的供給を目的とし，韓国人の利益のためではなかったものの，高収量品種の米も導入された．この計画を加速させるために日本は農業専門学校と農業

高等学校を半島全域に設立した．

　1945年に日本人が韓国から立ち去った時，彼らは物理的に工場を持ち帰ることができず，逆にその工場を運営する人々を残していった．それまで管理職の役割を果たしたことのなかった韓国人助手たちは，すぐに管理を任せられる技術や知識を技術移転という形で習得していた．これらの部門を初めから新しく作り上げる必要はなかったのである．

　当時の条件を考慮すると，韓国の経済発展は著しかった．日本人は，もちろん韓国における主導権を失うことなど想定していなかった．もし彼らが追い出される可能性を想定していたならば，半島にこれだけ多くのインフラを供給するために大規模な投資はしなかったであろう．こういった急速な経済成長にもかかわらず，韓国人に対する物質的な恩恵は実際に考えられているよりも小さかった．日本から朝鮮半島に向かって多数の人々が移住した．同時に，多くの韓国人が日本の道路建設や鉱山，繊維産業といった公共的な事業のための安価な労働力となった．また韓国人は農業や工業における未開拓地の開発を求めて満州国に移住した．初めのうちは韓国人は強制的に移住させられた．しかし，後には日本人の農業政策や土地政策が功を奏し，多くの農民などの韓国人がよりよい生活を求めて自主的に日本や満州国へ移住していった．

　日本人には新しい居住地，教育機関，職場，政府機構においてつねに優先権が与えられていた．韓国人は政府の中で主導的な役割は与えられなかったが，これは日本が英国のような植民地支配国家と異なって植民地行政に現地人を参加させなかったからである．

　第二次大戦中，韓国人は徴兵や強制動員により多大な犠牲を払い，日本と太平洋，東アジア全域にわたる戦争地域において日本の軍事力を補完する活動に従事させられた．

　戦争が終結し，40年近くに及んだ日本の支配が終焉したが，その後数年間，韓国人の反日感情により日本のものだとすぐに特定できるものはほとんどすべてが破壊された．振り返ってみるとこれは不幸なできごとであったように思われる．日本のものであると認識されたものは，段階的に廃止，削除され，日本人が成し遂げたプラスのものをも取り払ってしまったが，これは後々の開発を妨げるマイナス要因となった．韓国人にとって日本統治の間に発達した制度，

行動，慣習を捨て去るのは容易ではなかった．高度に中央集権化された韓国の官僚機構は，意識はされないが厳しく統制された日本の植民地機構を模倣したものであった．一つの例は密かに監視して取り締まりを行う軍事警察であり，戦時中に非常に恐れられた憲兵隊であった．日本では戦後，米国占領軍が日本軍の兵器の後始末を行い，必要な手段を提供したりしたが，戦後の韓国の官僚体制は実は日本軍の組織の残骸を継承しただけのものであった．

日本は，主に日本的な国民的初等教育システムを通して韓国人の性格に強い影響を与えた．修身教育は儒教的倫理を日本的に適用したものであった．韓国人を日本帝国の臣民に同化するために韓国のすべての小学校で儒教的倫理が教えられた．韓国人としてのアイデンティティや国民的な価値観に合わせてこれを修正すれば，本質的な部分は韓国の現代的な教育システムに有益であったことであろう．残念ながら日本政府によって強制的に導入されたものであったために，韓国人はその廃止を強く主張した．それにもかかわらず1945年までに韓国人が受けた本格的な国民教育は韓国にとって初めての経験であり，日本式の学校教育制度は韓国の教育に深い影響を与えた．

韓国人はそれでもなお技能や技術といった日本の遺産を使いこなすことができた．この「人的資源」は韓国にとって最大の財産であった．

遅れて近代的列強に加わった日本の経済規模には限界があった．そのために，ロシアとの戦争に日本が勝利を収めることは容易ではなかった．日本は，定期的な弾薬輸送を装うために空荷の商業船を福岡と釜山の間で運航したりもしていた．他方，ロシアでは革命が勃発した．ロシア軍は1905年に西部で起こった国内の政治状況の混乱の収拾に没頭して，極東の増援要請に応えることができなかった．

仮にロシアが1905年の日露戦争に勝っていたならば，韓国は独立と国家主権を保持することができたであろうか．ロシアとソ連邦の歴史専門家の多くは，韓国は共和国か，ボルシェビキ革命以降のサハ共和国（ヤクーチャ）やカザフスタンのような保護領になっていたとする説を支持している．領土所有に対してつねに強硬な態度を堅持したロシアが韓国に独立権を与えたとは思えない．1991年にソ連邦が崩壊してやっと韓国は独立国家になったということなのであろう．20世紀の大部分において韓国は欧州や米国の教育，技術，科学，開

発資本，経済発展のノウハウに接することはおそらくなかったであろう．開発の軌跡は日本が統治した場合とはまったく異なったものとなっていたであろう．半島にはほとんど投資はなされなかったであろう．釜山や仁川といった不凍港を探していたソ連邦は，軍事や経済を目的としてソ連人が多く住む沿岸地を開発したであろう．ソ連邦の統治下では，経済的インフラと人的資源の開発の面で朝鮮半島の近代的経済発展は3，4世代ほど遅れていたにちがいない．

第3節　第二次大戦後の国家分裂

　独立した韓国の現代史は，1945年に朝鮮半島が日本の植民地統治から解放された時に始まったといえよう．もし20世紀前半において，日本，アジア太平洋が関係したあの歴史的事件がなければ，韓国は永久に独立と文化的アイデンティティを失っていたかも知れない．

　20世紀の後半になると，朝鮮半島に影響力を持つ大国の中で米国が顕著な役割を演じた．1918年に第一次大戦が終わり，ドイツとその同盟国を破った主要列強（米国，英国，フランス，イタリアなど）がパリ講和会議を開催して，欧州と中東の領土を分割し新興国家を成立させた．領土の分割と境界線の設定のためには，歴史，文化，言語，人種などを詳しく調査し考慮する必要がある．さらには政治経済的側面や主要列強国の利害，勝者であれ敗者であれ参戦した国家についての考察も必要である．領土分割を試みたパリ講和会議の歴史的結末について高い評価を与えることはできない．多くの場合，便宜的で無計画であった．そのために20世紀前半の短い期間に，再び血まみれの衝突や戦争などの悲劇が起こってしまったのである（MacMillan, Margaret）．

　歴史からの教訓に学ぶことは容易ではない．第二次大戦直後に起こった不運な事件により，朝鮮半島は38度線によって北朝鮮と韓国に分断されてしまった．38度線はペンタゴンの陸軍少佐が提案し，ソ連邦が軍事活動の境界としてこれを認めたものである．南は米国，北はソ連邦による占領軍が活動することとなった（Cho and Kim, eds.）．

　1945年に始まる第二次大戦後の時期，日本の植民地統治が終焉したこの時期，1948年に大韓民国政府が成立したものの，政治的な不安定や経済的な混

乱，貧困や社会的動乱には激しいものがあった．韓国人の大規模な移動が起こり，何百万もの人々が中国や日本の国境を越えて母国に帰還し，また38度線を越えて移動した．7万に及ぶ日本人の植民地行政官が退いた後，実質上まったく制度がない地域で起こったこの民族移動は社会的，経済的な負担を増大させた．政治経済的な仕組みは事実上麻痺していた．国家の人為的分断により，韓国の指導者たちは国家分断，政治的連合，統一といった政治的問題に多くのエネルギーを注がざるをえなかった．その結果，人々は絶対的貧困と栄養失調と苦痛に喘ぎ，悲惨な状況はこの時期の非常に高い幼児ならびに成人の死亡率がこれを証している．

韓国問題を担った米国の指導者たちには理解や真剣さが欠けており，効果的な政府の樹立に失敗した．韓国における米国の軍事政権は1946年1月に設立された．その政権は東京のマッカーサー元帥率いる司令部を通しワシントンの指示を受けて運営されたが，もちろん司令部の優先事項は日本の戦後統治であり，韓国の問題にはほとんど関心がなかった．広く認められていることだが，占領軍が行った根本的な構造転換は日本の経済と政治の発展に対して長期的な恩恵をもたらした．しかしソウルの米国軍事政権は何の準備もなく一貫性を欠き，韓国の歴史，文化，制度，人民に対して無知であった．

不幸にも朝鮮半島は人為的な外部の政治的判断によって分断され，南北の補完的な経済関係は失われてしまった．北には，鉄，石炭，タングステンといった多くの天然資源があり，日本人によって建設された大規模な工場があったが，南には農業しかなかった．さらに悪いことに，朝鮮半島に存在した多くの工場は朝鮮戦争で破壊されてしまった．南は初めは北より大きな人口を擁し，また朝鮮戦争の間に北からおよそ200万人もの移民が南下した．これらの多くの人々は高度な教育を受け経済的に恵まれており，さらに専門的な知識や管理能力を備えていたために，南の人的資源の質はますます高いものとなった．戦後，日本や満州から戻った何百万もの韓国人は同じように貴重な経験や技能を韓国にもたらした．

第4節　第一共和制および朝鮮戦争

　韓国の著名な独立の指導者となった李承晩は，米国に追放されて人生の大半をここで過ごした．第二次大戦が終わった1945年に韓国に帰国して，統一された独立国家を設立するためにあらゆる外交的手段を用いて精力的に米国に働きかけた．しかし，北朝鮮の指導者たちは国連委員会の監督の下で提案された総選挙案を拒否した．総選挙を通じて統一した政府を形成しようとするすべての努力が失敗に帰し，韓国には南に独立した政権を作る以外に選択肢は残されていなかった．1948年の5月に国連の監督の下で総選挙が行われ，李承晩が大統領に選ばれた．1948年8月15日に南では大韓民国の建国が宣言され，北ではソ連邦の指揮を受けて朝鮮民主主義人民共和国が建国された．朝鮮半島は二つの政治的に相容れない敵対する陣営に分断された．李承晩政府は韓国に残っていた共産主義的な活動を排除して，共産主義の共鳴者を葬り去っていった．

　1950年6月25日に始まった北朝鮮の侵略に対して，カリスマ的なこの初代大統領は米国などから構成される国連軍の直接的な関与によって韓国を守ることに成功した．3年もつづいた凄惨な朝鮮戦争は，韓国の資産の4分の1を破壊し，3万6000人の米国兵を含む100万人以上の人命を犠牲にした．休戦協定が1953年7月27日に調印されたが，それを受け入れる条件として李承晩は米国と相互防衛条約を結ぶ決断をした．後に二国間の安全保障関係の礎となったこの条約は，どちらかの国に軍事的な攻撃があった場合に両国が憲法の手順に沿って共通の脅威に臨むことを約定した．北朝鮮の侵略に抗して大韓民国が生き残るために，李承晩政権は系統的に韓国軍を最大の公的社会組織として増強し，独立国家としての大韓民国の基礎を築いたのである（李承晩時代の詳細については，Oliver, Robert）．

　李承晩は独立した近代国家としての政治的基盤，ならびに飛躍的な経済発展のための基礎作りに精出した．土地改革案は米国から出されたものであったが，北朝鮮で土地改革が実施されたことに鑑み，韓国においてもこれを行う政治的必要性が少なからずあり，改革を韓国に導入することにした．李承晩大統領は，土地改革は農民階級に土地を返すための政治的権利を確保する方法だと考え，政治的な反動勢力に対抗した．この改革は地主階級（両班(ヤンバン)）から成る政治的対

抗勢力に打撃を与えたいと考える大統領の意図と一致していた．

　土地改革は二段階にわたって実行された．まず日本人によって所有され管理されていた土地を農民に割り当てた．そして李承晩の指導により政府は韓国人所有の大規模な土地を分割して，所有者1人当たり3ヘクタールを上限と定めた．政府は地主階級によって供給されていた種子，肥料，資金といった投入物を短期間に補填することができなかったために，短期的には土地改革時の混乱によって初期の農業生産は落ち込んだ．しかし長期的には土地改革の成功は生産性の向上をもたらし，これが地方の政治的安定に寄与した．

　この改革は，少なくとも二つの点でより公平な資産と所得の分配をもたらした．一つには，貧しい農民が以前は日本人と地主階級によって所有されていた資産の一部を受け取ったことであり，二つには，地主たちが国債の形で部分的な補償を受けたことである．戦後の恐ろしい程のインフレによってこれら国債の価値は急速に下落して，所得の再分配に貢献した．

　李承晩は戦時の非常事態と社会的混乱にもかかわらず民主主義の理念を維持し，民主主義制度の基本的要素を機能させた．半世紀の韓国の歴史を振り返ると，表現の自由，報道の自由，国会議員と大統領の直接選挙といった面では，李承晩時代が最も進歩的であった．この時代には地方自治も実験的に試みられた．

　大統領の部下の政治家や官僚たちは大統領に報告することなく数多くの行政的判断を下し，李承晩政権の晩年に広がった汚職の原因となった．当時なされた非難とは逆に，いずれの腐敗も大統領個人に帰することはできない．李承晩は個人的には派手ではなく，富を蓄えることもなかった．最後にはより民主主義的で清廉な政治と政府を求める世論が湧き起こったが，李承晩はその命令に従うことを拒否した．1960年に彼は85歳になっていた．老齢になり，大韓民国の移り変わる政治や社会の現実を評価するには彼の考え方は保守的に過ぎた．彼はいくつか悪い前例をもって韓国の憲法史に汚点を残した．特に憲法に無理やり修正を加えることにより1952年には再選を果たし，1957年には彼の個人的な権威を高めるために同じことを繰り返した．1960年3月の地すべり的大勝利によって在職4期目を迎えたが，偽装選挙や反対勢力への暴力に対する非難が巻き起こり，在職4期目の大勝利は台無しとなった．高まる政治的な不満

や政府の汚職，また新しい機会が与えられないことに対する若い世代の絶望，朝鮮戦争からつづいた経済的苦難などの結果，李承晩の独裁主義的政権は1960年4月に起こった学生暴動によって転覆されてしまった．

第5節　第二共和制（1960-1961年）

　長い混乱の時期を経て憲法が改正された．新たな選挙により1960年の8月には張　勉（チャンミョン）首相による新政府が確立され，独裁主義的政権は民主主義的政権へと変わった．しかし1960年，1961年の民主主義においては十分に安定した指導力が欠けており，政治的な分裂が深刻化し，それぞれが勝手に権力を振るった．混乱状況は強力で決断力のある政権を必要としたが，政権は脆弱で優柔不断と国民には映じた（Henderson, Gregory）．政治的混乱は制度と市民の秩序を乱して復興と経済発展に向かう努力を無にし，社会の崩壊につながった．

　主に李承晩の強力で老練な指導力により，1961年まで軍部は政治的に中立の立場を取っていた．しかし張勉政権は脆弱に過ぎ，軍部に対して文民優位を保つことができなかった．朝鮮戦争以降に軍部が韓国社会で最も強力な組織になった事実をみると，軍部の政治介入の可能性は非常に高いものであった．振り返れば，張勉政権が成立して9カ月以内に崩壊してしまったのは残念である．もし十分な時間があったならば，内閣制が機能して韓国の民主主義制度への地盤を固めることができたかも知れない．

　1953年の休戦から始まった韓国の戦後復興の努力にもかかわらず，経済は停滞し住民は最低生活水準のままであった．李承晩政権は米国からの援助を主な財源として，インフラと産業施設の再建に乗り出し価格の安定化を図ろうとした．朝鮮戦争からの回復は遅く，1953年から1961年の間，韓国は米国からの大規模な経済的，軍事的援助に頼って生き延びた．1953年から1961年まで年平均実質経済成長率は3.9％に過ぎず，他方，人口は年間平均で2.9％で増加したために，1人当たり実質所得成長率は1％にも満たなかった．

　この非常に重要な時期に外資が大量に流入し，その後の成長は疑いもなく容易になり，韓国は崩壊を免れ大規模な飢餓や経済的混乱を防ぐことができた．1945年から1983年の間に韓国に提供されたすべての援助や支援を推定すると，

260億ドル以上にもなった（AID, 1961年時点でGNPは26億ドル）．大部分の援助は無償援助や贈与であり，3分の1は朝鮮戦争の間に，またそれ以降に主に提供されたのは軍事援助であった．戦後復興と経済的再生を促進することにより，これらの支援は1960年代の発展への基礎となった．これ以後の章で議論されるように，経済の近代化は1961年に成立した新政権にとって最も緊急な課題の一つであった．

第6節　軍事政権（1961-1963年）

朴正煕将軍によって率いられた1961年5月のクーデターは，韓国社会における軍部の影響力を劇的に増大させ，以降27年間もつづいた軍部の政治介入の始まりとなった．軍部による政権奪取は，腐敗した政府の汚職，非効率な官僚機構，社会不安，国民精神の沈滞，遅れる経済発展，広まる貧困という韓国の厳しい現実の中で正当化された．新しい軍事政権は祖国の近代化という基本的なイデオロギーの下で政治改革を断行し，徐々に社会の規律と秩序を取り戻した．伝統的文化の価値観を強調し，自立的な国民精神を喚起して個人の改革と再教育に乗り出した．

新しい軍事政権が経済発展のための政策立案を開始した当初，国内貯蓄は低迷し，外国援助は質量ともに急速に落ち込み資本は不足していた．企業は大衆の信頼を得ることができず，豊かな企業家能力を持つ人材も不足していた．このような状況の中で軍事政権は国家発展の政策を準備し，リーダーシップを積極的に取った．1961年から1963年の間に軍事政権は産業発展の制度的な枠組みを確立した．

経済企画院（EPB）が1961年7月に設立され，この組織は副首相兼務の経済計画首席長官によって率いられた．EPBは後に発展計画と政策立案に責任を持つ強力な官僚機構へと発展した．この組織の強い権限の下で，財務部，商業貿易部，交通部，農業部，保健社会部，科学技術部などの諸機構が調整された．

1962年から1966年までの第一次経済開発五カ年計画はEPBにより立案され，政府は投資計画を実行した．主な争点はいかにして大規模な産業投資プロ

ジェクトの資金を確保するかにあった．1960 年代に極度に低迷していた国内貯蓄，非効率的な金融組織，資本市場の欠如，外国援助の落ち込みといった厳しい制約の下で，軍事政権は長期的資本を産業活動に供給する仕組みを新たに創設しなければならなかった．工業化のために資本を供給する必要性から，政府は国内信用と外国からの融資を促した．

この措置は，資本割当における政府の影響力を強めたのみならず，特に海外からの貸付資金の利用可能性を拡大することに貢献した．実際，外国融資の償還保証制度（融資希望者は EPB の許可を必要とする）は，実質的に外国資本流入の増加に寄与した．

1960 年代の初期，政府は中央銀行（韓国銀行）による貸出超過をつづけたが，これが産業活動に資本を供給する有力な源泉としての役割を担った．その結果，商業銀行と産業活動の関係が緊密なものとなった．公式には短期的な信用であるが，事実上は長期的な当座勘定（いわゆる商業銀行の回転融資）であり，商業銀行が経済活動の長期的投資に融資する産業投資銀行の役割を果たした．政府の開発計画の優先度に合致する限り，企業は個々の純資産を上回る融資を商業銀行から受ける権利が与えられた．一方，商業銀行は中央銀行から超過貸出を受けた．中央銀行は金融システムの最終的な保証者であり，財務部の大臣は金融通貨委員会の委員長を務めた．それゆえ政府は商業銀行の融資政策の決定に際して細部にわたり影響力を発揮した．中央銀行が債務不履行の企業の命運を決めるのに大きな役割を演じ，間接金融は韓国企業の高い負債率にともなう大きな金融リスクを軽減することになった．外国の貸し手に対しても金融リスクを減らすことにより，大規模な外国からの融資に道を開いた．結局，工業化の初期，韓国政府は戦略的な成長産業を選んで彼らに資本を提供し，また私的企業が負う大規模投資のリスクを引き受けたのである．

他方，国内資源を成長と雇用のために動員する手段としての通貨発行は，急速な通貨供給につながり，インフレを誘発した．高率のインフレに対処するために，政府は後の章で分析される所得政策に頼った．1961 年に軍事政権が導入した最初の政策手段は完全な価格凍結であった．価格凍結は 2 カ月後に解除されたが，高いインフレによる低所得家計への負担を緩和しながらインフレを抑制するために，政府は引きつづき選択的な価格統制に頼らざるをえなかった．

政府は，要素市場では利子率と賃金の統制に介入し，商品市場では価格統制により市場に介入した．この政府介入は長期的には資源配分の歪みを帰結した．利子率と賃金への介入の失敗により，1964年と1965年には外国為替レート改革，輸出促進政策，輸入自由化の措置が必要になった．これらの政策の策定は，1963年10月に朴正熙大統領が総選挙に勝利して選挙民の支持を得た後に導入された．総需要政策は成長と雇用の促進に向けられ，価格を安定させるために政府は引きつづき価格統制の方法を独占的に用いた．

第7節　後発国の産業発展モデル──資本主義開発国家

国家はいったいどのようにして貧困と飢えを克服することができたのだろうか．後発国はいかにして先進国に追いつくことができるのだろうか．後発国の経済発展理論はソースタイン・ヴェブレン，ジョセフ・シュンペーター，およびアレクサンダー・ガーシェンクロンといった先駆者によって開拓された．この理論はさらにチャーマーズ・ジョンソンによる資本主義開発国家モデルによって精緻化され，最近ではアリス・アムスデンによる韓国研究やロバート・ウェードによる台湾研究が代表的なものである．

開発途上国問題の分析には異なるパラダイムが必要であり，アルバート・ハーシュマンは「グループとしての開発途上国は，数多くの共通した経済的な特徴により先進的な産業国家とは区別される．伝統的な経済分析は工業国に偏っており，開発途上国を扱う場合には数多くの修正がなされなくてはならない」と述べている（Hirschman, Albert O.）．

「後発国開発」とは，産業革命による最初の恩恵を受けた国家からの影響を受けて起こった経済発展を指す．ハーシュマンによって議論された後発国開発の理論は，とりわけ1870年以降のドイツや1868年以降の日本といった非マルクス主義的な二つの重要な後発国を対象とするものであった．韓国や台湾など東アジアの後発国開発は日本の産業化に対応して生じたものである．後発開発国と英国のような先発開発国の違いは，前者にとってはブルジョアジーの台頭，民間投資，企業家精神，宗教といった社会経済的な要素が，意図的に工業化を行おうとする政治的決断ほどには重要でなかったという点にある．発展の開始

時期が遅い国ほど，他の条件が同じであれば経済発展における国家の役割はより重要となる，というのがガーシェンクロンの一般命題である．確かに東アジアの後発国にとっては国家が富国強兵を目指した社会変革において大きな役割を演じた．この点はマルクス主義的な国家の場合においては明らかであった．しかしアングロアメリカンの経験を過度に一般化した経済学者たちは，このキャッチアップ・モデルがその他の成功した後発国に適用可能であるか否かについてはほとんど考慮していなかった．

　ドイツと日本は政権が経済の優先事項を決めて開発を推進したが，下からの産業化を望むブルジョアジーは発達しておらず，政府に対する社会的反対はなかった．チャーマーズ・ジョンソンによれば，そのような開発政権には二つの基本的な種類がある．一つは，レーニン＝スターリン的な全体主義モデルであり，もう一つは，ビスマルク＝明治政府的な権威主義モデルである．両方の政権とも社会目標の設定，強制貯蓄，重商主義，官僚主義を旨とした．レーニン＝スターリン的な戦略では，目標のために市場を社会主義的なものに置き換え，ビスマルク＝明治政府的な戦略では，市場に適合した計画的目標を立てそれを達成するために市場を利用した．共産主義的な中央指令型経済では国家がすべてを所有支配し，資本主義型開発国家では財産の純粋な私的所有を原則としたが，経済的な諸決定は国家が間接的にこれをコントロールした．資本主義型開発国家は共産主義に比して圧倒的に効率的であったものの，完全競争による理想的な市場経済ほどには効率的ではなかった．また資本主義国家は社会的目標の達成という点からみて，純粋な市場経済体制に比べて効率的であった (Johnson, Chalmers)．

　歴史的にみると，社会が激しく揺れ動き政情が不安定になった後，それにつづいて高度経済成長が起こるという例が多い．工業化は社会や制度の発展に応じて生じるものではなく，これに先行して発生する現象であることが多く，このことは後発国によく当てはまる．

　19世紀後半のドイツと日本のエリート階層が行った政治的問題解決は，チャーマーズ・ジョンソンによると次の4層からなる形態に分けられる．最初に，最小限必要な利害グループの中で保守的連合が組まれ，秘密の組織が長らくその核になる．次に，エリート階層が組織目標の達成と衝突する可能性のある集

団，とりわけ労働運動の形成を妨げる．第三に，エリート階層がイデオロギーを発展させてこれを社会に広め，一国の社会的な状況は政治的な判断によるものではなく，その国の文化，歴史，封建主義，国民性，気候などの結果であることを国民に説得する．最後に，エリート階層が国家の誇りを発揚し，憲法や政治制度の発展から注意を逸らすべく陽動的に行動する．ビスマルクと明治の寡頭政治以降，最も一般的な陽動行動としては帝国主義があげられる．しかし最近の数十年間，オリンピックや輸出振興，市場シェア競争，中国においては計画経済といったことがその代わりの役割を果たした．エリート主義はドイツや日本，韓国や台湾における現代史が証明するように非常に有効であるが，他方，それに耐えられるほどに政治が発展していない場合，難局を迎えた時には大きな犠牲を払わざるをえない．

経済や政治の発展は動態的な過程であり，加速的な成長を遂げた後発国家は後により大きな社会変化や混乱に陥るかも知れない．長期的に現状維持を図ろうとする努力はかえって大きな政治的不安定を誘発しかねない．実際，初期の産業国家はマルクスなどによって予測された運命的結果を回避するために，苦しい段階を経て発展してきた．資本主義型開発国家は，今までと同じように今後も政治や社会的な規範において内部的試練に直面するにちがいない．

韓国のようなキャッチアップ段階にある国においては，完全な民主主義は政治的安定を損なう危険があり，同時に急速な工業化にともなう激しい社会的動揺が起こりうる．韓国における完全な民主主義は，単に国をコントロール不能にしてしまうだけのものかも知れない．韓国の発展を持続させるための最も重大な問題と挑戦は，どうやって韓国の労働運動を政治から脱却させるか，さらに労働組合の生産的貢献をいかに企業組織と調和させるかにある．これと関連して1960年以降の日本の優れた成果の一つは，労働者の要求する仕事の安定性を報酬により満たし，労働者を政治から切り離したことにあった．日本は，よく教育され搾取を受けることのない企業内組合に組織化された労働力という非常に大きな比較優位を享受した．

しかしながら，強調すべきは，連続して進行する民主化は幅広い政治参加を促す誘因になるということである．社会や制度の透明性を高め，避けられない社会的腐敗を徐々に減らし，既得権益集団の抵抗を弱める．資本主義型後発国

家モデルの金言は，ジョンソンによる次の表現の中にある．「上からの指令で成功した経済開発は政治的正統性をある程度は与えるが，最終的にその合法性は統治されるものの同意によって初めて承認される．民主化をしばし遅らすことは可能であるが，無期限にこれを遅らせることはできない」．

第8節　社会科学理論——圧縮されたキャッチアップ型開発の帰結

　後発国開発もしくはキャッチアップ型開発の理論は，時間的に圧縮された開発の結果についての論理と結びつけて考えられなければならない．経済開発は単に1人当たりGDPの増加としてではなく，文化と制度を包含するより大きな社会変容の一部としてこれを受け取るべきである．明治維新とその後の急速な経済発展は，社会のすべての階層が動員されこれが経済的生産に向けられた社会的現象であった．急速な発展はしばしば次のような帰結をもたらす．

　(1) 人間を含むすべての生き物と同じように，社会と経済の制度は成長と発展の段階を踏み，不可逆的な老化のプロセスを経る．社会と経済は同じ老化の段階を歩む．

　(2) 開発過程を短期化するには，ある程度の革命的で劇的な行動，もしくは制度の配置や枠組みにおける徹底的な改革が不可欠である．このプロセスでは大規模な社会的エネルギーが必要であり，過去100年の歴史的な経験からみると，資本主義型開発国家のモデルにおいて議論されたように，効果的なリーダーシップが発揮される．

　(3) 社会と経済の目標を達成するために導入されるトップダウン型の方法は，大多数の民衆の支援を引き出して初めて可能となる．そのためには民衆による社会的目標と価値観の内部化が必要であり，これには歴史，制度，文化，時代の精神が大きな影響を及ぼす．

　(4) 望ましいレベルの社会的一体性や，開発目標達成のための社会的調和を得るためには，効率的なリーダーシップが必要である．しかし極端な社会的一体化や一致団結の下では，政治経済的な機能は十分には働かず，特に経済市場はうまく機能しない．こうした社会的一体化には第一次大戦後のナチスドイツの例のような危険性が潜んでいる．

(5) 持続的で一貫した効果的リーダーシップがなければ，急速な成長を促進する新しい制度は徐々に蝕まれ，最後には機能しなくなる．政府や政治組織において，個人の強欲や集団利害の強い主張は，制度，体制を崩壊させ，社会政治的な不安定性の一因となる．急激な民主化の進展は政治的腐敗につながりやすい．全国や地方の行政職を選ぶ選挙プロセスでさえ非常に大きな費用がかかる．そうした過度に民主的な手続きは社会的調和や均衡を歪めてしまい，社会的規律や制度的高潔を蝕む．

(6) 文化や制度，人々の行動面での遅れは，社会的調和を阻害し，開発目標の達成を目指す社会の統合に歪みを与える．確立された一貫したリーダーシップは，国民に社会目標の理解と認知を図り，また教育を通して市民意識に働きかけることによって，制度の発展と安定を促進する．このようなリーダーシップは上述した遅れによる好ましくない結果を克服するのにきわめて重要である．

(7) 制度発展には，社会の個々の成員が抱く市民社会の基礎的な要素がともなっていなければならない．それを欠いた急速な民主主義のプロセスは，選挙民に発展の成果を誇張することになり，その結果，制度の老化を早めて国民の一人一人が抱く期待を過大なものにしてしまう．生産至上主義の制度から消費と享楽に適した制度に向けての社会経済の移行は，産業化を達成した国家に比べて非常に速いテンポで進み，経済社会の早熟と急速な老化につながる．

本章の結末で議論されるように，朴正煕以降の韓国の数十年間はこの社会科学的論理に仮定される不穏な結果のいくつかを，すでに実践済みのものとしてしまった．

第9節　東アジアのリーダーシップと権威の象徴

東アジアの発展を振り返ると，国家発展のために制度化されたリーダーシップについてもう一つの社会科学的理論が必要となろう．東アジアと東南アジアにおいては権威の上に成り立つ制度化されたリーダーシップが，急速な経済開発にとっては歴史的，文化的，政治社会的な理由からどうしても必要であった．しかしながら「穏健な権威主義」の形をしたこのリーダーシップは，市場を重んじ，自由な企業活動と調和的なものでなければならない．「穏健な権威主義」

は，資本主義型開発国家のエリートがこの政治形態を通して目標を達成することを本義とする．「穏健な権威主義」は，合法性と国民主権の公的体制の中で働く隠れたエリートによる具体的な支配権をその内実とする．

　制度化されたリーダーシップを持つ国々では急速な経済発展が達成され，その論理は簡単な実証によって可能となる．明治維新以降の日本では，天皇の象徴的存在が人々の意識に権威の感覚を与え，この感覚が社会全体に浸透した．韓国には権威主義的リーダーシップを備えた大統領制があり，時期は同じではないが，大統領を直接的また間接的に選出してきた．朴正熙と李承晩の2人の大統領は，民衆が認め評価する柔軟な権威主義的リーダーシップを発揮した．このように民衆から与えられた伝統的な信頼により，彼らは国家の再生と経済開発という歴史的な使命を達成することができた．中国国民党の主導者たちは，大陸で統一や政治の安定性を実現することはできず，中国本土から台湾に追いやられてしまった．しかし彼らは「繁栄する経済」という政治哲学をもち，蒋介石および蒋経国による統治の期間中に公正な政府が創られた．台湾の戒厳令は1988年まで緩められることはなく，それまでに経済はすでに急速な成長を遂げていた．タイにおける君主政治は象徴的なものだが，それでもなおタイの人々は君主制を社会の権威の根本的な核であると捉えてきた．

　リベラルな民主主義の原理がうまく機能した社会として，シンガポールは急速な経済開発を達成したもう一つの例である．実際，ケンブリッジ大学で学び西欧の市民社会に理解を持つリークヮンユー（李光耀）首相の下，シンガポールは制度化されたリーダーシップを確立した．彼は実利主義的なアプローチならびに市民社会の本質を儒教の価値観と結び付けており，シンガポールの民衆を動員するためにエリート主義のリーダーシップを発揮した．そうして経済発展が達成された．多くの点でシンガポールは非常に統制化された社会である．報道，学校制度，大学，都市計画，住宅，法と秩序，民衆の倫理規範などの面での統制化が進んでいる．

　マレーシアにおけるイスラム教国の君主のスルタンは，制度化されたリーダーシップの権威を示しており，スルタンは君主の州を5年ごとに交替する．このシステムは象徴的なものであり，直接的リーダーシップの権威の基礎となった．英国から導入された議会制は過去の数十年間にわたり実施されてきたが，

これはマレーシアの文化と民族的な特殊性によって阻まれた．かろうじて多数派を占めるマレー人とその他の現住民族が政治的な力を振るい，一方で経済界は少数派の華人系（人口の30％以上）の人々によって支配されてきた．このためにマレーシアでは，シンガポールやタイで実現できたほどには経済開発に向けての国家的統合を実現することができなかった．

ベトナムその他の東南アジア諸国においては，経済開発のための要素資源を考えれば，その経済発展のパターンはおそらく同じように制度化されたリーダーシップによる国家的経済開発を通じて導かれるであろう．

フィリピンはこれらの支配的なパターンに属さない興味深い国である．20世紀の初頭，米国はフィリピンを自由民主主義と経済発展へと誘導しようとしたが，これが根付くことはなかった．1980年までフィリピンの1人当たり所得は日本を除くすべての東アジアの国よりは高かった．それでもなおフィリピン人は，発展という国家目標に沿う制度化されたリーダーシップを持つことはなかった．

もう一つの例外は北朝鮮である．死去した金日成（キムイルソン）と現在の金正日（キムジョンイル）の下で非常に強力な権威主義的リーダーシップが北朝鮮にはある．彼らの存在自体が国家目標を体現している．経済は歪んだ共産主義体制により悪化しており，これは国家的発展のために必要なリーダーシップの種類にとってきわめて興味深いものであり，他の国々と対照的である．

中華人民共和国は，経済を世界に開放してますます実用的な経済システムを取り入れており，現在はイデオロギーと産業において移行期を迎えている．鄧小平は1980年以前の共産主義国家を支配してきた計画経済の概念を革新し，自由市場システムにも計画が存在するように，計画経済にも市場が存在すると述べた．ここ20年間の政治的安定，鄧小平や江沢民や現在の胡錦濤による制度化されたリーダーシップにより，経済は1960年代と1970年代の韓国のそれに匹敵する急速なペースで力強い成長を遂げている．鄧小平は完全に公式の役職から外れても死去にいたるまでなお最高の政治リーダーでありつづけた．公式の指導者たちは彼の許可を受けなければならなかった．ほぼすべての中国人の頭の中には，鄧小平は権威とリーダーシップの象徴として存在していた．制度的な枠組みがなければ彼は冠のない皇帝と呼ばれたかも知れない．

上述した事例のうち北朝鮮とフィリピンを除いて，各国に共通するリーダーシップの特徴は，国家の利益と民衆の道徳的規律のために権威を用いたことにある．多くの場合，リーダーシップの特徴としてこれを極端に誇張せず，むしろ一般市民の生活に対する強い関心を示したことがあげられる．いくつかの成功した開発途上国では，リーダーは個人的には質素で政治的にも誠実であり，物欲から解放されていた．

　これらすべては権威主義者であり，強硬なものから柔軟なものまで種々のタイプに分けられる．民主主義と穏健な権威主義との妥協は，アジアのリーダーである朴正熙や鄧小平などが想定していた漸進的な民主主義化のプロセスの中に見出されるかも知れない．東アジアの歴史では，皇帝や王，その他のリーダーは権威主義的のみならず慈悲深く道徳的にも正しいものとして描かれてきた．民衆はつねにそのような指導者につき，彼らを支援した．東アジアの人々に教え込まれた数千年の経験，伝統，価値観を考えてみると，これらの経済的に成功した国々における柔軟で，しかし強力な権威主義的リーダーシップは例外的なものとはいえない．

　歴史は直線的には進まない．一定の循環的なリズムと不規則なテンポで動いており，突発的な出来事に彩られている．歴史過程の底流にあるものは変化のさまざまな要素であり，時には偶然に思えることがリーダーとしての個人やその追随者の集団が取った行動の結果であることも多い．

第10節　朴正熙将軍

　1894-1895年の日清戦争は，日本が清国の従属国と考えられていた朝鮮半島に侵入して勃発した．日露戦争は朝鮮半島の支配権をめぐり1904年2月8日に始まった．日本はロシアが満州に影響力を保ち，日本が朝鮮半島に影響力を持つことを提案したが，ロシアは拒否した．1910年における韓国の日本への併合により，韓国では独立への動きが国内ではもとより，中国，欧州，米国などの海外でも活発になった．第二次大戦と日本の敗戦により，1948年に大韓民国の初代大統領になった李承晩は，韓国の独立と主権回復に献身した．しかし領土は分断された半島の南側に限られた．北東アジアの中央に位置する韓国

は第二次大戦後に分断国家になったが，中国，ソ連，日本，そして後により大きな役割を果たすことになる米国などの主要列強の包囲の中で彼らからの強い影響を受けた．半島の分断は地域的な衝突を激化させ，最終的には悲惨な戦争という結末になった．この戦争は 1950 年から 1953 年まで 3 年間にわたってつづき，半島問題を膠着させ未解決のままに残してしまった．

20 世紀前半の歴史的な変化の流れに乗って李承晩は，半島の南側だけであったが，独立した近代的な国家形成に向けての政治的な基礎を築くのに明らかに強いリーダーシップを発揮した．初代大統領として李承晩は巧みに新生国家を育成し成長を支えた．また共産主義の動きに連動して起こった反乱や破壊的な暴動を制圧した．北朝鮮の攻撃と戦争による荒廃に直面しながらも，李承晩は国家復興という挑戦に成功した．また米国を初めとする戦争にかかわった列強に対して驚異的な政治手腕を発揮して主権と独立を保持した．不名誉な失脚にもかかわらず，急速に発展する民主主義国家のための基本的な政治制度を構築し，重要な改革を実行したことにより彼は賞賛されてしかるべきである．例えば土地改革は後の顕著な経済発展の礎となった．彼はおそらく老齢により，政権の末期の数年間に側近や政府役人にみられた腐敗の蔓延には気づくことはなかった．ハワイにある友人の別荘で過ごし，追放の数年後に死去して後，李承晩は国家のために人生のすべてを捧げた指導者であることが証明された．彼は決して富に対して強欲を示すことはなく，彼自身や家族と親類のために経済的利益を追うことも決してなかった．李承晩は正義や金銭欲の軽蔑といった儒教の価値観を強調した世代に属していた．政治家として国家の大統領として李承晩が金と富の観点からまったく潔白だったことを疑う者はいない．

1960 年以降の混乱から張勉によって率いられた新しい政府が生まれてしまったが，この政権は時の荒波と国内政治の混乱を乗り切ることができず，一年以内に転覆された．この間の民主主義は，安定したリーダーシップを欠き，その後の政治的混乱は制度と市民の規律を蝕み社会の分裂を引き起こした．その結果，復興と経済発展の努力は阻害された．主に米国からの大量の経済支援と軍事援助によって経済は生き残ったが，重大な結果につながる一段と大きな危機に直面した．政治的混乱と悪化する経済状況が軍の介入への環境と舞台を作り出したのである．

朴正煕によって率いられた1961年5月のクーデターの正統性は，政府に浸透した汚職，非効率な官僚制，社会的混乱，国民精神の腐食，遅れる経済発展，蔓延する貧困に淵源をもつ．新しい軍事政権は「祖国の近代化」に乗り出し，政治と経済の改革を断行した．また社会の規律，法と秩序を回復し，勤勉，自立，協力にもとづく伝統的文化の価値観を強調して国民を再教育した．また「やればできる」という肯定的な国民精神も教え込んだ．朴正煕は数年後に次のように語った．

> 「軍事革命の重要な要因は，韓国における産業革命の実現であった．私の主な関心は経済革命にあった．政治，社会，文化に関心を持つ前に人々は食べて呼吸をしなければならないからである」（朴正煕，1970）．

　朴正煕は次のような基本目標を達成することに成功した．
　(1) 1人当たりGNPで87ドルから1644ドルにまでいたる急速な経済発展．彼がリーダーシップを発揮したおよそ20年の間にGNPは約19倍増加し，そのため朴正煕は疑いもなく「韓国経済発展の奇跡の立役者」として認識されている．筆者はケネディ政権とジョンソン政権の期間に大統領の安全保障顧問であった著名な経済学者ウォルト・W・ロストウ教授と会話を交わして，多くのケネディ政府の閣僚が韓国の能力と潜在的な経済成長に対して強い疑いを示していたという事実を知った．ロストウ教授は朴正煕の新政府と協力するように米国大統領を説得したという．ロストウ教授は韓国を訪れ，韓国が経済成長の「離陸」に向かうための必要にして十分な条件をほぼ満たしていることを確信した．朴正煕は経済成長の離陸を指揮し，韓国を近代的な工業国家へと変革させたのである．
　(2) 農村と都市の所得格差の縮小．貧しい農村社会の飢餓を解消するために「セマウル運動」（新農村運動）という革新的な制度を発展させ，所得と生活水準において都市・農村間の由々しい格差を減少させた．朴正煕政権はジニ係数でみて都市と農村の所得格差を急速に縮小させた業績をもって賞賛される．
　(3) 中産階級育成による多元主義の促進と民主主義発展の基盤形成．民主主義運動を抑制したにもかかわらず，逆説的に朴正煕は韓国の民主主義に非常に

大きな貢献をしたと主張できよう．彼によって作り出された好況が中産階級を生み，その階級が今日の韓国の多元主義の中心となったのである（*New York Times*, Kristof, Nicholas D.）．

(4) 軍事力の増強による祖国防衛．ニクソンドクトリンに際して朴政権は在韓米軍の縮小を認めた．しかし，朴正煕政権は経済成長と経済的将来性を考慮し手堅く外交力を駆使して軍事力を増強することにより北朝鮮からの脅威と挑発をかわした．

(5) 国民精神の喚起．朴正煕政権は，自助，自尊心，誇り，地域社会の協同精神などについて村々や地方政府から国家レベルの政府機関や実業界にいたるまでを教化し，国民精神を養い喚起した．国家の自信と自負心の形成に大きく貢献し，後の世代は経済問題だけではなく社会や文化，科学技術，スポーツなどでも成果を上げることができた．

(6) 政治と政府の腐敗の排除．朴正煕政権はこの点については韓国の他のどんな政権に比べても優れていたように思われる．彼の死後に引きつづく政権に比べると一層そうであった．朴正煕は革命的な見通しを持つ一方で，伝統的な儒教的価値観に大きく影響されていた．彼は同じ儒教的道徳観にもとづく大邱（テグ）師範学校と日本の陸軍士官学校で強い影響を受けた．貧しい農家の出身という背景や生存ぎりぎりの苦境に見舞われた貧困にもかかわらず，彼は家族や親族の利益や繁栄のために金銭を用いることにはまったく興味や関心を示さなかった．革命という目標と目的を念頭に置き，日本，韓国，中国などの東アジアの主導者たちの伝統的慣行に倣い，金銭的報酬を個人的に彼の部下に施した．彼はその後継者たちのように，自分自身や自分の家族もしくは親族に対する金銭的助力を行うことはなかった．実業家による政治献金やその他の寄付や贈り物を直接受け取ることも拒否した．

『太平洋の世紀』と題される著作の中でフランク・ギブニーは「3人の注目すべき男たちがいくつかの経済的奇跡を作り出した．単に美徳だけでなくさまざまな側面において彼らは奇跡を象徴している」と述べた．その一人は朴正煕であり，1960年代に父である年老いた蒋介石から権力を引き継いだ中華民国総統である蒋経国が二人目である．三人目は1990年に引退を表明するまで島

国を支配し先導したシンガポール首相のリークヮンユーである．しかし，このリストには，ダイナミックなリーダーシップで共産主義中国を市場志向の経済に変革し繁栄させた鄧小平を入れてもいいであろう．

4人の指導者たちは相互に異なる多様な背景を持っていたが，それぞれが明確な方向性を備えていた．リークヮンユーは英国のケンブリッジ大学で西欧の教育を受けた弁護士であり，朴正熙は満州や日本の陸軍士官学校で教育と訓練を受けた軍人であった．蔣経国は国民政府軍の統治者の後継者であり，旧ソ連邦の軍事学校で10年間の社会主義教育を受けた．鄧小平は活動的な共産党の幹部で人民解放軍の政治委員を務め，数年の留学生活をフランスで経験した．東アジアの出身である4人すべてにはいくつかの共通点がある．一つには，その儒教的価値観は異なるものの，多くの民衆の利益と経済厚生を目指した慈悲深い権威主義的統治の理念を擁していた．二つには，4人とも社会主義的傾向や考え方を生涯にわたって抱いていた．三つには，長期的な国家目標を達成する実行主義者であった．四つには，彼らは公私ともに控えめな生活を送っており，個人や家族の利害と公共の利益をはっきり区別するという儒教道徳を胸に秘めた統治者であった．誇張や汚職，欲深い個人的な富の蓄積などに関心を向けることはしなかった．

軍隊は通常，国家において最大の公式組織であり，経済発展を通じて社会変容を効果的に運営するのに顕著な貢献をなしたが，そういった軍で得られたリーダーシップの特徴を朴正熙や鄧小平はともに備えていた（Janowitz, Morris）．軍隊組織の経験を持った蔣経国は，1988年まで戒厳令下にあった台湾の急速な経済発展において軍の役割を肯定し活用した．

しかし「完璧な宝石」はない．朴正熙のリーダーシップは経済発展における歴史的偉業を成し遂げて韓国の近代化に貢献した．しかし彼のリーダーシップにおける主要な欠点の一つは，リーダーシップの構造と権限委譲の制度化を進めることができず，またそれに支えられた改革や政策の継続性を確保することができなかったことにある．統治は人間関係のネットワークにもとづいた伝統的な統治スタイルに頼って行われた．日本の軍事教育を受け革命的でプロフェッショナルな軍人として，彼は軍部関係者とのしがらみを完全に断ち切ることができなかった．特に晩年，自分をますます過信するようになり，軍を構成し

ていた同僚や部下から成る統治の核心的メンバーを重用しようとした．最も親しい側近のうちの一人に裏切られ，後継者を任命することなく政権を去り，円滑な移行のための制度的準備はなされることなく終わった．

朴正煕はその時代の歴史，文化，社会や制度の影響を受けた存在であり，それゆえ深く染み込んだ体質や性癖，考え方は短い時間で変化するものではなかった．彼が有能なテクノクラートとともに首尾よく働いていた青年時代には，数多くの有能な民間出身の政治家や統治グループのテクノクラートを受け入れた．しかし彼の統治スタイルに影響した文化的な惰性は，彼のリーダーシップの最後の重要な段階で失われてしまっていた．

大統領として成功したリーダーたちは，朴正煕の水準まで達しているとはいえない．以後の4人の大統領，全斗煥（チョンドウファン），盧泰愚（ノテウ），金泳三（キムヨンサム），金大中（キムデジュン）はみな朴正煕が有していたような道徳と倫理基準を欠いていた．最初の2人は経済成長を継続したが，退任後に反乱と汚職で有罪判決を受け，刑務所に服役した．最後の2人は直接起訴されてはいないものの，彼らの子女が不正に蓄財した疑いによって有罪判決を受けた．ある著名な軍事社会学者は，朴正煕を引き継いだ将軍たちはシャンパンの杯をあげるのが早過ぎたと数年前に述べていた (Janovits, Morris)．儒教的な指導者とは異なり，後継の4人のリーダーは個人や家族の利害より国事を優先する能力と意志に欠けていた．金泳三と金大中は，みずからが考える市民政府にもとづく民主主義という名の下で国家の目標を曖昧にしてしまった．彼らは政治的な便宜を与えて自分や家族の利益を巧妙に操作し，巨額で不規則な資金調達に関わった．結局のところ，朴正煕政権時代に育成された社会や制度，道徳的根幹を弱体化させてしまった．当てずっぽうで無責任なマスメディアは時の世論と政府を煽り，それに大衆の気まぐれな性急さが加わり，道徳的な弛緩と社会的規律の乱れを誘発した．

シュンペーターが予言したように，ここで名付けられた韓国の資本主義型開発国家の成功は破壊の種をその中に孕んでいた．企業家やビジネスリーダーたちは，最終的には彼らの重要な基礎を侵食し破壊するようなやり方で，将来のビジョンを持つことなく多くのエネルギーを企業や個人の利益を高めることに費やした．最低限でも未来の課題を議論したり，若い世代のリーダーたちの育成に投資することにより，朴正煕の時代に始まった生産的なパラダイムを少な

くとも保つべきであったが，そうした方向にエネルギーを費やすことはなかった．

「ローマは一日にして成らず」である．文化，歴史，制度は相互に重なって根本的で躍動的な影響を及ぼしながら発展していく．成熟した民主主義に向かう政治的発展を理解するには，社会的な背景をも考慮しながら人間の性質や野心についての深い洞察が必要である．また政治発展は経済開発よりも遅いプロセスであり，諸国家間で同じような発展要因を考えることも必要である．例えば，英国や米国の高度な民主主義は何世紀をも経て蓄積された制度的実験の結果であり，これに追いつくのにドイツや日本の経済発展はわずか数十年しかかからなかった．後発国としての韓国など新興工業国家は同じように発展のギャップを急速に縮めた．民主主義に向かう道程は長く，時には苦しい過程であると考えなくてはならない．朴正煕政権は確かに土台を固めた．だが，さまざまに異なる集団を操作することに向けられた政治的な行動や便宜主義がその土台を少しずつ崩してしまった．民主主義を建前にしたグループや新しく現れた世代の肩を持ったり，特定の個人の利益のために便宜を図ったりしたことも土台を崩した要因であった．向こうみずな浪費は強欲や無知からくるものであり，新しい指導者は目前の目的を達成しようとした．これが高い代償となったのである．

韓国人の文化と気質に符合する高度な市民社会と民主主義を築くには，制度的な仕組みや学習プロセスを探求し発展させなければならない．また安定して繁栄する韓国の長期的ビジョンを提示しなくてはならない．このような目的を実現するには，前世代が「血と汗と涙と苦労」で築いた経済的・社会的基盤を蝕んではならず，国家の資源と時間の浪費は避けなければならない．

参考文献

AID Evaluation Study No. 42, *Foreign Aid and the Development of the Republic of Korea : The Effectiveness of Concessional Assistance,* Agency for International Development (AID), Washington D. C., 1985.

Amsden, Alice H., *Asia's Next Giant : South Korea and Late Industrialization,* New York :

Oxford University Press, 1989.

Arogyaswamy, Bernard, *The Asian Miracle, Myth, and Mirage : The Economic Slowdown is Here to Stay,* Westport, Conn. ; London : Quorum Books, 1998.

Cho, Lee-Jay, "Culture, Institutions and Economic Development in East Asia", in Cho *et al.* eds., *Korea's Political Economy,* Co. : Westview Press, 1994.

——— and Kim, Yoon Hyung eds., *Economic Development in the Republic of Korea : A Policy Perspective,* Honolulu : East-West Center, 1991.

Diamond, Jared M., *Guns, Germs, and Steel : The Fates of Human Societies,* New York : W. W. Norton & Co., 1999.

Gershenkron, Alexander, *Economic Backwardness in Historical Perspective,* Cambridge : Harvard University Press, 1962.（アレクサンダー・ガーシェンクロン『後発工業国の経済史――キャッチアップ型工業化論』絵所秀紀・雨宮昭彦・峯陽一・鈴木義訳, ミネルヴァ書房, 2005 年）

Gibney, Frank, *The Pacific Century : America and Asia in a Changing World,* New York : Maxwell Macmillan International, 1992.

Henderson, Gregory, *Korea, The Politics of the Vortex,* Cambridge, Mass. : Harvard University Press, 1968.（グレゴリー・ヘンダーソン『朝鮮の政治社会――渦巻型政治構造の分析』鈴木沙雄・大塚喬重訳, サイマル出版会, 1973 年）

Hirschman, Albert O., *Essays in Trespassing : From Economics to Politics and Beyond,* Cambridge : Cambridge University Press, 1981.

Hoselitz, Berthold F., *Sociological Aspects of Economic Growth,* Glencoe, Ill. : Free Press, 1960.

Janowitz, Morris, *The Military in the Development of New Nations,* Chicago : University of Chicago Press, 1977.

Jian, Song, Key Note Speech Delivered at the 12th Northeast Asia Economic Forum, Niigata, Japan, 2004.

Johnson, Chalmers, "Political Institutions and Economic Performance : The Government-Business Relationship in Japan, South Korea, and Taiwan", in Frederic C. Deyo ed., *The Political Economy of the New Asian Industrialization,* Ithaca : Cornell University Press, 1987.

Kristof, Nicholas D., *New York Times,* November 24, 1995.

Landes, David S., *The Wealth and Poverty of Nations : Why Some Are So Rich And Some So Poor,* New York : W. W. Norton, 1998.

McMillan, Margaret, *Paris 1919 : Six Months That Changed the World,* New York : Random House, 2002.

三戸公『家の論理 2——日本的経営の成立』文眞堂, 1991.
Oliver, Robert T., *Syngman Rhee : The Man Behind the Myth*, New York : Dodd Mead.
Schumpeter, Joseph A., *Imperialism and Social Classes*, Philadelphia : Porcupine Press, 1991 (1951).
――――, *Capitalism, Socialism and Democracy*, New York : Harper & Row Publishing Co., 1950. (ジョセフ・シュンペーター『資本主義・社会主義・民主主義』全3巻, 中山伊知郎・東畑精一訳, 東洋経済新報社, 1951-1952年)
Stephen, John J., *The Russian Far East*, Stanford : Stanford University Press, 1994.
Suh, Sang Chul, *Growth and Structure Changes in the Korean Economy 1910-1940*, Cambridge, Mass : Harvard University Press, 1978.
Veblen, Thorstein, *Imperial Germany and the Industrial Revolution*, Ann Arbor : University of Michigan Press, 1996 (1915).
Wade, Robert, *Governing the Market : Economic Theory and the Role of Government in East Asian Industrialization*, Princeton : Princeton University Press, 1990.

第1章　5月16日軍事革命
　　　──歴史的視点

カーター・J・エッカート

　韓国は1960年代ならびに1970年代に近代工業国家として台頭したが，それは皮肉にも軍の将校たちによって先導されたものであった．長い間，軍隊や軍事に関連する者を軽んじてきたこの国では，軍の将校は伝統的に「牛の角を曲げる人」や「犬の足から生まれたもの」と呼ばれ軽蔑されてきた[1]．国家を再興する過程で軍部が優勢だったという事実は，韓国の歴史においてまぎれもなく興味ある逆転現象であった．このことは一体どのように説明できようか．1960年代（ある場合にはそれ以前）から政治領域への軍部の介入，戦争と国民国家の台頭との関係などの主題については，英語と韓国語で数多くの理論的な研究がなされてきた．最近になってようやく歴史家たちは，5月16日軍事革命（以後は5.16と呼ぶ）の起源を真剣に研究し始めた．紙幅の制約のために非常に複雑なトピックに対して概論以上の説明は不可能であるが，本章では，既存の研究成果を生かしながら一次資料を利用し，1961年に韓国で軍部が権力を握った背後にある四つの相互に関連する理由について，これがすべての理由ではないにしても，語ってみようと思う．

---

(1)　Pak Unsik の1907年の論文を参照. Munyak ŭi pyehae nŭn nara rul mangch'inda [The evil of literary effectness is destroying the country], in Yi Manyŏl, ed. Han'guk kŭndae sasangga sonjip 4: Pak Unsik [Korean modern thinkers 4: Pak Unsik] (Seoul: Han'gilsa, 1980), p. 91. Pak によれば，「牛の角を曲げる人」とは射手隊で訓練された人を指し，弓矢は韓国で伝統的に主要な軍事技術の一つであった．「犬の足から生まれたもの」は，砲撃の訓練を受けた兵士に対する軽蔑的な言葉で，「犬の足」は大砲を乗せて移動する砲床の車輪のことを指す．

第1節　軍事力強化

　まず簡単な観察から始めよう．韓国は約150年の間に軍事力強化の歴史を持つ．外部からの侵略や紛争，内乱，植民地主義，もっと最近では内戦と政治的分断によって激しく揺り動かされてきた．200年以上にわたる平和と軍事力弱体化の後，最初の軍事力強化は19世紀後半に始まった．李朝（1392-1910年）は，朝鮮半島に経済的ならびに安全保障上の強い利害を持った野心的な列強，特に中国と日本の侵入により突然に揺さぶられついには崩壊した．米国とフランスの砲艦が初めて朝鮮の水域に侵入した1860年代から日本がこの国を保護国とした1905年までの間，朝鮮は10年ごとに何らかの軍事的侵略や占領に見舞われた．1894-1895年の日清戦争と1904-1905年の日露戦争という二つの大きな戦争は，主に朝鮮半島の支配権を巡る争いであった．朝鮮の領土は軍事的占領のみならず激しい戦乱に巻き込まれ，外国の軍隊は自由に朝鮮半島を移動した．同じ頃，何世紀もつづいていた官僚の行政的無能や腐敗が引き金となり，李朝は歴史上で最も大規模な内乱に襲われ，外国が内政や経済により深く干渉することにより問題はさらに悪化した．李朝はさまざまな理由から，とりわけ外部からの間断ない脅威に対抗することができずに1910年に崩壊し，それとともに朝鮮は日本の植民地となってしまった．しかし40年以上にわたって軍事的な攻撃を受けたことにより，朝鮮の人々は西洋の軍事訓練と技術の導入を推し進め，多面的な新国家建設事業の一環として軍隊をより肯定的な点から再考するようになった．

　当時「大韓帝国」と改名された朝鮮を日本が占領したのだが，これも軍事力と強く関係していた．第一次大戦後のリベラルな国際的な政治環境による影響や，1919年に日本の政策に怒った韓国人たちが全国規模の集団デモの挙に出て，そのために植民地政府は厳しい統治を短期的には緩和した．にもかかわらず1910-1945年の間，総督の地位に就いた人々は日本の軍部，特に陸軍の上層部から選ばれ，この総督の布告が事実上この国の法律のすべてであった．満州の侵略とそれ以後の中国との戦争につづいて，1930年代に日本がより軍国主義的な姿勢を強め，さらに日本の真珠湾攻撃につづいて戦争が太平洋へと劇的に広がるにつれ，軍国主義的政策は帝国の全体を包み込むようになった．韓国

は日本の本土に隣接し，その北側が新たに日本によって支配された満州国に敵対的かつ一段と大きな脅威のソ連に国境を接していたために「軍事物資の前進基地」として機能し，日本の大規模な戦時動員計画にしたがうことになった．この計画は，何らかの方法で韓国人の生活のほぼすべてに影響を与え，特に教育に影響を及ぼした．さらに20万人以上の韓国人男子が日本の軍隊への入隊を勧誘され，最後には強制的に召集されることになった[(2)]．

　1945年に日本が米国に敗北し，日本による韓国の植民地化に終止符が打たれたものの，韓国人には8年間の集中的な戦時動員を含め約15年間にわたる日本の軍国主義をすでに経験していた．その上，韓国の歴史における最も大規模な軍事力強化が緒についたばかりであった．朝鮮半島は，ソ連邦と米国の占領軍が進駐したために一時的に38度線で国が分割されたが，冷戦の拡大によってソ連が支援する北と米国が支援する南が武装して敵対する二つの国家となった．その結果，顕著な出来事として，韓国大統領の金大中（キムデジュン）と北朝鮮指導者の金正日（キムジョンイル）の対話といった，国家間の和解がなされたことはあるものの，先のみえない厳しい冷戦がつづき，軍事力増強と対決の構図は一度たりとも絶えることはなかった．

　1961年の5.16軍事革命時まで，韓国は約100年もの間，絶えることのない軍事力化の状態にあった．大衆は文民政府に対して伝統的に強い好意を持っていたが，その姿勢が植民地統治の厳しさに影響されたことは疑いない．ミシェル・フーコー流にいえば，それまでの年月における軍国主義の中で韓国人は日常の生活や仕事に対する態度において，軍事的規律，さらに政治領域における軍部の参加といったことに抵抗を覚えなくなった．多くの学者たちが，韓国の「植民地的現代化」[(3)]と形容したものが明白な軍事的政治体制の下で発展したと述べるようになった．このことについて，さらに日本の植民地支配の終焉後に方法はともかく軍人が長期にわたり近代化プロセスに関与したことについて，正しく認識することが大切であろう．はっきりいえば「植民地的現代化」に付

---

(2) Chong-Sik Lee, *Japan and Korea : The Political Dimension*, Stanford : Hoover Institution Press, Stanford University, 1985, p. 13.

(3) Gi-Wook Shin and Michael Robinson, eds., *Colonial Modernity in Korea 1910–1945*, Cambridge, MA : Harvard East Asia Council Publications, 2000 を参照．

け加えて，20世紀における韓国の国家開発と変革を特徴づけようとすれば，「軍事的現代化」についても議論されなければならない．

韓国人の，職業軍人に対する頑なに否定的な態度は1961年までに多少は変わった．20世紀初めにはすでに申采浩(シンチャホ)や朴殷植(パクインシク)といった民族主義的作家は，「牛の角を曲げる人」や「犬の足から生まれたもの」として軽蔑されていた将校の伝統的なイメージを刷新して，これを民族主義的な兵士の英雄という新しいイメージに作り変え，乙支文徳(ウルチムンドク)や李舜臣(イスンシン)などの過去の偉大な軍人を称賛する韓国の新しい歴史を創った．1930年代の日本の植民地教育でも民族主義的な兵士という英雄像が強調されたが，1905年から1945年までの占領に対する韓国人の戦闘的な抵抗運動は新しいタイプの韓国兵士の英雄像を生み出した．これらの英雄は，後に北朝鮮と韓国で，彼らのイデオロギー的な方針にしたがってそれぞれ別の形で美化された．1950-1953年の朝鮮戦争によって，両国の人々は国家を守る上で軍隊と兵士の役割がきわめて重要であることを確認した．

にもかかわらず，韓国における大規模な軍事力強化の影響が最も明確な形で認識されるようになったのは，軍隊の発展と拡充それ自体によってであった．1876年に開国して以来（特に1894年以降），伝統的な朝鮮の軍隊は多少なりとも近代化された．しかしながら，特に朝鮮王朝が全面的な徴兵制度の実施に失敗し十分な資金を欠いたために，他の問題ともあいまって朝鮮の軍隊は比較的小規模であり，いかなる列強の強大な軍隊に対しても絶望的なほどに劣勢であった．1907年に軍隊は日本により強制的に解体された．植民地支配以降の数年間，数多くの韓国人は日本帝国の陸軍に入り，ある者は将校として働いた．韓国人が本当の意味での国家の軍隊を設立することができるようになったのは，日本からの解放後のことであった．韓国では，1946年1月に軍隊が米国の監督下で小規模な警察隊として組織され，同年の末にその兵力は約6000人に達した．軍隊は拡大しつづけたが，大韓民国が建国された1948年時点では，兵員の総計は約5万人に過ぎなかった．朝鮮戦争が1950年6月に勃発した時点で，この数字は10万5000人をわずかに上回る程度であった[4]．

---

(4) Se-Jin Kim, *The Politics of Military Revolution in Korea,* Chapel Hill : The University of North Carolina Press, 1971, p. 39 ; Kukbang Kunsa Yŏn'gun 50-nyŏnsa [A fifty year history of the founding of the national army] Seoul : Kukbang Kunsa Yŏn'guso, 1998, p. 105.

朝鮮戦争はすべてを変えてしまった．1953年までに韓国の軍隊は急拡大して兵力60万人をはるかに超え，以降もその人数は保たれた[5]．同様に重要なことは，韓国とその軍隊に対する米国政府の関心や援助が，占領期間中でさえ気まぐれなものであり，1948年に米軍が一時的に韓国を退去すると，米国の関心は事実上なくなってしまった．しかし朝鮮戦争の結果，関心と支援は急激に高まり，以降，より計画的かつ安定してつづくことになった．1953年から1961年の間，韓国に対する米国の軍事援助は総額で約15億ドルに達し，それまでの7年間に比べて10倍以上に増加した．援助は武器や戦争関連の物資のみならず，さまざまな教育研修をも含んでいた．韓国軍の兵員の組織的，管理的，技術的訓練のために米国内の軍事学校で研修を行ったりもした．韓国政治について書かれた有名な著作の中で，グレゴリー・ヘンダーソンは，1950年代の終わりまでに韓国軍の将校たちは「政府の外で真剣に開発を考えている唯一の集団」になったと記述している[6]．

第2節　韓国軍の性格

ヘンダーソンの説明が示しているように，1950年代の開発志向という韓国軍の性格は，1961年に軍部が国家建設事業のリーダーとして台頭した重要な理由である．1945年以降，国家資源の開発よりは枯渇の方が一般的であるかにみえる国々で，数え切れないほどの軍事クーデターが起こった．このことからも明白なように，軍の将校だから本来的に開発志向であると単純に考えてしまうのは誤りである．逆に開発志向性は独特の歴史や文化を持つ特定の軍事制度の産物であると理解した方がいい．この点について，ヘンダーソンの指摘は修正されなくてはいけない．1950年代の米国での訓練は，間違いなく韓国軍

---

(5)　Se-Jin Kim, 前述書, p. 40.
(6)　Gregory Henderson, *Korea : The Politics of the Vortex*, Cambridge, MA : Harvard University Press, 1975（グレゴリー・ヘンダーソン『朝鮮の政治社会——渦巻型政治構造の分析』鈴木沙雄・大塚喬雄訳，サイマル出版会，1973年），pp. 352-354; また以下も参照，David C. Cole, Youngil Lim, and Paul W. Kuznets, *The Korean Economy : Issues of Development*, Berkeley : Institute of East Asian Studies, University of California, Berkeley : Center for Korean Studies, Korea Research Monograph No. 1, 1980, p. 12.

の開発志向の重要な一要素であり，決して無視できない．現代の大規模な軍管理を意図した実務的な知識と技能は，多様な方法で韓国の国家や経済の運営に応用することができ，実際に後に応用された．1950年代に韓国軍を統制して絶大な影響を及ぼした米国は，1961年に韓国人将校を政治介入に仕向けることはなかったとしても，介入するのは自由であるという雰囲気はあった．もちろん米国の歴史や文化において，軍が文民政府を追放して政権を奪取することを正当化するような原則や先例があったわけではない．実際，ほんの10年前には朝鮮戦争の最中に，米国大統領ハリー・トルーマンはダグラス・マッカーサー元帥を，不服従を理由として極東で長らく影響力のあった指揮官の地位から即座に解職したが，これは米国では文民による統治と指揮が優先されていることを力強くも明確に示す実例である．しかし，冷戦における米国の決定的な利害が問題になるような国，例えば1963年の南ベトナムのような国に対しては，非協力的な政府に対する軍の介入を米国は好意をもって支持した．1950年代の韓国もその例外ではなかった．実際には一度も実行されることはなかったが，米国は韓国の李承晩(イスンマン)大統領を政権から放逐する計画を繰り返し練って実行しようと考えていた．計画を修正するたびに韓国軍は重要な役割を担うようになっていった．

　米国の影響が重要であったにもかかわらず，1961年の革命を率いた軍の将校たち，特にその指導者であった朴正煕(パクチョンヒ)が学んだ政治的ならびに開発志向的な思想には古く深い由来があった．それを知るには，1945年以前の日本帝国の軍部についてみておかなくてはならない．朴正煕やその仲間たちが1961年の革命に際して大きく影響を受けていたのは日本だからである．

　日本帝国の軍隊は複雑で派閥化された組織であり，一つのイデオロギーの観点から単純化できるものではない．その方向性も時間とともにいくぶん重点が変化した．しかしながら，その他の面でどんなに相違や不一致があっても，それらを超克した核となる価値は天皇によって象徴される国家の防衛と福祉に対する最高の絶対的献身であった．天皇の個人的で直接的な指揮の下，軍隊の兵士，特に将校たちが最も高くかつ純粋な形の愛国主義を代表しており，この事実が日本軍の中心的な価値であった．1937年の歩兵操典には，日本帝国の陸軍士官学校は，士官候補生や生徒に対して，"軍隊の指揮官は皇室の特別な恩

寵により社会で高尚な位置を占めるがゆえに，さまざまな問題を扱う特別の任務を担っていることを諭すべきだ"といったことが書かれている．

　国家や天皇に対する絶対的な忠誠というこの一般化された誓約の中で，少なくとも二つの大きな思想が発展した．一つは，古い伝統から生まれたものであり，1930年代に日本帝国陸軍内の統制派として知られる派閥となった．陸軍省や海軍省，参謀本部で官僚組織や軍指揮の重要な地位を占めていたこの派閥の将校たちは，国家の発展に対して包括的で現実主義的なビジョンを抱いており，大抵いやいやながらではあるが，政治家や資本家たちが主張した明治時代の「富国強兵」を傾聴に値するものと考えていた．同様に，しぶしぶながら外交においてある程度の妥協と策略が必要であることをも認めていた．一方で，将校たちは国政，特に何らかの形で軍隊に関する政策に影響力を保持しようとしていたが，明治天皇が1882年に初めて「軍人勅諭」で宣言したように，原則として軍部の政治に対する直接的な干渉を政府が長い間禁じていることを尊重し，文民優位の原則を認めていた．

　しかし，戦前の日本における軍民関係は複雑であった．1868年に旧体制を転覆させて近代的な国家建設を軌道にのせた明治維新それ自体が，不満を抱いた下級武士によって先導されたものであった．彼らは伝統的な徳川幕府の武士たちであり，自分たちを崇高な精神を持った愛国主義者，堕落して無力な政治組織と戦う志士だと考えていた．明治維新とその後の改革の結果，天皇はさらに憲法で認められた最高の国家的権威となり，思想としては国家の体現者となって，軍隊はいかなる文民の権限よりも直接的に天皇にしたがう存在になった．また1882年の勅諭で明治天皇は，帝国の陸軍軍人と海軍軍人を"国の手足"として頼ると宣言した．自分たちが天皇と深い絆で結ばれ，国家を防衛するために"さまざまな問題を扱う特別な任務"を担っていると考えた帝国陸軍の将校たちにとって，精神的には革命という考えまではほんの小さな一歩であった．この革命は天皇や国家に対してではなく，身勝手で腐敗し，さして民族主義的ではない政治経済制度に対して向けられた．この制度は，実は天皇の権威を傷つけるものであり，特権化された階級をさらに富ませ，国家を危険に晒すと考えられた．1930年代に現れた日本帝国陸軍内の皇道派を特徴づけたのはまさにそうした感情である．部分的には農村の貧困や当時の飢饉も影響して，1930

年のロンドン海軍条約の不平等な軍縮条約を締結した日本政府の決定がその感情に火をつけた．

1936年2月26日，皇道派に関係した熱烈な若い将校集団が東京の中心部を占拠し，政府高官を何人も暗殺して，天皇に「昭和維新」を宣言するよう要求した．統制派の中枢であった軍人や天皇と政府は彼らの要求に耳を傾けなかった．若い将校は，自殺した2人を除きほとんどは，結局は裁判にかけられて死刑を宣告され処刑された．これは1930年代に日本全土を震撼させた2.26事件として知られる．反逆者たちは改革に対する明確な計画を持っておらず，この意味で彼らの目的は建設的というより浄化を目指したものであった．つまり"天皇の権威を侵害して国民に極限の苦痛をもたらし，外国からの力による国辱に屈した有害で利己的な人々を政府と社会から排除し，もって1868年当初の明治維新を天皇がより容易に強化拡大すること"が目的であったようだ．政府や企業の腐敗，社会的不平等，民族的汚辱に対する彼らの憤怒は，1930年代の日本に深い共鳴を呼んだ．愛国心のために明らかに無私無欲で献身し死をも厭わない姿が軍部に広がっており，社会でも大きな畏敬の念を強めた．こういった感情は，1930年に三上卓によって書かれた感動的で讃美歌のような軍歌「昭和維新の歌」にはっきりと表れている．曲の中で将校は，「混濁した世」を嘆き，この世は「権門上に傲れども国家を憂ふる誠なし，財閥富を誇れども社稷（しゃしょく）を思う心なし」と歌い，そして「ああ人栄え国亡ぶ，盲（めしい）たる民世に踊る，治乱興亡夢に似て」とつづく．兵士たちは「栄華を誇る塵の世に」「義憤に燃えて血潮湧く」といい，彼らは個人的な結末や最終的帰結を顧みずに行動を起こすことを最後には誓ったのである．

　　　功名何ぞ夢の跡
　　　消えざるものはただ誠
　　　人生意気に感じては
　　　成否を誰かあげつらう

　　　やめよ離騒（りそう）の一悲曲
　　　悲歌慷慨（こうがい）の日は去りぬ

第1章　5月16日軍事革命

われらが剣(つるぎ)今こそは
廓清(かくせい)の血に躍るかな

　1930年代後半と1940年代の日本の軍事組織に仕えた韓国人たちは，教育と訓練を通して同時期に統制派と皇道派の考えに触れており，二つの考え方を区別するのは難しかったにはちがいないが，昭和維新の歌は彼らの軍歌の一つとしてよく知られたものであった．2.26事件の若い将校たちへの感情移入は，満州の日本部隊でとりわけ強く，事件に多くの将校や兵士を輩出した帝国陸軍の第一師団は，実際に事件のたった3カ月後に現地に転任させられた．1930年代の後半まで30年にわたる軍事統治を韓国本土で経験した韓国人たちは，日本では主要な政治勢力として軍部が台頭したと捉えた．また陸軍将校たちによる満州国の開発と運営を観察することができた．5.16軍事革命の主導者で，満州軍官学校2期と日本陸軍士官学校本科57期を卒業した朴正熙には，統制派と皇道派の思想が混ざり合った興味深い考えがみられる．一方では，朴正熙は1936年の若い日本の将校のように明白に革命的であった．1961年には国家の危機を感じ，国家全体に関心を持たない人々に支配されて腐敗した政治機構と社会を浄化したいという情熱に駆られた．暗殺の5カ月前に行われた，5.16軍事革命の18周年記念日の行事についての日記の中で，朴正熙は若い将校たちに革命の意味が明確に分かるように次のように記している．

> 「1961年5月16日，われらが若き兵士たちは愛国心に燃え，差し迫る危機から祖国を救うことを意図して，いや誓って，ただ座視するのではなく立ち上がった．政治に対して明確な計画があったわけではなかった．腐敗，不正，無秩序，不合理，停滞，消耗などの言葉が当時の社会を最もよく描写している．これらすべての社会悪と不合理性を打破し，新鮮な空気を社会に送り込むために5.16は不可欠であった」．

　しかしながら，日本と韓国にはいくつかの相違があった．「われらが剣，廓清の血に躍る」とした2.26事件の将校たちにとって，政治的暗殺が重大な目標であった．しかし，朴正熙は剣の比喩を同じように好んだにもかかわらず，

無血革命を成し遂げた.「社会悪と不合理性を打破」することは,政治の上層部の人々を軍部の仲間や支援者たちに一時的にせよ置き換えることであった. さらにひとたび政権を握るや朴正熙はより現実的な国家建設の進路に乗り出した. 彼の進路は1936年の反逆者たちの浄化という遠まわしの目標ではなく, 明治時代の民族主義的ビジョンと多くの共通点があった. 実際,初めから日本の明治維新は,朴正熙と彼の多くの仲間たちにとって韓国の発展を考える刺激的なモデルであり,意識的に5.16革命を1868年の明治維新になぞらえていた. 韓国陸軍士官学校特別8期を卒業,朴正熙と緊密に革命を計画した李錫采(イソクチェ)は自身の回顧録の中で,5.16以前,明治維新について広範囲にわたり学んだと記している. 彼は時々重要な本を二度,三度と読み返したが,朴正熙との議論では,朴が近代日本史の中心的なこの事件のことを深く知り理解していることに驚いたという. 李錫采の考えでは,1868年の出来事とそれ以後の改革を可能にした明治維新の最も特徴的な点は,それを率いた志士たちの特徴と役割であったという.

> 「明治維新を研究していくうちに,私は武士道の根本を深く理解し信奉するようになった. 維新以降も改革を導いたのは武士階級であった. 完璧な指導組織と指揮に対する忠誠,服従,純粋な愛国主義によって,武装した武士は国家の核を強固にする上で非常に大きな役割を演じた. ……もし贅沢で汚されるのではなく,人々の尊敬を受けている私たちが日本の武士のように軍事革命により国家の近代化を図るならば,この革命は間違いなく成功すると固く信じていた」[7].

朴正熙自身も同じように,明治維新が彼の考え方に影響したことを明らかにしていた. 5.16からわずか6カ月後の1961年11月,米国大統領ケネディとの面会のためにワシントンに向かう途中,朴正熙は東京に立ち寄り日本の重要な主導者たちとの晩餐会に出席した. 朴正熙はそこで自分が1940年代の初期に満州軍官学校にいた時に校長を務めていた南雲親一郎将軍への敬意を示した. 朴正熙は日本人の来賓に「みずからの利益しか追求しない政治家や経済人」か

---

(7) Yi Sŏkche, Kakha, uri hyŏngmyŏng hapsida [Excellency, Let Us Make a Revolution] Seoul: Tosŏch'ulp'an Sŏjŏkp'o, 1995, pp. 66-67, Quotation from p. 67.

ら「国を救う」という決意で革命を起こしたと説明した．また彼自身と仲間の革命家たちは，外部からの脅威を受けて脆くなった徳川幕府に対抗した吉田松陰，彼の門弟である高杉晋作，さらに久坂玄瑞といった「明治の愛国者(志士)」の精神と同一であるとも述べた．朴正熙はまた明治維新をより深く「勉強して研究したい」と述べ，彼の先輩である南雲に個人的に「明治維新以降の日本政府，政治，外交関係，軍事，教育，経済に関する古い本」をいくつか選んで収集してほしいと頼んだ．

　もちろん，植民地の時代以降の韓国軍の将校たちのすべてが革命的愛国主義者であったというわけではなく，朴正熙のように満州軍官学校に在籍した者でさえすべてがそうだとはいえない．例えば満州や日本で朴正熙と軍の同期生であり，1961年に韓国第一軍の指揮官であった李翰林(イ ハンリン)は，朴正熙の政治的動機を嫌って信用せず，革命に参加することを拒否した．しかし，朴正熙にとりわけ強かったのかも知れないが，特に満州で訓練を受けた数多くの上級将校は，程度に差はあれ革命的な情熱を共有していた．また多くの下級将校たちも心に情熱を持ち，特に韓国陸軍士官学校の拡大8期（特別8期も含む）の全員がそうであった．この期には，李錫采のみならず，朴正熙の義理の甥となった金鍾泌(キム ジョンピル)もいた．金鍾泌は朴正熙とともに5.16の主要な戦略家であった．張勉(チャンミョン)首相によって率いられた当時の政権は無能で解任されるべきだという，将校団の間で広まっていた意見によって，軍事革命という考えに対する支援はさらに強くなった．かくして国家建設の過程で軍が台頭した三番目の理由にたどり着く．軍部の革命的愛国主義は非常に情熱的であったが，もし文民統制が弱くなければおそらくそのような結果にはまったくならなかったであろうということである．

第3節　文民統制の弱点

　李承晩大統領の下で12年間つづいた権威主義的で腐敗した政権に対して学生革命が起こり，その結果，韓国の歴史において初めて行われた正真正銘の民主的な選挙により，張勉が政権を握ることになった．しかし新しい政府に向けられた民衆の大いなる期待は，張勉と民主党の仲間たちが山積する問題に対し

て有効に対処できなくなるや，すぐに失望と不満に変わった．韓昇洲(ハンスンジュ)は，張勉体制の政治的弱点を最も包括的かつ痛烈に論じた．韓は学生革命につづく政治的により自由な雰囲気の中で突然生じた強烈な社会的，政治思想的な分裂のために，政府は事実上身動きが取れなかったと述べた．そういった一触即発の分極化した事態を簡単に収拾しうる新しい民主的政府など想像し難かったが，民主党内の派閥主義，学生革命後の警察に対する不信と猜疑，また張勉自身の優柔不断な指導力などにより政権の政治的有効性はさらに低下した．

当時の軍の視点からみると，最も混乱した展開の一つは，民衆の左翼への急速な政治的傾斜であり，これが第二共和制の特徴であった連日の民衆抗議運動やデモの原因となった．張勉政権は公共的秩序を取り戻し，保守的な批判を和らげるためにデモを規制して左翼の活動を抑圧する新しい法律を可決しようとした．しかし，韓国教員組合のような，その当時，最も急進的な活動家集団は張勉政府を公然と非難した．また，組合は学生グループが板門店で国家統一について北朝鮮の学生グループと会議を開くことを強力に支援した．北朝鮮と韓国海軍の間で頻繁に起こった衝突，ならびに北朝鮮の政治的侵入の高まりに対する取り組みが同様に軍事的な不安を昂じさせた．例えば1961年3月の米国中央情報局（CIA）による韓国情勢の調査は，次のように述べた．「昨年，共産主義者は韓国を転覆させる取り組みを強めた．南に向けられた北朝鮮の放送はその数と激しさを増しており，主に日本を経由して転覆を誘導するような文書を多く韓国に流すなど北朝鮮の活動が活発化している」．そういった不安はすぐに軍の将校たちの会話の中で主要な話題となった．満州軍官学校6期と日本陸軍士官学校60期を卒業し，後に革命軍の先頭に立って第一海兵旅団をソウルまで率いた金潤根(キムユングン)は当時広まっていた雰囲気を次のように描写した．

「日々いろいろなことが起こって，社会的不満は最高潮に達していた．ほんの二人や三人が集まっただけで話題は国の心配へと変わり，自然と愛国的な話に花が咲いた．より急進的な考えを持った兵士たちは大きな叫び声をあげて，"もしわれわれがこの混乱に対して何もなさなければ共産主義者の干渉が一層強まり，その時に何が起こるのかはわからない．今こそ軍が一歩を踏み出してこの状況を解決するべき秋(とき)だ"といっていた」．

1961年に張勉政権が直面した試練は政治のみではなかった．経済と社会の重大問題が軍を動揺させ，政権の権威を落として「無秩序」を作り出した．第二共和制の時代，韓国の新聞は連日広がる経済と社会の困難を報道していた．慢性的な食糧不足，急上昇するインフレ，高い失業率，手に負えない農村の貧困などについてであった．また日に日に増加する飢餓，浮浪，スラム住居，売春，自殺，犯罪などが紛れもない現実であった．特に犯罪率は李承晩が政権を追放されて以来2倍以上になったが，大幅に縮小され士気の低下した警察隊に十分な対処はできず，危急の問題であった．実際，第二共和制時代に検挙率は90％から68％に急落し，警察は「軽犯罪の捜査を行うことさえも」難しいと述べた．李錫采の回顧録でも，休暇中の2人の海兵隊員がソウルの中心で白昼公然とチンピラ集団に襲われ殴られたのに，警察は犯罪者からの報復を恐れてただ脇で傍観していたという事件が1961年の4月にあったことが語られている．

1961年に韓国の事情を監視していたCIAの担当官は，経済に関しては地元韓国メディアに比べてやや楽観的であったが，次のような悲観的な見方を同年の3月に表明した．

> 「早場米が収穫される前の4月や5月には，農村地域が食料不足に見舞われるのは毎年のことだが，今年はすでに多くの地域を食料不足が襲っている．餓死者はいないが，多くの地域で食料配給は大幅に削減された．都市部の人々は全面的な物価上昇に直面しており，ソウルでは卸売物価指数が1月だけで約10％も上昇した．以降，上昇率は鈍化したものの大衆は継続的なインフレ傾向を懸念している．このような状況下で労働者たちによる嘆願，スト，デモなどが起こった．雇用状況は改善されず，約20％の労働者は相変わらず失業と深刻な仕事不足の状況の中にいる．今年4万5000人の大学および職業学校の学生が卒業するために，この数字はさらに膨れ上がるであろう」．

張勉政権もこうした問題に気づいていなかったわけではもちろんなかった．公平にいえば，問題の多くは李承晩政権から引き継いだものであった．最近の研究は，張勉政権が長期的な経済計画を準備していたことを強調しており，実はその多くは後になって軍事政権により第一次五カ年開発計画の中に取り込ま

れた．張勉自身の指導力の欠落はもちろんだが，張勉政権を苦しませた根深い政治的問題を考えれば，第二共和制がそういった政策を効果的に実行し継続することができたかどうかは疑問である．経済全体と人々の日々の生活にすぐにマイナスの影響を与えるインフレという危急の問題処理においてさえ，張勉政権は深刻な事態をさらに悪化させただけであった．例えば張勉政権は1961年1月に米国からの積年の圧力に屈してウォン価をほぼ60％も切り下げた．経済のいたるところでインフレが加速した．政府が米の公的備蓄を抑える決定を宣言してから1カ月後に，米の取引業者や投機家によって急激な買い占めが始まり，すでに高水準にあった韓国の主要食料価格は5倍にも上昇した．李錫采によれば，当時の軍事基地で薄給の将校たちの月給では，佐官級でさえ家族を養うことができず，一瓶の焼酎と前菜の7匹のニシンを買うことも難しく，米や兵士用のその他の食べ物を流用して不十分ながら食糧供給を補っていた．

　民主党内の派閥抗争の解消，公共秩序の回復，経済支援などが事実上不可能であったことに対する大衆の不満は増大していたが，同時に李承晩時代の政治的腐敗が新政権の下でも拡大しないながらも継続しており，国の問題を解決する取り組みは危ういものであった．1961年3月にCIAは「汚職に対する大衆の憤りが1960年の革命を成功させた大きな要因」であり，「汚職は引きつづき政府にとっての重要な課題であった」と報告した．韓国向け米国援助使節団の高官であったヒュー・ファーリーは，ワシントンに戻りこの問題の根深さについて痛烈かつ長文の報告書を提出した．彼は韓国を「病める社会」と呼び，「社会全体……政府や報道機関，教育，教会，経済団体といった基幹的な組織構造が汚職，賄賂，詐欺に蝕まれている」と説明した．また政府が「汚職にかかわっている」ために，ますます社会や経済の問題解決への「処置能力を失っている」と述べた．「上級役人であれ下級役人であれ」官僚自身が「根深く広範な汚職に汚染されており，必要な改革に着手するのにもはや政府は救いようのない状況にあると認めた」とも記した．

　「汚職，賄賂，詐欺に汚染された」組織の中にはもちろん軍部もあった．5.16革命の25年前に日本で起こった2.26事件でも，腐敗した文民政治家とともに違法で儲かる商取引に関与していた多くの軍の上官たちがおり，その背信行為に対して若い将校たちが激怒し嫌悪感を抱いたのであった．この日本の経

験が5.16の原動力となった．腐敗は軍部と国家に悪影響を及ぼし，加えて下級の将校たちにも影響した．若い将校たちは自分の昇進を保証してもらうために上級指揮官たちに資金を提供し，定期的に軍や政府の所有物を賃貸したり売却したりして現金を獲得し，彼ら自身の家を売却するということもよくあった．「そのような慣行が蔓延していた．善意の将校たちの士気が打ち砕かれ，内情に通じたものは誰からいくらで階級を買うことができるかについてすべて知っていた」と李錫采は述べている．その頃，陸軍少将であった朴正煕が軍事革命のリーダーとして登場した理由の一つは，すべての下級将校を含む軍の中で朴が高潔で清廉な人物であると広く名声を得ていたからであった．

　つまるところ，軍部のみならず一般社会において張勉政権の評判が低かったことを証す最も雄弁な証拠は，軍事革命に対する大きな抵抗がまったくなかったという事実の中にある．当時の陸軍参謀総長は，妥協して革命の名目的な領袖となることに同意した．実際，5.16の計画と実行にかかわっていなかった将官や多くの将校でさえ，程度の差はあれ賛意をもって革命を迎えた．1940年代の後半から朴正煕を知った何人かが，革命の実行部隊の活動メンバーになった．ほぼ20年後の全斗煥将軍による権力奪取に対しての民衆の激怒とはきわめて対照的であり，1961年において民衆の大部分は穏やかであった．実際，軍事クーデターが起こるかも知れないという噂は，その頃のソウルの喫茶店やバーで渦巻いており，張勉政権の批判者たちは軍部のそういう動きを賞賛していたと思われる．例えば李錫采は革命前の数週間にジャーナリストがしばしば通っていた明洞の飲み屋で，政府に対する怒りと不満が充満していたことを覚えている．「決して今のままではすまない」といった感じで，少なくともある会話の中で若い将校たちに政治的な行動をとってもらいたいと記者グループは「大きな期待」をもって話をしていた．『思想界』は，後にその批判的な態度のために朴政権によって休刊に追い込まれるまでは，韓国で最も定評ある知的月刊誌であったが，金潤根によればその発行人でさえ初めは革命を支持し，5.16直後に金潤根に確信をもってこれを歓迎するといっていたという[8]．

　政府自身さえ，政府転覆の動きに対抗しようという意思を貫くことが難しい

---

(8)　US army poll, 2, p. 58.

ような状況にあった．革命軍はわずか3600人と小規模であり，張勉政権に恭順な指揮官の下で対抗措置の準備ができていた韓国第一軍の力をもってすれば，おそらく直ちに革命軍を鎮圧することはできたであろう．しかしそうした指令は結局のところ出されなかった．その代わりに首相は一度身を隠した後，5月18日に再び現れて，革命軍が公布した戒厳令は合法であると宣言し内閣の総辞職を表明しただけに終わった．一方，張勉の第一の政治的ライバルである尹潽善大統領は，彼にとっては「不可避」の状況にほぼ最初から身を任せていたと思われる．5月の終わり頃の状況はCIAの諜報報告では次のように率直に要約されていた．

「首相は責任を放棄し，殺されはしまいかと怯えて隠れてしまった．大統領の方は首相の政治的な敵対者であり，首相の没落を早めるようなどんな展開をも歓迎した．韓国軍参謀総長は言葉を濁していたが，戦略上重要な地位にあったその他の指揮官たちは軍内部で流血の惨事が起こるのを好んではいなかった．大衆は，政府に対する熱意がまったくなかったために受身であり，わずか1年前に李承晩に対する反乱で勝ち取った代表である政府を救おうとはしなかった」．

第4節　米国の黙認

1961年に軍部の革命家たちが権力を掌握することができた複雑な要因の最後の一つは，米国の黙認であった．6万人以上の将卒を韓国に駐屯させていた米国は，もしそうすることを選ぶならば，明らかに革命を鎮圧することができる立場にあった．当時，韓国の米国に対する惨めなほどの経済的軍事的な依存のことに鑑みれば，どんな政権でも米国の物質的な支援なしに長く存在しつづけることは，不可能ではないにしてもかなり難しかったにちがいない．軍部が権力を奪取することに成功したわずか数日後の5月22日，尹潽善大統領の顧問の一人は，まさにこの点を密かに駐韓米大使館の政治担当参事官に示唆した．彼は革命家たちが韓国を文民統制に戻さないならば，米国は援助と軍事物資の補給を停止すると革命家たちに申し渡すよう米国政府に勧めた．米国の承認が得られず，さらに国際社会から疎外されるようなことにでもなれば，韓国の軍

部と革命家たちの政治的な立場は，極端に弱くなっていたであろう．

　CIAや張勉政権は，4月末，あるいはもっと早くから朴正煕によるクーデターの画策を知っていた．しかし，張勉政権はこのことを真剣に考えに入れていなかった．さらに革命勃発の正確なタイミングについてはソウルの米政府高官はもとより，韓国陸軍の防諜活動部隊さえ不分明であった．1950年代，ソウルとワシントンにいた米政府高官や軍事将校たち，大統領自身さえも，李承晩政権の軍事的打倒を支援しようと考えていた点を考慮すると，内密に米国がかかわっていた可能性を完全に除外することはできない．しかし，現在までに入手できる証拠にはクーデターにおける米国との共謀の可能性はまったく存在していない．実際，軍による権力掌握に対しての米国側からの最初の公式な反応は明らかに否定的であった．

　5月16日の朝，在韓国連軍最高司令官マグルーダー将軍と大使館の代理公使マーシャル・グリーンは双方とも，在韓米軍のラジオ放送で，マグルーダーの言葉でいえば「張勉首相が率いる韓国政府によって新たに承認された政権」を支持するとの声明を出した．マグルーダーはさらに韓国軍に対して「すぐに統制が合法的な政府の権限に委ねられ，軍隊に秩序が復活するように軍の権限と影響力を行使すべき」だと要求した．マグルーダーの声明の直後，グリーンは「自由に選出され，合憲的に設立された韓国政府」を支持すると宣言し，その一方で翌日に内密で米国務省に電報を打ち，米国は革命家たちからは「やや超然として」いるべきであり，外交高官レベルでは革命家たちを相手にしないように助言した．しかしながら，徐々に米国はクーデターを認める姿勢を取るようになり，朴正煕が第一海兵旅団を指揮して漢江（ハンガン）をわたりソウルを占拠してから6カ月後には，朴正煕はケネディ大統領と面会するためにワシントンに向かった．これは米国が新政権と和睦したことを証すものとなった．

　米国の180度の方針転換の背後には数多くの要因があった．第一に，米国当局は他に現実的な選択肢がないと感じており，6月3日付ソウル宛の国務省公電によると「新政権に代わる選択肢が現状では存在しない」．革命家たちは明らかに国家権力の機関のすべてをすでに指揮下においており，軍部のリーダーと張勉政権は多かれ少なかれ軍事介入にしたがう姿勢を取っていた．実際，尹潽善は大統領としての名目的な元首に留まることに同意し，事実上すべての実

質的権限を革命委員会に譲っていた．米国が革命政権を正式に外交上承認するに当たって考えられる面倒な問題はまったくなかった．さらに張勉政権に完全に幻滅していた韓国の大衆は5.16の出来事を大方は諦観や無関心，しばしば熱意をもって迎えた．ほんの1年前に李承晩政権を大規模なデモンストレーションで転覆させ，張勉在職中は抗議運動のために街を駆けつづけた学生の大部分は，消極的もしくは慎重に肯定する姿勢であった．例えば5月27日にグリーンは国務省に電報を打ったが，それによると5.16後の当初，革命に対する学生たちの支持は「おそらく多様に分かれていた」．学生たちは意見を決めかねていたが，半分ほどは「程度に温度差はあるが，概ね熱狂的に」クーデターを認めた．急迫する社会的問題に取り組む軍部のスピードと効率性に，学生は「多少は感銘を受けて」いたと彼は付け加えた．米国は，張勉と彼の政権に対して前年および革命の最中の経験や幻滅があったために，実際，政治的には軍部に代替するものがないという米国の思いはさらに強まった．クーデターが実際に既成事実となるまで，張勉は姿を消して何の動きもみせず，首相は「ソウル政治のさなぎの殻」に閉じ籠った，不確実で決断力のないリーダーであり，また彼も彼の閣僚も国民の差し迫った課題とあまりにもかけ離れ過ぎていたために「過去の数カ月に飢饉で苦しんでいると報告された地域に一度も足を運んでいなかった」という．米国政府高官たちの態度はここで明瞭なものとなった．

　張勉に失望し，軍事政権に代わる当面の政治的代替策がありそうになかったにもかかわらず，もし共産主義者が関与しているという明確な証拠があれば，米国がクーデターを力ずくで鎮圧したであろうことは想像に難くない．5.16に関する統合参謀本部議長への報告でマグルーダー将軍は，根本的な任務は韓国を外部からの攻撃や「共産主義による内部転覆」から守ることだと決していた．確かにクーデターの主導者たちの動機についていえば初めにはある種の心配があり，共産主義的活動の罪で1940年代の後半に逮捕され軍法会議で有罪となった朴正煕の動機には，特に懸念があった．朴正煕や他の革命家たち（金鍾泌を含む）が共産主義に共鳴している疑いがあるという噂は，しばしば革命に反対する将校たちによって流されていた．実際，朴正煕がケネディ大統領と歴史的会見をしてしばらく経った1963年になってもまだ米国務省への情報報告にはその種の噂が書き込まれていた．

5月16日の早朝，最初の国民向けの声明で革命家たちは，冒頭，国家政策の主要な信条の一つは反共産主義にあると宣言した．さらに米国はクーデターの初めの数時間，革命家たちの政治的な特性を疑い，朴正煕が特に国連軍に近い多くの韓国人上級将校たち（李翰林将軍と崔慶禄(チェキョンロク)将軍を含む）の方に政治的に偏向していることに対して米国は明らかに不信の念を持っていた．それにもかかわらず，米政府高官たちは，事実上最初から革命運動の主導者は共産主義とのつながりや動機を持っていないと判断していた．したがってマグルーダー将軍は統合参謀本部議長への報告で，クーデターが始まってわずか24時間後の韓国の状況について個人的に次のように要約していた．朴正煕の「本当の忠誠はまだ決まっていない」時点においてなお，韓国軍に対してマグルーダーみずからの権限で革命家たちを鎮圧するように命令を下すつもりはなかったと説明している．なぜならば「首謀者は以前共産主義者であり，正式の手続きによって選出された政府に対する反乱は共産主義者たちに有利に働くかも知れないが，反乱は共産主義者によって起こされたものではない」からであるという．

遅くとも7月中旬までには，朴正煕の忠誠はもはや疑問の余地のないものとなった．ケネディ大統領により任命された新しい駐韓大使のサミュエル・バーガーは，当時の米国大使館を指揮していたが，軍事革命が「共産主義に影響され引き起こされた」可能性についての第一次評価を終え，朴正煕は「潜在的な共産主義者」でないとその可能性をきっぱり排除した．なぜなら彼が逮捕された時には共産主義から転向しており，もし共産主義者が権力を握った場合，彼が最初の犠牲者になったと思われるからであるという．またバーガーは，共産主義的転覆を図ったとして，軍事政権によって特定の個人に向けられた非難は「状況証拠にもとづく個人の偏見や敵意によって誘導されたものかも知れ」ず非難は疑わしいと大使館は考える，とも述べた．彼は「証拠を秤にかけてみるとこの反乱の主要動機は，圧倒的に愛国的，民族主義的，反共産主義的なものであったことがわかる」と記した．

バーガーが間違いなく知っていたCIAによる諜報では，朴正煕その他の革命家たちが共産主義者と関係しているという告発を支持する証拠はない，と一貫して報告していた．以前の報告ではより慎重かつ暫定的であったが，初めからCIAは「クーデターは韓国に規律を課し，発展を後押しさせようとする強

い願望，ならびに個人的な野望や強烈な民族主義が主な動機であった」と結論付けていた．1961年9月上旬に出された『韓国概観』と題された報告書では，朴正煕やクーデターが共産主義に共鳴していた可能性については疑問さえも上げてはおらず，繰り返しになるが，この問題はそれまでにほとんど沈静化していたことを示唆される．CIAだけは，以前の報告書にもあったように「張勉政府の不安定な方向性に対する革命家たちの強烈な民族主義的な憂い」に言及し，さらに「張勉政権の共産主義に対する軟弱な姿勢」についても触れていた．また報告書では，革命家たちの公式発表すべてにおいて彼らの反共的な強烈な姿勢がみられること，ならびに「共産主義者や共産主義に影響された者に対して，政府が迅速で強力な行動を取りうる厳格な反共法」が制定されたことについても強調していた．

　5.16に対する米国の政策が転換した最後の理由は，米国が革命とその主導者たちに敬意を払うようになったことである．繰り返しいえば，これは米国が以前の指導者に失望していたことを部分的に反映している．6月上旬の国務省の記録にあるように，「張勉政権の場合，われわれはその政治的な能力よりは善意に確信を置いていた．新しい軍事政権の場合，意図への確信は減ったにしても，少なくとも改革を開始する能力にはより強い確信を持つことができた」という．

　5.16から数週間，さらに数ヵ月が経つにつれて革命政府の能力と意図に対する米国の確信は劇的に強化された．5月末に出されたCIAの報告書では，新しい軍事政権の下で大きな変化が生じるとは期待していなかった．報告は「新しい指導者たちが引き継ぎ，さらに彼ら自身で生み出している問題の深刻さから判断すれば，彼らは大して進歩せず，経験不足のために，また外部の意見をおそらく受け入れたがらないために，事態をさらに悪化させるかも知れない」ときっぱりと述べていた．そこまで悲観的ではないが，バーガーがソウルで大使職に就いてからワシントンに初めて送った公電でも，軍部の指導力に関する評価には慎重な姿勢がみられる．朴正煕は革命家の国家再建最高会議で最も有力な人物であり，国家権力の性格および行使に関して明確な見識を備えており，純粋に愛国的理想によって動機づけられているようにみえるが，「それでも彼には注意が必要」であり，「朴正煕が最終的に何を目指しているのか，何を達

成することができるのか，私にはまだわからない」と指摘していた．
　しかし以後，ソウルから届く情報の彩りは変化し始めた．軍部の指導者たちは，米国が張勉とともに進めていた新たな構想の多く，特に経済開発や日本との外交関係樹立という仕事に着手したのみならず，彼らは第二共和制ではほとんど欠如していた改革遂行能力ならびに確固たる政治的意思を明らかにした．8月に朴正熙は，1963年までに選挙を行い文民政府に戻すという意思を公的に宣言した．これは革命家たちの政権奪取以来，米国が強く要望していたことであった．
　バーガーの電報はますます楽観的になっていった．1961年の秋までに彼は心から感情が溢れるように，「軍歴を持った大臣のほとんどについて，政権運営における有能さと有効性に強い印象を受けた」と述べており，5月のCIA報告とはまったく対照的に「軍事政権が最優先事項と考える基礎的な経済成長は急速に進むかも知れない」と示唆した．さらに彼は次のようにも書いた．「軍事政権が確立してから5カ月が経った．ある種の権威主義や軍部という特性のために大衆のイメージはあまりよくないが，力強さや熱心さ，決意や構想力には確固たるものがあった．人気を支える基盤もなく，大衆から肯定的な応援を受けるという根拠も乏しかったが，最も基礎的な改革を全面的に実行しようとする正真正銘の革命であった．銀行と信用政策，外国貿易，失業者のための公共事業，減税，農業，労働組合，教育，公共政策，社会福祉（刑務所改革，売春婦の更生，避妊の情報，退役軍人とその家族への支援）など，長い間議論され前政権が実際に検討していた改革事業が現実に進められるようになった．多くの改革は建設的であり，いくつかは米国の顧問が長い間主張したことであった」．
　朴正熙に関するバーガーの最初の疑惑は8月の初めにはほとんど消えていた．8月13日の彼の電報は次のようなものであった．「毎日のように朴正熙は仲裁し，調和を図り，すべての状況に関して慎重に扱い，容認できる妥協策をみつけ，最高会議の内と外で人物と派閥を驚くべき腕前で巧みに扱った．彼はこの面で際立った才能を持っている．いったい彼はどこでかかる才能を習得したのであろうか．諜報活動報告の内容を読み，報告に耳を傾け，朴正熙や彼の同僚と直接話した人で，私たちがそうであるように，この人物に尊敬を持たない人

はいない．彼には自身を人気者にするようなものはないが，権力に対して確かな理解，繊細なタイミング感覚，常識，問題に対する非教条的な対処，問題の重要性と可能性を嗅ぎ分ける本能などを持ち合わせている」．朴正熙がケネディとの面会のために訪米するおよそ一週間前に，国務長官のディーン・ラスクがソウルで朴正熙を訪ねた．その時，「米国政府は，汚職に対処するために軍事政権が払った努力や，多くの韓国の問題に取り組むエネルギーに大いに感銘している」と皮肉や誇張なしに彼は述べた．ラスクの訪問時，尹潽善が名目上はまだ国家元首であり，以後の数カ月はその地位を保ちつづけたが，米国は明らかに第二共和制を通り越して，実際的な目的のために第二共和制を終焉させた朴正熙に韓国の希望を託していた．驚くことではないが，1962年3月に尹潽善がやっと辞職して軍事政権の外交的承認についての法的問題が持ち上がった時，米国人が新たに抱いた朴正熙に対する尊敬の念を考慮すると，法的問題は事実上消えていたといえよう．実際，バーガーはラスクに公電を打ち，米国が軍事政権の外交的承認という法律問題を「避ける」ことを自分は望むと伝えた．事実，この問題が取り上げられることはなかった．

　革命の直接の動機や理由は，1960-1961年の出来事や人物によってこれを知ることができるが，革命のより広い歴史的文脈は，分断国家の南半分の韓国が経験した初めの16年間の全体のみならず，植民地時代やそれ以前まで古く遡らねばならない．特に連綿とつづいてきた軍事力強化は，革命指導者の民族主義的考えの核心のいくつかを形成した1930年代と1940年代の植民地支配の段階，および脱植民地後の国家分裂，朝鮮戦争，米国から大きな影響を受けた段階を含めて，これらすべてが20世紀の韓国の歴史の枠組を形成することになった．そのために1961年の国家建設事業においても，軍事力強化の大きな力が軍をその前面に押し出すことになった．
　しかし，5.16の革命に深い構造的な要素を認めたからといって，これらの要素が1961年5月16日を不可避的に導いた目的論の一部であった，というわけではない．20世紀の全期間についてはいうまでもなく，実際には1960-1961年の間でさえ歴史的偶然はあまりに多く，尹潽善のいうように革命がどう考えても「不可避」であったと結論づけることができない．実際，尹潽善自身，韓

国第一軍に大規模な鎮圧命令を出したり，後に承認や協力を拒んだりすることにより革命を簡単に止められたかも知れない．

　結局，革命というものは，ある面では最近の，ある面では遠い過去にまで遡る，複雑な物質的，文化的な諸力の混合とみることがおそらく一番適切であろう．結局，革命はこれらの混合した力によって必ず決定されるものではないものの，それによって深く条件付けられた個人の行動に関連したものなのであろう．1961年5.16の歴史的変化の分岐点において，革命の指導者朴正煕と，革命を鎮圧しえたかも知れない第一軍の司令官である李翰林らの立場の違いが，このことをよく示している．双方とも1940年代に日本帝国陸軍によって訓練された将官であり，満州や日本で同じ学校の同期生であり，同じ教師から同じ時間に同じ軍事訓練を受けた人々であった．しかしながら1961年，彼らは革命に対して両極の立場に立った．李翰林は以前の同期生によって率いられた革命軍を攻撃するという，上からの命令を待っていたが，その機会はついにくることはなかった．どんな理由にしろ，朴正煕が熱烈に抱いていた革命的な民族主義を李翰林が共有することはなかった．

　よく知られているように，カール・マルクスはかつて人間はみずからの歴史を創るが，それは「過去から受け継ぎ，与えられ，実際に直面した状況下において」であるといった[9]．このことは5.16軍事革命とも大いに関係する．しかし，確かに人間はみずからが選んだわけではない状況下で歴史を創るが，すべての人間が置かれた状況が同じであれば同じ歴史を創るというわけではない，ということも付け加えるべきかも知れない．構造や文化は重要だが，政治や政治主体もまた重要である．5.16は，その背景になったより具体的で広範な歴史的文脈の中に位置付けることなしに，これを理解しようとしてもそれは困難である．同時に，特に革命に積極的に関わった多くの人々，少なくとも朴正煕について知り，さらに彼らの生活していた環境や文化に対する，しばしば高度に個人的な反応と対応について知ることなしには5.16を完全に理解することはできないであろう．

---

(9)　Karl Marx, *The 18th Burmaire of Louis Bonaparte,* New York : International Publishers, 1963, p. 15.（カール・マルクス『ルイ・ボナパルトのブリューメル一八日』植村邦彦訳，太田出版，1996年）

第2章　国民経済運営のための制度改革

李　　基　俊

第1節　経済開発計画の立案と行政制度整備

1　経済企画院の発足

(1) 5.16革命以前の計画組織と経済運営

　1948年に大韓民国政府が設立された時，国家全体の財政と経済計画を企画し国家予算を編成する企画庁が設置された．当時の国家経済システムは市場中心の資本主義を目指しており，国民経済を運営する企画庁の役割はきわめて限定的であった．それでも1949年1月には企画庁が「五カ年経済復興計画」を商工部との共同で策定した．政府はこの計画を実行しようとしたが，計画の土台となる多くのインフラやその他の資源が，朝鮮戦争で破壊され，被害を受けていたために不幸にも計画は破棄を余儀なくされた．

　1955年，憲法が改正され大統領制が導入されて，企画庁は復興部に合併された．以降，この組織が国家の産業復興計画を策定・実行する責任を負うことになり，国民経済運営の権限は復興部に委譲された．韓国は戦後復興の財源を米国からの経済援助に大きく頼っていた．そのために援助資金を活用する政府の計画は，米国の当局と広範なレベルにわたって審議を必要とし，計画資金の配分は米国政府の対韓政策に依存するところが大きかった．経済運営において復興部は消極的な役割しか果たさず，単に「復興管理」のレベルにとどまって本当の「開発運営」に乗り出すことはなかった．このような状況にもかかわらず経済開発運営は確かにこの時期に具体的に進められ，李承晩政権の最後の数年間に初期の七カ年開発計画の前半が練り上げられた．

　張　勉首相によって引き継がれた政権は，単なる復興管理という考えを捨て

積極的な経済開発計画に着手した．内閣府制を採用した第二共和制の時期（1960-1961年），復興部は引きつづき「経済第一」というスローガンの下で復興計画を策定する責任を負い，国家復興計画を精査する復興委員会を復興部の権限内で発足させた．当時，経済復興という範疇には含まれていなかったが，国民経済全体を運営する計画の一部として包括的な国家開発計画の策定に乗り出した．しかし，1961年の5.16革命によって復興部の目的は果たされることなく終わった．

(2) 経済企画院（EPB）

5.16革命のリーダーが大衆に向けた公約の第4項は「国家経済の復興と自立のために全力を尽くす」ことであった．これらの目標を達成するために，新政府は以前の経済運営機構の再編に着手し，復興部を建設部へと変更した．新たに整備された建設部は，国民経済のより効率的な運営のために包括的な財政計画作成の任務を託された．しかし建設部は経済開発の運営システムと国家計画システムを構築し，政府のリーダーシップにより国民経済を運営するという任務に必ずしも適していなかった．国家の経済活動の中核にある民間部門に積極的に介入するには，経済開発計画や規制，国家予算などの策定，外国資本の導入，重要な統計調査などの分野において政府主導の機能を強化する必要があった．

政府の包括的な計画のための組織として構想された建設部は，創設後1カ月未満で廃止された．代わりに経済企画院が創設され，建設部の業務のみならず内務部統計局や財務部予算局の業務を引き継いだ．1960年代の初期に経済企画院が創設され，発展していった再編成過程は図2-1に描かれる．

この再編成が完了して，経済企画院は国民経済の復興と発展に向けての包括的計画の策定に乗り出した．その初めの成果として1962-1966年に第一次五カ年経済開発計画が実施された．政権が文民政府に移管され，第三共和制が正式に開始されて経済企画院の長官は職務上は副首相が兼任した．大臣としての権限と機能は双方の職を兼務することにより強化された．権限強化を通じて経済企画院は，経済政策を計画，管理するという本来の任務に加え，その関連部署を管理調整するという任務も円滑に実行できた．また国家予算を編成実行して

第2章 国民経済運営のための制度改革

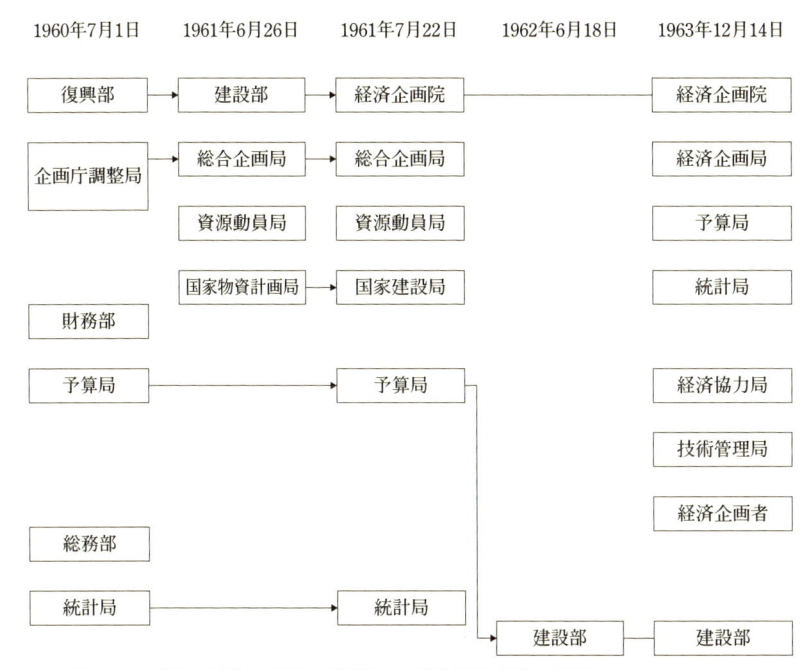

1960年7月1日	1961年6月26日	1961年7月22日	1962年6月18日	1963年12月14日
復興部	→ 建設部	→ 経済企画院	―――――	経済企画院
企画庁調整局	→ 総合企画局	総合企画局		経済企画局
	資源動員局	資源動員局		予算局
財務部	国家物資計画局	国家建設局		統計局
予算局	―――――→	予算局 ┐		経済協力局
		│		技術管理局
		│		経済企画者
総務部		│		
統計局	―――――→	統計局 │		
		└→	建設部	→ 建設部

図2-1 経済企画院の登場と発展――経済計画組織の再編（1960-1963年）

資料：*Twenty-Year History of the Economic Planning Board*, EPB, Seoul, 1982.

全体的な投資と技術開発計画を調整し，さらに海外および韓国内の国際機関との経済協力を推進した．これらの役割により，経済企画院は韓国の他のどの政府機関よりも大きな権威を持つことになった．

　経済企画院は途中でしばしば制度的再編成がなされたが，開発運営組織としての主要な役割は基本的に変わることはなかった．経済企画院は朴正煕（パクチョンヒ）大統領の「成長第一」の国家政策に則り，彼のリーダーシップの原則に沿って中央集権的な政府主導の開発運営システムを実現しようとして創設され，開発を担う組織としての役割を保持した．このような環境で生まれた経済企画院は，国家の要求に応えるため組織内部における構造と手順を発展させながら，国家の経済政策策定に決定的な役割を担い，韓国の急速な発展の時代，国家経済全般の動きを見渡す監督組織としての役割を演じた．

2 経済運営制度の改革

(1) 経済運営制度の統合,廃止,創設

　経済企画院は,軍事政権によって経済開発計画を前進させるという明確な目的をもって創設された.朴正熙大統領は,文民政府に政権が移行された後でさえ「成長第一」原則を堅持し,経済部局の統合,廃止,創設といった,必要と思われるすべてを断行した.これは,戦場における軍事指揮官による特定の戦略目標の集中的追求になぞらえられるかも知れない.彼の唯一の積極的な目標は勝利を勝ち取ることであり,状況によって必要となれば無駄で不適切な行動や方法は捨て去り,どんな方法でも敢えてこれを採用した.

　経済運営に責任を持つ政府機関はすべて再構築されたり,拡大されたりした.部レベルでは,経済企画院が管轄していた国土建設庁が1962年に格上げされ,独立組織としての建設部となった.この変化につづいて二つの新しい部,すなわち1967年に科学技術処,1978年にエネルギー資源部が設立された.これらの措置は以下で詳しく説明しよう.

　さらに細部の組織編成としては,部の中に農業振興庁,鉄道庁,労働庁,国家税務庁,森林庁などの諸機関が運営単位として創設された.さらに1970年代に入ると税関庁,産業振興庁,海運庁などの諸機関が創設された.

(2) 建設部

　韓国における建設行政の制度組織はあまたの変化を経てきた.5.16革命以前,この分野における機関は内務部土木局と国家建設本部であり,これは総理室の直属であった.図2-1に示されているように,1961年6月に復興部は建設部に名称を変え,その下に新たに国家物資計画局が創設された.5.16革命直後の建設部の主な役割は経済計画行政であり,建設行政の機関としての役割は曖昧であった.しかし1カ月も経たずに政府は経済企画院を設立し,同時に国家建設局を外局として設立した.この再編成は政治的なものであり,十分な計画と配慮なしに実行された.その結果,建設事業は混乱に陥り,それにともなって生じた大きな不満は国民経済の進展を阻害した.

　第一次五カ年計画の二つの主要目的は,社会資本の拡大,建設行政の一層の計画化と包括化であった.これらの目標を実行するために,1962年に予算局

が経済企画院から切り離され，格上げされて建設部となった．こうして建設行政は一つの経路に統一された．新しい建設部は国家の物的インフラ開発のための包括的な国家計画を作成し，調整の役割を担った．土地や水資源を再生・開発して，より効率的にこれらを利用・保護することがその任務であった．同時に，都市，道路網，港湾施設，干拓，住宅事業などの開発にも当たった．

1963年9月に建設部は，国土総合開発に関する新法に則り幅広い事業に着手した．特に1970年代後半からはそれまでほとんど開発されていなかった住宅事業に取り組み始めた．さらに中東諸国の収益性の高い市場に進出する建設業界を支援したりもした．

(3) 科学技術処

「成長第一」原則の下，建設部門に重点を置きながらも経済全体を発展させるという行政の取り組みを効率的，効果的に実施するために，政府は科学と技術の進歩に細心の注意を払った．科学技術処は第一次五カ年計画の質を高めることを狙いとして五カ年科学技術促進計画を策定した．1963年12月，新しい計画によって構想された事業を実行するために，経済企画院の中に技術管理局が創設された．しかし経済企画院内の資金は経済開発施設に集中投入され，研究開発活動や新技術促進は投資配分基準では二次的なものであった．経済企画院内で最も小さい部門で技術的に不十分な組織であった技術管理局は，予想通りにはほとんど進展せず，期待された達成目標にはほど遠かった．

経済科学審査委員会は朴正熙大統領に向けて，1965年と1967年の2度にわたり経済と科学行政を再編成すべきことを勧告した．1967年1月に科学技術促進関連法が公布され，そこでは行政が全体的な科学政策を立案し促進する仕組みを整え，科学に資金援助を与える義務があると規定した．その2カ月後に科学技術処が創設された．

科学技術の責任については，以前それぞれの部に分散されていた仕事をまとめ，全体的な政策を実現するために一つの部の下で調整し一本化するという目的をもって，新管理組織である科学技術処が設立された．新しい部はあたかも戦時中の「指揮官」のように機能した．とはいえ新しい部は官邸の直属ではあったが，他の部処における科学技術関連予算に対する事前検査や，予算に対す

る権限調整機能を与えられてはいなかった．また政府の組織階層の中でも比較的低い位置付けであったために，機能は十分ではなく，結果として批判を受けることになった．

(4) エネルギー資源部

1975年7月に長期資源対策委員会は「資源行政の一本化計画」を大統領に提出した．この計画ではエネルギーなどの資源の管理に責任を負う部レベルの機関創設が提案された．新しい部は以下の組織を合併して設立された．
 (a) 長期資源委員会
 (b) エネルギー開発局と鉱務部（双方とも当時は商工部の下にあった）
 (c) 経済企画院資源局
 (d) 調達庁

同部の中心となる役割は，国家資源を確保してこれを効率的に管理利用し，1973-1974年の石油ショックのような，将来起こりうる供給面の脅威に対処する制度的メカニズムの創出にあった．

この提案にしたがって政府は1978年1月にエネルギー資源部を創設し，国家のすべてのエネルギーと鉱物資源に対する責任をここに託した．朴正熙大統領が亡くなるまでの比較的短い間に，この部の命令の遂行に必要な一連の法案の草稿が作成された．電気資源の開発と普及に関する法律は，事業用の敷地（新工場や計画中の工場の用地）を獲得したり，電気発電所開発事業に必要な資金供給を容易にすることが目的とされた．その他，海外資源の開発促進に関する法律ならびにエネルギー利用の合理化に関する法律も作成された．エネルギー資源部はエネルギーを節約するために二段階の対策を公表した．

3 大統領秘書と特別補佐官制度

大統領は，国民経済の運営に当たり大統領秘書を通して自分の意思と考え方を国民に伝えた．軍隊の司令官とその補佐役の関係に比喩されるように，意志と考え方は逆方向にも流れる．もし大統領秘書が経済の専門家でなければ，彼の役割はアシスタントとして受身の仕事に限られる．もし経済問題が専門であれば，少なくとも経済問題に関しては当然のごとく大統領の意思決定に深く関

与する．朴正熙大統領の政権前期に働いた秘書は経済学の専門家ではなかった．本項での議論は，主に経済専門家が職務に就いた政権後期の大統領秘書の職務機能に焦点を当てる．

1968年から1978年までの間，銀行家から転進したエコノミストが大統領秘書の職務に就任した．彼らは経済問題を担当していた上級秘書官たちと一連の作業部会を作り，各部会を代表する経済専門家グループの頂点に立った．これらの部会は，経済政策立案におけるそれぞれの役割を上級秘書官の能力の範囲内で演じた．

1970年代に重化学工業の政府計画とセマウル運動が始まった．詳細に計画された画期的な経済政策であり，これは大統領秘書を頂点とする作業部会によって推進されたといっても誇張ではない．彼らは全体的な計画を構想し，8月3日措置，付加価値税制度，国防税制度といった重要な政策を実施し，また重化学工業や防衛産業の発展にとってきわめて重要な役割を演じた工業化政策の推進者でもあった[1]．好例は重化学工業の発展に貢献した大統領秘書の企画部であった．投資計画を策定し実行するという責任の下，産業用地を選定し，この部門の目標達成に必要な作業を開始したが，そのためには「政府を超越する」ような決定権を行使した．その結果，朴正熙大統領の「重化学工業化宣言」が実現に向けて大きく前進した．こういったチームは，その他の政策立案にもさまざまなレベルで参加し，例えば大統領「指示」と「指導」への準備も彼らがこれを作成した．

最後に，1970年に大統領秘書は米国のホワイトハウスに倣って特別補佐官制度を導入するよう大統領に提案した．1970年12月にこの制度は創設され，二人の補佐官が経済担当として任命された．経済補佐官はそれぞれ独立して，もしくは共同して大統領に提案し，大統領は率直に彼らと対話した．しかしながら，彼らは政策立案に深く関与せず，この点において戦時国家時における中国の外国人顧問や諜報職員のような存在であったといえよう．

---

[1] 当時の上級経済書記官であった呉源哲は思い出を回想するように，「彼らは青瓦台の首席秘書官であった金正濂をトップとする最高の経済スタッフを形成した．……政策立案と施行において，結果として大統領秘書の企画部が強力な推進力となった」といっていた（『韓国経済新聞』1993年5月25日付）．

4 経済官僚の形成

　政府は既存制度の廃止，統合，さらに別の制度の創立などを通じて経済計画のための行政改革を推進した．その中で5.16革命以前の復興行政機関（援助資金の執行行政機関をも含む）が廃止され，行政機能の専門化と改良の時代に入った．テクノクラートの精神が建設や新技術，さらに全体的な経済開発計画にまで浸透し始めた．

　新しいテクノクラートは開発計画を練り上げ実施するために，技術的な解決方法に関する必要な情報やノウハウを習得した．彼らの登場により既存の行政文化は鍛えられ，法的条項に固執したり頑固に古い慣行を守るといった保守的な官僚的慣習は大きな変化を遂げた．朴正熙大統領のビジョンは，強い中央集権的政府と政府指導の効率的な経済運営の体系から成っていた．特に「維新体制」が動き始めて以降，朴正熙大統領は，国家経済運営をより有効に統制するようになり，制度の核である経済官僚たちが大きな力をふるった．維新体制は行政文化を加速度的に変化させ，経済テクノクラート組織の地位を高めた．

　国家試験を優れた成績で通ったテクノクラートのエリート集団が経済企画院に集まり，政府主導の経済開発計画を策定，推進し，国家予算を編成し，いくつかの経済関連部局で実施される業務を調整する強い権限を握った．彼らエリートたちは，米国で教育を受けた専門家が提供する計画手法や政策勧告を基礎にし，現代経済学の基本に沿う形で準備を進めた．見事に任務を実行し，強い権力を持った集団としての経済官僚体制が形成された．他の経済関連の部に所属する官僚たちに比べると，彼らは最も短期間で経済企画院における行政の専門家となった[2]．

　テクノクラート権力集団は，朴大統領の庇護の下にあったため，あらゆる利害集団からの圧力を寄せつけなかった．独自の首尾一貫した論理を展開し，政策の精査と意思決定を迅速かつ秘密裏に行った．彼らは国家経済運営に携わる主要集団として行動し，経済界に深く介入し，他方，経済政策を立案決定する上で一定の独立した中立的な立場を保った．

---

(2) 資本主義国家として遅れて登場した日本は，急速な経済発展に対して前向きに取り組み近代的な官僚体制を設立した．大内穂・下山瑛二編『東アジアの官僚制と経済発展』アジア経済研究所，1985年を参照．

テクノクラート権力集団の習慣や行動には一定のメリットがあったが，同時に当然ながらいくつかのデメリットもあった．集団の上層部（例えば経済担当大臣や上級秘書官）が変わると，経済政策の重要な方針が極端な形で方向転換されることがしばしばであった．このような急転は大きな問題であり，結果的に政府の政策の一貫性を失わせた．ある場合には，テクノクラートはあたかも診療の手法を試すように，多くの政府活動の中に新しい経済政策を性急に実施しようとした．しかし単に試行錯誤の方法を導入したようなものに終わることもあった．

新興の開発途上国で経済的権力が狭い有力者集団に集中すると，不正腐敗行為が必ずはびこってしまうといわれるが，それももっともである[3]．韓国もこの法則の例外ではなかった．しかし現存する確かな証拠をみると，有力者集団はそれほど深刻な腐敗に堕落していたとはいえない．朴正熙政権時代に経済企画院で働いた副長官などの上層部の役人に関する昇進のデータから，このことが推測される．例えば1961-1979年の間に副大統領であった10人のうち9人は，その他の経済関連の部の大臣級に昇進し，政府高官であった75人中25人は1970年代の終わりから1993年までの期間に大臣か副大臣の地位を得た[4]．

第2節　五カ年計画のための制度創設

1　経済計画と経済発展

第二次大戦後，新たに独立した開発途上国と先進国はともに戦後復興や経済再建，また全体的な経済開発に対処する重要な制度的装置として中長期的経済計画を採用した．この計画は，(1)「指令的」計画と，(2)「指示的」計画にわけられる．「指令的」計画は，共産主義国家の計画経済モデルをもとにし，政府が一定の経済活動や価格を直接的に統制する．「指示的」計画では，政府介入はガイドライン導入や基本的な政策策定に限定される[5]．

---

(3)　同書15頁．
(4)　これらの統計は著者の計算による．
(5)　戦前，日本は軍事産業のために長期的な拡大計画を準備する計画組織を創立した．この組織は1938年の総動員計画や貿易と資金の管理プログラム，労働力動員計画や電力供給，翌年には生産性向上といったプログラムを立案実施した．岡崎哲二・奥野正寛編『現代経済システムの源

韓国政府は「指示的」計画に似たものを，1948年の国家創設から1961年の5.16軍事革命の期間に何度も実施しようとした．しかし，例えば1953年3月のナタン報告や「任務ごとの三カ年韓国援助計画」，国内の専門家たちによって立案された「三カ年経済開発計画」にみられるように，その努力は失敗に終わった．「三カ年経済開発計画」は初期の七カ年開発計画の前半に焦点を当てたが，1958年に主に復興部の下に設立された産業開発委員会が草稿を作成し，1960年4月15日に内閣によって正式に採択された．しかし，わずか数日後に4.19学生革命が始まり，それに引き継ぐ政治的混乱の中で計画は流産してしまった．

5.16革命政府が樹立された後，第一次五カ年経済開発計画が立案された．朴正熙議長の監督の下で韓国史上初の国家経済運営の制度的装置が成立した．第一次計画では，「前政権の腐敗と無能によって起こされた社会経済の悪循環を断ち切り，復興と国民経済の自立的成長を達成するために，長期経済開発計画を作成することが最も重要である」と宣言した．

政府が経済の主要部門に直接介入し，もしくは指示的政策を用いたために，この計画は経済計画立案のための「誘導された資本主義」だということができよう．単なる「指示的」計画ではなく，広範な介入によって特徴づけられる「国家主導」計画と呼べるであろう．それ以降も一連の同じような五カ年計画が実施されたが，朴正熙大統領が亡くなった時点で，国家は第四次五カ年計画の3年目を迎えていた．

2 五カ年計画

(1) 計画立案のための制度的枠組み

朴正熙政権下において，五カ年計画が策定される仕組みや策定過程に絡む組織内の多くの下位集団で多様な変化が起こった．この点で第二次五カ年計画は第四次五カ年計画とは明らかに異なるものであった．これら二つの計画を形作った制度的構成要素と仕組みは図2-2で説明されており，ここではいくつか重要な変化が示されている．

流』日本経済新聞社，1993年，17-18頁．

第2章 国民経済運営のための制度改革　　　69

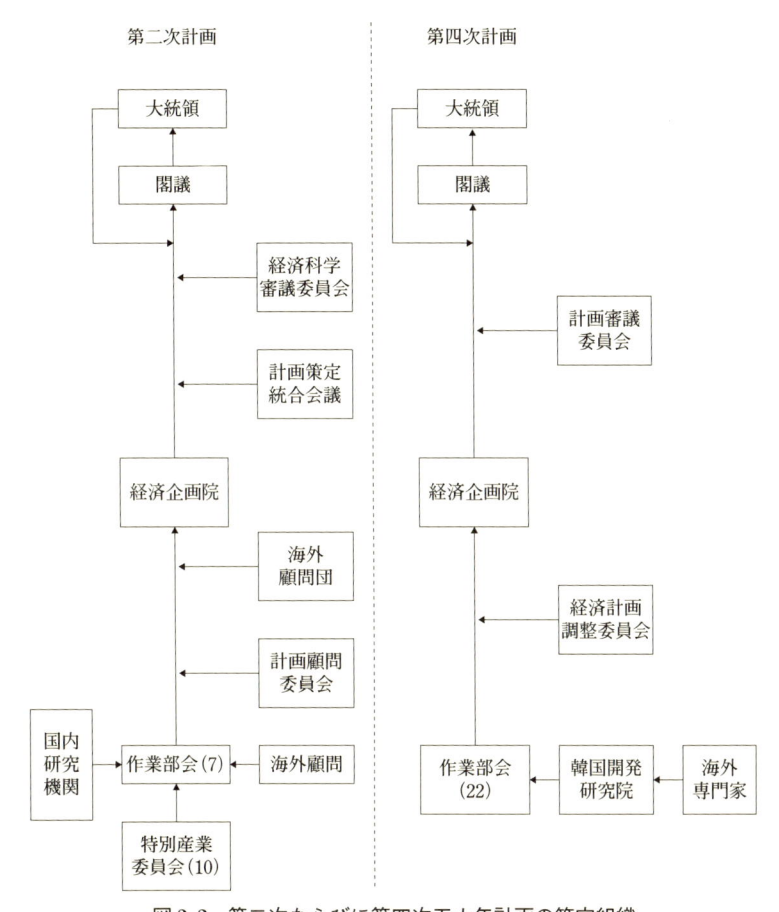

図2-2　第二次ならびに第四次五カ年計画の策定組織

　第一に，米国国際開発庁（USAID）が，計画策定統合会議[6]を通じて第二次五カ年計画の立案に参加した．統合会議は策定過程における一つの組織として設立され，韓国政府とUSAIDの代表から構成された．しかし第四次五カ年計画の策定においてUSAIDは何の役割も果たさなかった．
　第二に，第二次五カ年計画が策定された時，経済科学審議委員会による計画

---
[6]　会議の議長は経済企画院（EPB）の大臣で，委員は経済閣僚ならびに与党や米国国際開発庁や海外顧問団の代表から成る．

の承認が法律化されるべきことが求められた．これに比べれば第四次五カ年計画ははるかに簡素な制度的構造と合理化された手順で策定され，必要とされたのは首相を議長とし経済科学審議委員会の常任委員すべてを含む計画審議委員会による決定のみであった[7]．

第三に，第二次五カ年計画の時点で数多くの海外顧問や国内の民間研究機関が参加した[8]．しかし，第四次五カ年計画の参加者はほとんどが韓国人であり，計画策定過程は主に韓国開発研究院（KDI）の専門知識に依存した（きわめて少数の海外専門家が補足的に支援したが）．

第四に，第四次五カ年計画策定のための部門別作業部会の数が著しく増加した．

最後に，計画顧問委員会の名称が変更された．構成と機能はほとんど変化しなかったが，経済計画調整委員会として新たに知られるようになった[9]．次項では五カ年計画の策定過程の一般的な手順を説明しよう．

(2) 計画立案のための制度的手順

計画立案は，ガイドラインの草稿作成が第一のステップであった．経済企画院はこの仕事に1年以上もの時間を費やし，その後に草案は関係機関に配布された．第二次五カ年計画の作成に際しては，経済企画院は民間研究機関に「長期展望」と「産業連関分析」に関する研究を行うよう委託した．第四次五カ年計画では，図2-2に示されているようにこれらの研究は韓国開発研究院のみに任せられた．

第二のステップは，各部の適切な行政官の専門知識を活用して，部門別の作業部会や計画立案の作業部会を組織することであった．これら部会の活動は詳細な協議と調整のための上級委員会と呼ばれ，例えば第二次五カ年計画の計画

---

[7] 首相を議長とし，43人の委員は経済閣僚や経済科学審議委員会の常任委員，韓国開発研究院の理事長や職業上の代表者を含んでいた．

[8] ナタン顧問団と西ドイツ計画顧問．

[9] 経済計画調整委員会は，経済企画院（EPB）の副大臣を議長とし，委員は経済副大臣や国営銀行の副総裁，大学教授や新聞社の編集委員，また重要な業界組織の代表など10人ほどの専門家たちから成っていた．

顧問委員会や第四次五カ年計画の経済計画調整委員会がこれに当たる．計画立案のこの段階でほとんどの主要な政策決定がなされた．

第三のステップは，例えば第二次五カ年計画の計画策定統合会議や経済科学審議委員会，また第四次五カ年計画の計画審議委員会といった最高機関に活動結果を伝えることであった．計画立案のこの段階を終えて審議のプロセスは終了する．

三つの過程を経てでき上がった計画は，検討のために大統領に報告され，最終的に閣議で決定された．採用された五カ年計画は公表された．経済企画院が草稿のガイドラインを配布して，最終的に計画が一般に知られるまでに第二次五カ年計画の場合には1年半がかかり，第四次五カ年計画の場合には1年を要した．

(3) 計画の概略作成

市場中心的な資本主義システムの下で，政府は計画的な色彩の濃い経済政策を描きがちであった．その場合，経済計画立案の基本的な役割は，(1) まず数量的なマクロ的展望を試み，次いで主要な経済指数に関し現在の経済状況下で最も可能性の高い予測を明確に示すこと，(2) 個々の重要目標については，その主要な政策内容だけではなく計画期間中における政府の事業，家計の経済活動に対するガイドラインを明らかにすることが必要であった．この役割を考慮した上で，最初の四つの五カ年計画に組み込まれた優先事項と部門別の強調点は次の三つに分類することができる．

第一に，第一次五カ年計画（1962-1966年）の主な開発目標には，当時韓国のGNPの半分を産出していた農業部門が含まれた．農業部門の計画は，農業生産性を引き上げ，農家家計所得を増やすことにより農工間のアンバランスな経済構造を是正すること．他にも，工業化に備えてエネルギー資源を確保し，基礎的な産業を拡大することも求められた（表2-1参照）．この計画の象徴的な特徴は，各部門の個別プロジェクトを明確に提示したこと，政府と国民が果たすべき役割を描いたこと，さらにそれらの詳細について年度やビジネス，投資家ごとにこれを具体的に示したことであった．

第二に，第二次と第三次の五カ年計画では輸出振興が優先された．二つの計

表 2-1　経済開発五カ年計画の優先目標と産業別主要計画の変遷（1962-1981 年）

	第一次計画 (1962-1966 年)	第二次計画 (1967-1971 年)	第三次計画 (1972-1976 年)	第四次計画 (1977-1981 年)
目的			成長と安定の調和	成長, 平等, 効率性の実現
基本目標	• 経済社会の悪循環の是正 • 自立経済の実現への準備	• 社会構造の近代化 • 自立経済の推進	• 農林水産業の急速な開発 • 輸出拡大 • 重化学工業の育成	• 自立的成長のための構造実現 • 社会開発の促進 • 技術刷新と効率性の推進
優先実施目標				
農林水産業	• 農業生産性の上昇 • 農家所得の増加	• 食料自給の確保 • 山岳地の緑化 • 漁業の開発	• 主要穀物自給の確保 • 農家家計所得の上昇 • 耕作地の調整と農業機械化	• 産業構造の高度化
工業	• 電気・石炭・肥料供給の確保 • 基礎的工業の開発	• 化学・鉄鋼・電機産業の育成 • 産業生産の増大	• 重化学工業の育成 • 工業生産構造の高度化	
社会間接資本	• 社会間接資本の整備		• 国家資源の開発 • 工業団地の設立 • 産業と人口の分散 • 基本的社会設備の均衡発展	
科学技術	• 技術開発	• 科学技術の振興 • 人的資源の発展 • 標準技術の高度化	• 科学技術の急速な開発 • 教育施設の拡充	• 技術の刷新 • 効率性向上
雇用と社会福祉		• 雇用増加 • 家族計画と避妊の推進	• 労働環境の向上 • 雇用創出 • 住宅・衛生設備・社会保障制度の拡充 • 国民生活の向上	• 社会開発の促進
輸出と国際収支	• 輸出増加による国際収支改善	• 5 億 5000 万ドルの輸出の目標達成 • 輸入代替の促進 • 国際収支改善	• 35 億ドルの輸出目標達成	• 投資の自立的成長
産業別主要目標	• 五カ年科学技術計画 • 五カ年石油 • 石炭の生産計画 • 十カ年海洋資源開発計画 • 高速道路建設計画	• 五カ年電子産業推進計画 • 十カ年農業近代化案 • 十カ年国土開発計画 • 十カ年鉱山業発展	• 五カ年電子産業促進計画 • 社会資本長期開発計画 • 釜山港開発計画 • 年度別重化学工業投資計画 • 高速道路建設計画	

資料：*The First Five-Year Economic Development Plan*, EPB, Seoul, 1962. *The Second Five-Year Economic Development Plan*, EPB, Seoul, 1967. *The Third Five-Year Economic Development Plan*, EPB, Seoul, 1972. *The Fourth Five-Year Economic Development Plan*, EPB, Seoul, 1977. *The Twenty-Year History of the Economic Planning Board*, EPB, Seoul, 1982.

画は，第一次計画の個別プロジェクト的な性格も持っていたが，高い成長率は重化学工業を中心とした急速な工業化によって可能になるという仮定の下に，輸出拡大を狙った．これらの計画は10年から15年に及ぶ長期のマクロ的見通しを提示した後に策定された(10)．さらに両方の計画とも，本格的な農業部門の発展の姿を具体的に示した．1971年に始まったセマウル運動は，農村や漁村の環境を整備改善させ，地方に電力を供給し，農家家計所得を高めることにより，第一次計画期間中の惨めな成果を是正することが目的とされた．

最後に，1970年代後半には，高度成長を目指した期間に大きく遅れていた社会開発問題に優先事項が移った．大統領は1976年6月に経済企画院長官から第四次五カ年計画の報告を受け，低所得者に対して医療給付金を保障するプログラムを開始するように指示した．1977年に10人の大臣が共同で行った新年の報道インタビューで，社会開発計画の拡大がその年の政策基本方針の一つであることが発表された．1978年の初めにも，大統領は同趣旨を新年の報道インタビューで発表した．社会開発計画の漸進的な実施に向けての一連の提言は大統領と他の内閣メンバーによって支持され，直ちに「経済社会開発長期的展望（1977-1991年）」と題された政策報告書に取り入れられた(11)．また第四次五カ年計画では，「平等」というスローガンを開発の基本理念の一つに採用し，「社会開発の推進」を重要な目標として掲げた．所得分配や社会的厚生といった社会的指標が重要な経済指数の中に初めて導入された．したがって第四次五カ年計画は「展望的」計画立案という特徴をもち，プロジェクト別計画を包括的な五カ年計画に集めて整理するといった以前の慣行から脱して，計画策定の新たな基本手順となった．

五カ年計画は，初期の「個別プロジェクト」別計画から「将来展望的計画」といった形に次第に変化した．この溝を埋めるために政府は1960年代後半から重点産業を推進する個別計画を5年から10年の期間で作成した．1970年代初期には重化学工業を設立する計画が準備された．

---

(10) Kwang Suk Kim, *Korea's Experience in Managing Development through Planning, Policymaking, and Budgeting*, World Bank Staff Working Paper No. 574, Washington D. C., 1983.

(11) *Long-Term Prospects for Economic and Social Development, 1977-1991*, Korea Development Institute, Seoul, 1978.

一連の計画が細部にわたって実行され，また個々の計画では独創性が発揮された．韓国の経済計画立案は重層的な特徴を持った制度に発展していったのである．

(4) 優先的目標の変化

表2-1には，それぞれの五カ年計画の理念，基本目標，優先的実施の要約が示されている．これらの計画の内容は，朴大統領が正式に国民と交わした約束事だとみることができる．この表から，社会的な影響をもたらす経済変化に応じて，大統領が国民経済に柔軟に対処していたことが明らかとなろう．もちろん大統領の経済政策は成功したのか否か，また実施のプロセスが遅かったのではないかという問題点は残されてはいる．それでも，四つの計画に対応したそれぞれの時期において，韓国の経済政策の大きな流れが簡単に把握されよう．

要約すると，大統領の政策は成長志向であり，目指していた四つの目的は，(1) 自立経済の構築，(2) 重化学工業化と輸出拡大の同時追求，(3) 間接的社会資本の整備，(4) 成長目標の達成に要する科学技術の振興，であった．これらの政策と，特に社会的公正問題の解決を図った政策は，時流に合わせながら展開されていった．

一方，五カ年計画に述べられている優先的政策に加えて，政府は年度ごとに基本的政策方針を設定し，第二次五カ年計画開始の1967年から集中的にこれを実行した．当然，年度ごとに設定される優先事項のいくつかは長期の五カ年計画のそれと重複していた．表2-1の五カ年計画の優先事項には載っていないが，経済運営計画を実施するための主要な補完的優先目標は表2-2に示されている．

第3節　業績と評価

1　補完的修正と業績

朴大統領の在職中には，五カ年計画は予期しない国内外の状況に応じて繰り返し修正された．本項では簡単にこのことをみておこう．

最初の五カ年計画が開始されてから1年未満の1962年11月に，計画期間は

表2-2 第二次計画から第四次計画までの補完的優先目標

第二次計画	第三次計画	第四次計画
国内貯蓄の上昇	価格と国民生活の安定	価格安定のための国際競争力強化
価格と経済の安定化	中小企業育成	中小企業の育成
高速道路建設	セマウル運動推進	貯蓄増加
貿易自由化推進	貯蓄増加と消費抑制	価格設定の合理化
R&Dシステム強化	民間投資増加	国民生活の基礎的需要充足
輸送能力の拡大と近代化	経済運営効率化のための制度確立	

まだ3年（1964-1966年）も残っていたが，工業化や電力開発のための投資やGNPの成長率などを抑制し，代わりに消費を拡大させるよう計画修正がなされた．

第二次五カ年計画（1967-1971年）は，『1981年の韓国経済展望』と題される政策報告を目標にした計画であった．その発表以降，達成目標に関して熱心な議論が展開され，またたく間に論争は学者やマスメディア，世界銀行に広がった．世界銀行では7%という目標は韓国経済の期待成長率に比べて過大評価だと考えた[12]．他方，米国国際開発庁は楽観的な意見を出し，計画目標の達成は可能だと述べた．

こういった論争にもかかわらず，第二次五カ年計画は2年目に記録的な高成長率を達成し，計画期間を3年半に縮小すべきだといった意見も出され，最終的に論争は静まった．1968年に計画の大規模な拡大と再調整がなされ，その結果，もともと7%であった成長率は10.5%にまで押し上げられた．それにともなって国内貯蓄率と投資率の予測も上方修正された．

第三次五カ年計画（1972-1976年）は，初めから重化学産業の発展を一つの重要な目標として開始された．しかし，朴大統領が1972年の新年記者会見における「重化学産業宣言」で公表したように，新しい目標を実現するためには補足的な措置が不可避となった．そのために製造業部門と輸出において投資の再調整がなされたが，重化学工業の重要性は高まり，また同時に輸出目標値な

---

(12) 世界銀行は経済企画院の大臣に手紙を送り，第二次経済開発五カ年計画の達成目標は，韓国にとって現実に利用可能な資金からすれば，非現実的であると伝えた（『東亜日報』1966年1月1日付）．一方，政府の政策評価にかかわっていた教授団も1966年7月26日の閣議で7%に設定された経済成長率は非現実的だと報告した（『東亜日報』1966年7月27日付）．

表 2-3 五カ年開発計画の物的目標値と実現値 (1962-1981 年)

目的	単位	第一次計画 (1962-1966) 目標値	実現値	第二次計画 (1967-1971) 目標値	実現値	第三次計画 (1972-1976) 目標値	実現値	第四次計画 (1977-1981) 目標値	実現値[a]
GNP 成長率	(%)	7.1	8.5	7.0	9.7	8.6	10.1	9.3	9.4
投資率	(%)	22.6	15.1	19.0	26.4	24.9	27.8	26.4	36.9
人口成長率	(%)	2.8	2.8	2.2	2.2	1.5	1.7	1.6	1.5
国内貯蓄率	(%)	9.2	6.1	11.6	13.1	19.5	18.2	23.0	25.3
産業構造									
第一次産業	(%)	34.0	31.7	34.0	28.8	22.4	24.0	20.3	19.2
第二次産業	(%)	27.2	25.7	26.8	20.9	27.9	29.5	38.0	33.8
第三次産業	(%)	38.8	42.6	39.2	50.3	49.7	46.5	41.7	47.0
輸出	1 億ドル	1.4	2.5	5.5	11.3	35.1	78.1	145.2	147.1
輸入	1 億ドル	4.9	6.7	8.9	21.8	39.9	84.1	140.4	191.0
国際収支	1 億ドル	-2.5	-2.5	-1.0	-8.5	-3.6	-3.1	2.4	-41.5
1 人当たり GNP[b]	ドル		307		437		650		812

資料: Twenty-Year History of the Economic Planninng Board, EPB, Seoul, 1982.
注: a 朴大統領在任中の最後の 3 年間 (1977-1979) の平均値
  b 1975 年価格基準

どが他の調整より一段と重要性を増した.

第四次五カ年計画 (1977-1981 年) のすべての「指令的」調整は, 計画期間の最初の 2 年間だけ計画通りに達成された. しかし悪化する国際経済環境ならびに国内政治の混乱によって経済開発に暗雲が漂い始めた. また 4 つの主要経済団体は「経済の全体的な安定という公約」を支持する決議を発表し, 重化学産業計画の廃止を提言した. 国民も全体として成長より安定を望んでいた. こういった環境の下で政府は重化学産業の投資を調整し始め, この調整は 1979 年 5 月に完了した.

五カ年計画それぞれの数量は補完的修正ともども表 2-3 に示される. 一言でいって計画の成果は「驚異的」であった. 以下では, 経済成長, 輸出, 産業構造の三つの分野における成果についてより詳細に検証してみよう.

初めに, それぞれの計画期間の 1 年目 (1962 年, 1967 年, 1972 年) を除き, 最初の三つの計画期間の経済成長率は当初の目標を上回り, 結果的に年平均成長率は 9.4% となった. 第四次計画では 3 年目 (1979 年) にやや低い成長 (6.4%) を記録したが, 1977 年と 1978 年ともに成長率は 10% を超えた. 1975 年価格による実質 1 人当たり GNP は 1960 年には 100 ドルであったが, 1979 年

には800ドルまで急上昇した．この偉業は「漢江(ハンガン)の奇跡」と呼ばれた．韓国の経済は1960年代の中頃まで停滞していた北朝鮮の経済に追いつきこれを凌いだ．

次は輸出面である．1960年代の韓国は貧しく典型的な援助受入国として国際社会から烙印を押されていた．輸出額は1000万ドルにも満たなかった．輸出に依存した強い経済を確立するという朴大統領の断固たる決意により，その後の韓国の輸出は目を見張る成功を収めた．それは世界において他に類をみないものであった．第一次五カ年計画の最終年である1966年に，輸出は1960年時点に比べて7.6倍増加した．輸出は1971年に10億ドルを超え，1976年には80億ドル近くにまで上昇した．1973年4月に行われた輸出振興拡大会議で，朴大統領は参加者たちに輸出を1980年までに確実に100億ドルに増加するよう指示した．しかし大統領の予想より3年も早い1977年にこの目標は達成された．大統領が1979年に死去した時，輸出部門は今にも150億ドルに届こうという勢いであった．1970年代の中頃，かかるすばらしい業績の予測を信じていた者はいなかった．

最後に，急速な工業化を促進した計画について考えてみよう．当時の経済成長は農業部門によって支えられ，工業の寄与度は比較的低いままであった．また第一次と第二次の五カ年計画の間に第三次産業が肥大化した．工業化プログラムには何回かのつまずきがあったが，1970年には重化学工業と軍需産業の発展を通じて韓国は低開発状態を脱し，開発途上の工業国家に変貌しつつあった．軽工業に特徴づけられる産業構造から重化学工業を中心としたそれへ大躍進を遂げたのである．

2 評価

1960年代，1970年代とつづいた五カ年計画は徐々にその性格を変え，初期の個別のプロジェクト別計画から，優先事業にもとづく展望的計画に移った．状況に変化が生じれば削減，拡大などの再調整を含む補完的修正が恒常的になされた．事業計画，マクロ経済的目標，優先的政策，その他の計画などは予定通りには実施されなかった．この観点から五カ年計画は，「他の行政的政策の実現可能性と現実性を再評価するための単なる参照データ」と呼ばれるように

なった[13].

　政府は国民経済の運営というより広範な視点に立ち，五カ年計画を通して5年から15年の将来に予測される経済開発の具体的なビジョンを提示するようになった．第一に，五カ年計画によって人々は国民経済の現実の姿について情報を得たり，開発過程に積極的に参加し，それによって「よりよい暮らしを達成しよう」という激励の言葉を固く信じるようになった．

　企業家たちも，計画立案過程を通して政府の開発の方向性を理解し吸収することができた．計画策定から実行にいたるまでの段階で具体的な統計情報を彼らに提供し，政府の努力を民間が補完するという効果を生んだ．このような双方の協力関係により産業界と政府の間に現行体制を守っていこうという雰囲気が醸成され，急速に進んでいた経済成長，輸出拡大，産業構造の発展ペースを加速化させることになった．

　五カ年計画を策定する過程で，明らかにさまざまな統計が基礎的データとして使われた．政府の計画者が統計担当者たちに絶えず要求し，統計の信頼性と統計分析の質は大きく改善された．誤った統計にもとづいて作成された計画は，架空の案に過ぎず，必ず失敗する．統計の改善は五カ年計画の貢献だといっていい．

　五カ年計画の明るい面をマクロ的観点から検証してきたが，次いでいくつかの負の側面についても吟味したい．輸出の拡大や重化学工業の発展を強調した経済運営であれば，海外の原材料，技術などは輸入に依存せざるをえず，特にこれらの分野に融資を拡充するために外国資本に大きく頼ることが避けられなかった．外国資本に対する膨大な需要は大量の外国借款の受け入れにつながった．さらに不完全な輸入政策によって引き起こされた好ましくない経常収支赤字問題をも生んだ．負債が累進的に急増し蓄積する過程で，政治と経済の癒着という現象がはっきりとみられるようになった．海外借款に依存していたいくつもの事業が破綻し，他方，複合企業体である財閥は絶え間なく拡大をつづけた．

　開発政策の実施に必要な国内資金需要を満たすためには，やむなく通貨供給

---

　(13)　谷浦孝雄『韓国の工業化と開発体制』アジア経済研究所，1989年，25頁．

を膨張せざるをえなかった．開発にともなうインフレは際限がなく，韓国経済の構造的特徴となってしまった．

急速な経済成長にともなうこういった副産物の結果，不合理な分配システムの中で富が少数の財閥に集中し，巨大な実業家たちによって占有され，一般の人々の暮らしを重く圧迫した．朴大統領は富がより公平に分配されることを期待して，財閥の株式の相当額を公的株式提供を通じて人々に分配するよう指示したが，成果はなかった．

経済が不安定に推移する中で一般大衆の暮らしは不安であった．不安は特に1970年代に立てつづけに起こった．朴大統領は二度にわたり大統領緊急令を発動，経済を立て直そうとした．他の特別措置も二回発動された．さらに1970年代に政府は「価格と生活の安定」を毎年の経済運営計画の中で優先実施目標の一つとして掲げた．

政府のこうした努力にもかかわらず，驚異的な高成長率にともなう経済の膨張は強まり，爆発的な様相を呈するようになった．すでに巨大な事業になっていた財閥は日増しに巨大になり，新たな財閥が設立された．1970年代後半，企業は必死にインフレによる損失を回避補償しようと努めた．財閥や少数の裕福な個人たちは過熱した不動産投機の競争に参加した．その結果，膨張的悪循環が起こり，住宅と土地の価格騰貴，商品の高コストという，いわゆる「三高」現象が生じた．庶民の生活は不安定性を強め，1979年に政治的社会的な騒乱が引き起こされた．

第4節　大統領ならびに首相直属の諮問評価組織，大統領議長会議

1　諮問評価組織，大統領議長会議の創設

経済行政制度の再編成と新規創設は，計画目標に合わせ導入されたプロセスであった．大統領と首相直属の諮問評価組織の創設，運営も同じような方法で実行された．

国家経済の審議機構（例えば中央経済評議会）はもともと首相の権限の下にあった（しばしば経済企画院長官の下にもあった）．行政権力が文民政府に移った時にこれらの制度は廃止され，経済科学審議委員会が大統領直属組織とし

て設立された．同時に政府政策評価委員会（政策評価教授団として知られる）や他の委員会（例えば長期資源委員会や重化学工業推進委員会）が首相の下に創設された．

朴大統領は，韓国人の経済学教授や他の専門家を新しい制度のメンバーに任命あるいは委任し，経済政策立案に関する助言を得た．また彼らに経済運営を管理・監視させて諮問的な役割を担わせた．有能な一団の中から数多くの大学教授が大統領によって引き立てられ，国家の社会的必要性に応じる仕事をこなした．

諮問評価組織は大統領を議長とする会議を定期的に開いた．大統領は経済企画院の月例経済情勢報告会議や，商工部が支援していた輸出振興拡大会議の議長を務め，経済政策の実施プロセスを詳細に吟味したり，修正や細かい指導が必要になった時にはいつでも適切な指示を出した．

2 諮問評価組織

(1) 経済科学審議委員会

第三共和国憲法では，大統領は「経済や科学技術を推進し発展させるために必要な助言組織」を創設する権利を持つとされた．1963年12月に朴大統領は経済科学審議委員会を設立し，同委員会の議長となった．委員会の主目的は，国民経済の開発や科学の推進に関連する重要な政策立案について大統領の求めに応じて助言をすることであった．その役割は米国の経済諮問委員会に似ている．しかし韓国の委員会が経済諮問委員会と違う点は，委員が常勤メンバーと非常勤メンバーから構成されていたことである．日本の経済審議会がさまざまな団体からの非常勤メンバーのみで構成されているのと比較しても，この特徴は際立っていた．

朴大統領は1960年代の終わりまで経済科学審議委員会の議長を自分自身で務め，重要な政策についての助言を得た．委員会は政策提言を継続的に大統領に答申した．しかし委員会からの勧告は主に長期的視点から作成されたものであり，委員会の長期的アプローチと日々の活動で権力を行使している経済問題関連部局による短期的アプローチとの間で意見の対立や衝突が生じた．1969年の初めには首相が副議長を務めた．首相は首相本人というよりも大統領代理

として評議会に出席した．会議は波乱含みであった．結局，委員会は本来予定されていた任務を十分に果たすことができずに終わってしまった[14]．

創設時から1979年までの間に，37人が委員会の常勤あるいは非常勤メンバーとして指名または任命された．そのうち15人が経済学，科学技術分野の教授たち，14人が前大臣もしくは高級官僚であり，8人が金融界および財界人であった．何人かは国家政策研究センターの所長や政府のさまざまな組織のメンバーであり，彼らの本業の仕事との兼任が許された．

37人の委員会メンバーのうち20人が，後に経済問題関連の大臣や国会議員，外国大使になった．朴大統領は人事を決めるに際してこの委員会を人的資源の貴重な宝庫として活用したのである．

(2) 政策評価教授団

朝鮮戦争に際して陸軍は，米国の軍事運営技術や軍事行動計画システムを採用した．しかし両国の接点は軍事に限られており，政府機関には波及しなかった．1961年5月16日の軍事革命に引きつづき，軍事政権はすぐにこのシステムと技術を内閣に持ち込んだ．1961年8月，総理直属の内閣企画統制室や各部局内に企画管理室が創設され，以降，企画システムは徐々に改善された．政府再編成法の全面改訂とともに第三共和制の憲法が制定された．内閣企画統制室と各部の企画調整室が再編され，それぞれ内閣企画調整室と企画運営室となった．

これらの新しい部局は行政管理の改善や公共的情報，予算編成などの基本的な運営計画を策定し，審査および分析を担当して，軍部参謀システム（軍管理システムなどの）に比肩する強い役割を担うようになった．第一次五カ年計画が終了する1年前の1965年7月，朴大統領は主観的な審査や分析，評価を避けるために政府の企画，審査，分析に関する規制を立法化し，政府政策評価委員会（いわゆる政策評価教授団）を首相権限の下に（実質上は内閣企画調整室の下に）に置いた．この委員会の設置目的は，計画されたプロジェクトの進行を公平かつ客観的に評価すること，ならびに次の五カ年計画の作成に必要なデ

---

(14) 1981年に第五共和制が正式に始まった時点でこの制度は廃止された．

ータを準備することであった.

14人の学識経験者が政府の実施する政策を評価する委員として任命され,教授団が発足した. その多く (10人) は経済学を専門とする大学教授, その他は工学と農学を含む自然科学の教授たちであった. メンバーの数は1966年に29人に, さらに1972年には90人にまで急増した. その後, 専門分野の範囲は経済学のみならず, 政治学, 法律, 教育, 文学などの分野にまで広げられた. 委員会は朴大統領が死去するまで存続した.

教授団は経済計画とプロジェクト (第一次五カ年計画期間中に合計163のプロジェクト) 実施の進捗度を評価し, さらに経済発展過程で起こるさまざまな問題を是正するための対策を勧告した. 1972年から活動は五カ年計画の目標を支援する他の分野にまで拡大された. 具体的には, 経済成長の運営政策に関連する問題, 急速な成長によって影響を受ける問題の評価と分析などであった. これらは外交, 国家統一, 文化・芸術, 教育, 行政組織の運営, 社会福祉, 国家意識高揚などの分野にまで広がった. 関係する部局の役人, あらゆる職業階層の市民が参加した公共のセミナーやシンポジウムが開かれた. これらの集会で発言された一般市民の意見を分析に取り入れた後, 部会の評価は四半期別審査・分析の報告会議で大統領に伝えられた.

報告会議において教授たちは, 経済運営の具体的な活動に熱心に参加した (学問における理論的な研究活動とは両極の立場にあった). 彼らを国家行政の執行任務に当たらせるべきだという朴大統領の考えは筋が通っていた. 1967年に初めて2人の教授が経済科学審議委員会の委員として大統領から委任され, 内閣大臣級の待遇を受けた. 1972年までに10人もの教授が, 大臣や金融通貨委員会のメンバーや維新 (復興改革) 国会議員に任命された. マスコミの報道によれば, 評価教授団は大学教授が現実社会に対して積極的に参加するルートとなったという[15].

(3) 重化学工業推進委員会と長期資源委員会

ニクソンドクトリン (1969年7月) の表明以降, 二つの重要な出来事, す

---

(15) 『朝鮮日報』1981年4月26日付.

なわち韓国からの米軍の撤退計画と第一次オイルショック (1973年) に対応して，朴大統領は二つの新しい対策を検討した．

一つには，米軍の部分的撤退のために朴大統領は国防の自立的達成を強く決意するようになり，1973年1月12日に「重化学産業宣言」を出した．その目的は第三次五カ年計画の基礎的目標である重化学工業開発の速度を速めることにあった．1973年5月に大統領は軍需産業強化の基礎である重化学工業部門への投資促進のために，首相を議長とする重化学工業推進委員会を発足させた．その結果，重化学工業部門の個別プロジェクトは早期に完了することが目標とされた．

第二に，オイルショックの影響が韓国経済全体に広がり，「資源ナショナリズム」の勢いが国際的に強まった直後の1973年秋に，大統領は首相の勧告を受けて長期資源委員会の設立を認可した．この委員会の仕事は，資源関係の研究成果が「長期的観点から国内資源の開発と安定供給を急ぐこと」，資源利用の技術発展を含む政府の政策に確実に反映されるようにすることであった．しかし1978年1月にエネルギー資源部が創設されると同時に，委員会は解散し資源行政の一本化に向けて大きな一歩を踏み出した．

3　大統領議長会議
(1) 輸出振興拡大会議

1962年12月，大統領は輸出振興委員会を創設した．その役割は輸出振興に関する全体的な計画の観点から諸政策を審査することに置かれた．当初から首相が委員会の議長を務め，委員会は8人の輸出関連大臣や二つの重要な業界団体の会長，その他2人から構成された．翌年3月には委員にもう1人の大臣と二つの重要な業界団体の会長が追加され，合計15人となった．しかし委員会の活動は内閣の大臣が中心となって行われた．そのために委員会は実業家たちの意見を十分に汲み取られず，また輸出主導型成長を柱とする国家建設のための健全な基盤を作りたいという大統領の希望を経済界にうまく伝えることができなかった．

1965年10月，商工部の勧告により朴大統領は青瓦台（大統領官邸）の委員会の会議議長を務めた．以降，大統領は思い切って経済界の代表を増やし，委

員の数は25人となった．委員会の活動は再び活発となり，輸出振興に向かう国家という機械を操る重要な制度として機能し始めた．

　青瓦台での会議は定期的に開催され，大統領がほぼ毎月議長を務めた[16]．朴大統領が輸出に深い関心を示し，「輸出第一」というスローガンを掲げていたために，政府と部局と関連組織，また経済界と関連部局の行政活動とは大変に調和的であった．

　1972年1月からは，委員会は青瓦台ではなく政府総合庁舎の大会議場で開催されるようになった．同時に会議委員はすべての大臣と関連する政府役人，また主な経済界からの代表者にまで拡大された．会議は名実ともに着実に拡大した．1977年には主要な輸出産業の代表者をすべて含むようになった．当初の予定より早期に100億ドル輸出目標達成を実現すべく，政府と民間部門との協力が強化された．名称も輸出振興拡大会議となった．

　会議で扱われた重要な議題は，輸出を促進する全体的な方策を確立すること，より高い輸出目標を定めること，輸出動向を分析すること，大統領の指示に対応すること，輸出促進の全体的な進捗度に関する報告書を準備することにあった．輸出に関連する深刻な障壁や問題点が議論された．表面化した問題の解決のための対応策についての報告は，経済界の代表者からの意見とともに協議事項として取り上げられた．朴大統領の指令が即座に伝達され，関連する部局にメモが送られた．これは最短時間の政策実施であり，下からの意見もよく反映されたものでもあった．

　会議の終了後，大統領は優秀な輸出業者や熟練した輸出専門家，また傑出したセールスマンを褒め称え工業勲章を授与した．これが韓国の中心的な輸出業者たちの間で認知度を高め，輸出活動のインセンティブとなった．輸出記念日が1964年に初めて設定された．以降，大統領は毎年の記念日の行事に参加し，時に応じて卓越した輸出リーダーたちに勲章を授与した．1973年の第10回輸出記念日では，1年に1億ドルの輸出目標を歴史上初めて達成した最初の個人事業家として，韓一合成繊維会社の社長に「1億ドルの輸出金字塔賞」を贈った．

---

(16)　1963年から1979年の間に176回の会議が開かれた．これとはまことに対照的に，大統領の死後は8年間でわずか27回しか開催されなかった．

(2) 四半期審査と分析報告会議

1964年に内閣企画統制局から首相直属の内閣企画調整室に業務が移行されて以降,「政府計画と審査分析」を報告する会議が年4回開催され,大統領が議長を務めた. 1965年6月には教授団から出された評価を大統領に報告する任務をもこなすようになり,企画調整室の業務範囲が拡大した.

1960年代の後半,教授団は前年の経済計画の審査分析を大統領に直接報告し,そこで明確にされた問題点を解決するための政策を提言した. 教授の何人かはそれぞれの専門分野で政策理論について講義をした. 講義の後,大統領による質問と教授による回答が繰り返され,大学生と教授のような雰囲気の中で親しい対話がなされた.

1970年代には,教授たちの数が増え,彼らの専門分野もまた多様化し,こうした講義は中止された. 五カ年計画の目標を追求する部門に対する評価作業が引きつづきなされ,是正策も提案された. 朴大統領は緊急の要件についてはこれを大臣に指示し,場合によっては調査や再検討を実施するよう直接求めた.

学会から選出された教授たちは,しばしばいくつかの社会団体によって御用学者だと非難され,その制度自体が政府主導の経済運営のショーウィンドウか,単なる儀礼的な制度だと批判された. しかし,教授団は率直に大統領に物をいい,時には政府や政府の政策に反対する論理を良心的な質問として投げかけた. 例えば1974年の教授団は重化学工業の新規投資を延期すべきであるとし,「安定第一,成長第二」の経済政策をあえて提言した. 当時は,政府とビジネスが一体となった取り組みにより計画が前進し,1973年の大統領の「重化学産業宣言」により推進力が勢いを得ていた時期であった. それ以前の1972年3月,第一次および第二次五カ年計画期間中に達成された平均成長率9%以上を基準に,第三次五カ年計画の経済成長率は年率8.6%に設定されていたが,教授団はこの目標を下方修正するよう提言した. これらの例は,政策評価に携わった教授団がみかけだけの役割を演じたのではないか,という主張が誤りであったことを立証した.

(3) 月別経済動向報告会議

経済企画院長官が運営する月1回の経済動向報告会議は,1968年1月から

朴大統領が議長を務めた．参加者は与党代表者，首相，すべての大臣，経済科学審議委員会のメンバー，大統領特別補佐官であった．議論の内容によっては実務官僚も参加した．1972年末までの報告内容は，工業生産，建設，財政問題，金融状況，海外取引，価格などであった．1973年からは主要な外国の経済動向も議題に加えられた．時には経済関連部局の活動も特別報告の中で検討された．さらにセマウル運動が1973年から本格的な段階に入り，会議では成功実施例について説明がなされ，賞賛に値するセマウル指導者たちには公式な勲章を授与するという議題も論じられた．

こうした方法で朴大統領は国民経済の毎月の動向に精通するようになり，経済関連部局の活動を効果的に把握した．そのために提起される問題について審査や修正に関する指示を的確にすることが可能になった．

第5節　国家政策研究機構の創設

1　研究機構の創設と再編

第一次と第二次との五カ年計画においては投資が経済開発部門に集中し，政府がR&Dの研究所を設立し運営することは不可能であった．唯一の例外は韓国科学技術研究院（KIST）の設立であった．一方，国内の知識階級の中で新しい西欧の技術に習熟した人間はほんのわずかであったが，彼らも国民経済運営に必要な政策立案に参加した．国立大学に付属していた研究所は名前だけの存在であった．

韓国銀行調査部には研究者のエリートが多く集まり，1950年代の後半には国民所得の推定や価格指数を作成した．1960年代の初期にこの部門は第一次五カ年計画の策定を担って数多くの優秀な人材を輩出し，1960年には韓国初の産業連関表をみごとに作成して高い評判を得た．また韓国開発協会（金鍾泌が創設し宋仁相が運営した）や韓国産業研究所（朴忠勲が設立した）といった民間の研究所も多大の貢献をなした．これらの研究所は，政府財政，金融市場，経済計画，商業，工業などの政策立案に必要な基礎研究を行い，国内の学者を活用した．

1970年代，政府にとって最も切迫した任務の一つとして海外在住（多くは

米国)の研究レベルにおいて最も優秀な韓国人を大きな代価を払って呼び戻すことが課題となった．これは朴大統領の決定であり，彼らは韓国経済運営の活動に必要な研究活動に参加することができた．国家政策研究所と経済関連部局の下に，補完的な研究センターを設立する資金が割り当てられた．1971年には韓国開発研究院（KDI）が創設され，1975年には中東問題研究所が生まれた．1977年には国立農業経済研究センターが再編され，農業経済研究所へと発展した．また韓国エネルギー保全研究所が創設された．KDIと中東問題研究所の設立については次に詳しくみよう．

2 韓国開発研究院（KDI）

1966年に政府は民間研究機関を長期経済展望の研究実施機関として指定した．日本経済研究センターをモデルにして，企画処の下に国民経済とこれに関連する問題についての総合的な研究分析をベースに国家経済計画と政策立案を行うための研究所の設立が初めて構想された[17]．

この研究所の設立計画は，日本のそれとは異なった形で実現した．1970年8月に朴大統領の指示により韓国開発研究院に関する法律が成立し，1971年3月に特別な地位を持つ会社が創設された．創設者は大統領であり，取締役には官僚や民間人が当たった（4人の経済関連の副大臣と5人の大学教授）．世界各地の大学で博士課程を終えてから欧州や米国の大学で働いていた海外在住の「頭脳集団」に対してKDIは大きなインセンティブや特典を提供した[18]．それに応じて博士号を取得した韓国人が数多く帰国した．KDIにおける契約期間を過ごした後も，彼らは韓国の大学で仕事を得て，韓国の経済界で新しい時代を築いた[19]．

KDI設立の規定によればその研究目的は，第一に，開発政策の分析に必要なデータを準備すること，政府の中長期的計画を策定するための計画モデルを提供することであった．この目的に沿ったKDIの功績は「長期的な経済社会開

---

(17) *Studies on the Long-Term Development Prospects of the Korean Economy*, Korean Development Association, Seoul, 1966.
(18) 帰国した学者たちには旅費，高給また無料の住宅など多くの特典が与えられた．
(19) 1971-1993年に合計で113人の韓国人博士号取得者が韓国開発研究院に入った．そのうち45人は韓国開発研究院に残留したが，68人は後に仕事を変えてさまざまな大学で働いた．

発の展望：1977-1991年」と題される政策報告書がまとめられたが，これはあらゆる尺度からみて巨大プロジェクトであり，包括的な研究報告であった．さらに韓国人と外国の学者が一緒になり，韓国政府の協力の下に，韓国経済近代化の30年間についてハーバード大学との共同評価報告書を出版した．KDIは，社会開発，保健と人口政策，社会保障，所得分配について研究し，短期的な経済動向の分析をも行った．同時に経済政策諮問委員会の活動を通じて，政府の政策に関する対話を行うフォーラムとして活用され，学界，実業界，メディア界にわたるすべてから専門家が招待された．KDIは政府とこれら専門家たちとの橋渡しの役割を演じた．

3　中東問題研究所

1973年のオイルショックの結果として，グローバル経済における中東地域の重要性は日ごとに高まっていた．中東の開発と建設の仕事はオイルダラーの収入によって急成長していたために，この地域への韓国建設業の進出ならびに韓国からの輸出増加がかなりの程度期待された．上述の国内外の経済事情の中で1975年9月に輸出振興拡大会議が開催され，中東研究の重要性が議論された．すぐに朴大統領は首相に指示，政府と民間人が共同運営し，貿易と投資の研究を行い，また地域別（特に中東）の世界経済に関する専門的な研究をベースにした政策提言を行うための新たな研究所の設立について検討するよう命じた．1975年11月，「中東問題研究所の創設とその効率的な運営」に対して大統領は二度目の指示を出した．

これらの二つの指示に対応して，1975年12月に政府と民間の資金によって共同で運営される研究所が設立された．目的は中東諸国との協力的な関係を促進するのに必要な調査研究を行い，国家の経済開発に貢献することにあった．この研究所は後に拡張され，韓国国際経済研究院となった．韓国国際経済研究院は，海外に居住していた韓国人の博士号取得者を数人雇用したのみならず，韓国の銀行や民間経済機関の研究部で働いていた国内の専門家も雇用した．

第6節　国内ならびに海外の資本動員システムの強化

1　金融制度改革

(1) 民間銀行の経営権差し押さえと金融制度の拡大

5.16軍事革命政府は，銀行を初め金融界を痛烈に批判し，「権利と譲与が操作され隔離された傲慢な聖域」であり，「与党と少数の金権政治家のための私的な融資機関」だと非難した．これらの悪習をなくすために不法に取得し蓄積した資産の株式を没収し，1961年6月に金融組織に対する一時的措置法が成立した．主に大株主の投票権を制限することが目的であった．

これらの措置を第一歩として政府は，国家の増大する資本供給の多様な側面に対処すべく，政府主導の金融制度の整備に向けて銀行制度再編に断固たる取り組みを始めた．この措置には金融機関の将来的な専門化の意図もあった．

1961年12月，経済開発計画に対応して長期的な産業資金の供給増加を図り，銀行の長期的な金融機能を強化するために，韓国開発銀行法が改正された．翌年5月，韓国銀行法と商業銀行法が信用政策の実施を強化し，その他銀行機能の拡大を求めて大幅な改訂がなされた．同じ時期に政府は中小企業銀行，農協中央会，国民銀行などの銀行制度を再編・設立した．その意図は韓国の資本基盤を拡大して多角的な市場を育成し，中小規模の実業家や農民，漁民などに対して資本市場を提供することであった．全体としてこれらの取り組みは，韓国の資本制度の拡充に向けての新しい基盤となった．

1960年代後半期の第一次五カ年計画の期間中には，韓国に投資された外国資本，GNP，輸出などの予想外の高成長によって，国内資本の動員がますます重要となった．外国為替取り引きを容易にし，国内資本の動員制度を強化するために，政府は韓国外換銀行，韓国信託銀行，韓国住宅銀行などを設立した．さらに，国内のさまざまな地域の地域開発を振興するために，1967年9月の大邱銀行の開店を皮切りに，9つの地方銀行が設立された．1967年4月にはビジネス向けの直接金融を拡大推進し，国内資本市場を強化するために韓国開発金融公社を設立した[20]．

---

[20] 韓国における外国銀行の支店設置は，海外金融市場と関係を築いて国内銀行の国際競争力を強化するという目的をもって1967年7月に認可された．

その間に政府は韓国輸出入銀行創設の道を切り開いた．同銀行の目的は中長期的な代金後払い輸出を独占的に担当し，主として重化学工業の戦略的商品の輸出を奨励することにあった．1968年7月に銀行は正式に設立されたが，代金後払い輸出の額は当初の期待より低い水準になり，銀行資金利用の面で多くの障害に遭遇した．したがって長い間この銀行の仕事は韓国外換銀行によって代行された．重化学工業が本格的な発展段階を迎えた1970年の中頃から，代金後払い輸出は急増した．それにともなって政府は正式に韓国輸出入銀行を開設し，1976年7月に法律で認められた資本金を5000億ウォンに増やした．それ以降，銀行は韓国外換銀行ともども独立して営業されるようになった．

(2) 短期資本市場の再建

1960年代になると銀行制度が定着し，銀行の間接金融を中心とする資本市場が十分に機能するようになった．しかし当時は銀行から利用できる資金が不足していたので，多くの企業はインフォーマルな資金市場に頼らざるをえなかった．したがってインフォーマル市場を政府設立の金融制度の枠組みに組み込むことが緊急な課題となった．この制度化は，短期金融ビジネス法，相互信用組合法，信用協同組合法などを通じて進められた．これらの法律は，経済の安定と成長のための1972年の8.3措置以降に公布され，インフォーマルな資金市場の借款に対して法律的根拠を与えた．

これら三つの法律とそれを実施するための規制に対応するよう，三つの新しいタイプの制度が創設された．第一に，短期資金を企業に円滑に供給する目的で，短期的な融資を行なう会社がつづいて設立された．第二に，1973年から相互信用組合が創設されたことによりインフォーマル市場（民間の相互信用団体を含む）は再編成され，小規模の借り手や一般民衆の利益が守られるようになった．第三に，草の根的な取り組みにより設立された信用組合の制度化は，協同組織の中に現代的な相互融資の仕組みを導入し，地域協同組合に属していた人々の生活改善に役立った．

(3) 第二資本制度の役割

ここまでは韓国資本制度の改革を概説してきた．ここから明らかなように5

月16日革命から第四共和制の初期にかけて，制度は大きく「第一資本制度」と「第二資本制度」に分かれることになった．第一資本制度は，政策関連の銀行と普通の市中銀行から構成され，長期資金（資本設備に対する投資資金）提供を通じて産業と企業の発展促進に役立った．それは主に短期資金を融資していた英国の銀行とは異なるものであった．銀行と政府の役人との間で齟齬のない関係を保つために，韓国政府は銀行の頭取と取締役に対し影響力を行使し，銀行の人事にも干渉した．影響下に置かれた銀行は，輸出を促進し重化学工業の急速な発展を確実なものにする「政策志向の融資・政策金融」に相当の責任を持つようになった．韓国政府の金融部門に対する支配力は，朴大統領時代の政府主導下の経済成長の基礎であったということができる．

ある批評家は，そういった「政策志向の融資」によって金融機関は通常の方法でビジネスを展開することができなくなったと推測した[21]．金融部門の政策はさらに不運な影響を国民経済に及ぼした．「政策志向の融資」によって，大企業は借り入れ担保として不動産を当てる従来からの慣行を変更し，新しい慣行としてインフレヘッジとしての不動産投機を目的に借款を得ようとするようになった．韓国の大企業は重化学工業の発展に確かに大きな貢献をなしたが，時には不動産投機がインフレとの悪循環を引き起こし，国民経済運営を危機におとしいれることもあったのである．

2 外国資本導入制度の強化

(1) 1960年代の再調整

1961年11月，朴正熙議長は米国を公式訪問した．訪問中に彼が受けた高い人物評価が，政府による開発計画の推進に必要な外国資本を誘致するのに有利に作用した．外交代表団を通じて外資導入に関する活発なビジネス交渉が行われた．1960年1月，自由党政権の下で外国資本投資の促進に関する法律が成立したが，後の状況変化を受けて朴政権は1961年12月にそれを全面的に改定した．改定された法律は，第一次五カ年計画で要求された外国資本の獲得を容易にするための一般原則と政府の管理政策を明確に述べた．それにより外資誘

---
(21) 注(13)文献，61頁．

致委員会が，政府の返済保証を必要とするビジネス借款の審査に対して責任を負うことになった．

その後の数年，外国資本導入制度はこの改正法によって変化し，他の二つの法律の条項にも影響を与えた．二つの法律とは，借款返済保証関連法と長期決済方法による外国資本財獲得のための特別措置法であった．両方とも1962年6月に成立した．1966年8月，政府は三つの法律の条項を統一し，新外国資本投資法として公布し，これを韓国の外国資本投資に対する包括的なガイドラインとした．1966年の法律施行によって政府は，第二次五カ年計画や1960年代後半に活発化した事業などに必要な外国資本導入に関する措置の有効な法的手段とした．1966年の法律によって外資導入審議委員会が設立された．委員会のメンバーの3分の2以上が民間人でなければならないことが規定され，委員会は50万ドルを超えるすべての取り引きを審査した．

(2) 外国借款破産事業の整理

委員会による厳格な審査にもかかわらず，外国借款の急膨張は必然的にその効率的利用を妨げた．政府の政策では単に量的拡大に重点が置かれたが，それによって負の効果ももたらされた．当時，報道機関は外国借款を受けたいくつかの会社は不適切な達成目標を選択して経済原理を無視し，債務超過に陥っていると報道した．1969年に国際機関は外国借款を返済する韓国の能力についての不安を表明した[22]．

企業の債務超過に関する論争が広まり，金融界からの反対にもかかわらず，朴大統領は1969年3月に債務超過企業の経営計画や外国借款への対処を指示した．政府の破産企業再建チームは，それに対応して青瓦台の調査チームに活動を始めさせた．調査結果にもとづいて同年の6月に初めて債務超過企業の再建に乗り出した．

(3) 国際経済諮問機関

朴大統領は1965年5月に米国を訪問中，韓国のために米国政府が経済協力

---

[22] 借入れをしている企業の債務超過の問題は，1967年9月に初めて内閣企画調整局による外国借款利用企業の経営に関する報告の中で公式に取り上げられた．

機関の創設に助力の手を差し伸べてほしいと有力者たちに提案した．米国は影響力を発揮してこの機関に世界銀行加盟国が参加するよう説得してくれた．1966年8月に韓国の国際経済諮問機関が新設された．加盟国・機関は米国を含む9カ国と，監督機関としての世界銀行ならびにIMFの二つの国際機関であった．1966年12月の初旬にパリで会議が開かれ，1979年までに全体会議が10回にわたって開かれた．1970年代において，国際経済諮問機関は韓国のために外国借款を確保する積極的な役割を果たした[23]．

(4) 外国資本投資制度——1970年代の新たな修正

1973年に政府は借款の増加に慎重に対処するようになり，質のよい外国借款を確保し，それらを有効に運用するよう決定した．外国投資と技術取得の認可プロセスを簡素化するために，二度にわたって外国資本投資法を大きく改定した．また公的外国資本の確保運営に関する法律を成立させ，これが資本取得の法的根拠になった．さらに1974年8月から100万ドル以下の外国投資は外国投資審査委員会で審査され，外国資本投資審議委員会を迂回するようになった．1978年4月には技術取得審議委員会が設立され，韓国への技術移転の自由化が目指された．委員会は新技術の取得を審議する任務を持った専門家から構成されたが，これは1年後に廃止された．

外国投資制度の一連の変更によって，世界銀行からの融資を含む外国借款額が激増し，外国投資金融と技術取得件数が急増した．第三次五カ年計画の優先目標は重化学工業と軍事産業の発展であり，これを支える投資資金の問題が難なく解決されるようになった．

---

(23) 日本に請求された資金の運営管理に関する法律が1966年2月に成立して以来，日本の戦争被害に対する請求権に関する運営委員会が設置され，請求権と経済協力のための外交使節団が組織された．1965年には日本と韓国の外交関係が正常化した．資金利用に関する制度的装置が形成されて以降，日本に請求された資金は10年間にわたり毎年韓国に送金された．この資金は第二次五カ年計画の主要な投資資金となった．

第7節　重要な企業団体の制度化

1　重要な企業団体の創設

　5.16革命以前，韓国には三つの重要な企業団体があった．1952年12月に商業，産業，国内経済全般，および国際貿易の促進発展を目的とする法律条項によって韓国商工会議所が設立された．1946年には韓国貿易業者協会が創設され，その目的は貿易を推進し，協会のメンバーと経済問題に関連する政府官庁との関係の円滑化を目的とした．5.16革命の6カ月前に実業家たちのみで設立したものに韓国企業顧問協会があり，これが企業活動のための中心的な制度として機能した．前者の二つの機関は政府から割り当てられた仕事の実行を法律で義務づけられた．しかし，三番目は完全に民間部門の機関であった．5.16革命直後，その類の社会経済的組織をすべて停止する旨の政府の布告により解散させられた．最初の二つの団体だけが役目を果たしつづけた．

　5.16革命時，軍事政権は不法に資産を蓄積したという理由で韓国企業顧問協会の13人のメンバーを懲罰し，5月31日に13人が投獄された．三星グループの総帥であった李秉喆が仲裁し，朴議長に彼らを解放するよう求めた．彼らは「企業団体を形成することにより国家の再建に貢献した」という朴議長の意見により自由な身となった．さもなければ刑務所で苦しんでいたであろう13人の実業家たちは，1961年7月に一時的な機関として経済再建推進協会を設立した．これは1カ月後には韓国実業家協会へと名称が変更された．

　この協会は韓国の民間企業において中心的な役割を演じたが，後にそのメンバーとして多くの関連業界の人々と有力な実業家たちの入会が認められた．1968年8月にこの協会は再び改名され，韓国経済人連合会（韓国全経連）となった．1979年の初めに状況が大きく変化し，今では60の加盟機関と350の個人から構成されている．この組織は韓国の実業界で支配的な役割を演じ，金融本部や経済の民間部門の核として機能した[24]．

　1961年12月に軍事政府は中規模の産業協同組織に関する法律を制定した．中規模産業が相互扶助により協力事業を行えるように法律的な枠組みを整えた

---

(24)　1979年10月16日，朴大統領は亡くなる10日前に，韓国産業連合のビルが建設されたことを祝う表現として漢字で「創造，協力，繁栄」と書いた．これが彼が書いた最後のものであろう．

のである．1962年5月に中小企業協同組合中央会が正式に設立し，加盟協同組織の事業や編成の在り方を指導するようになった．また加盟者の諸権利を守る責任を負い，やがて強力な組織へと発展し，加盟者と政府の連絡役を演じるようになった．中央会は，毎年の計画，予算編成と財政のバランスシートの改訂に際して大臣から適否の認可を得る必要があった．それゆえ初めから活動は必然的に政府の監督下に置かれた．

韓国商工会議所，韓国貿易業者協会，韓国全経連，中小企業協同組合中央会は「韓国の四つの重要な企業団体」と呼ばれ高い評価を受けた．1970年7月に韓国経営者協会が新たに開始され，後に相互理解の促進を通じて労働と経営の双方の健全な関係の構築をすることが目指された．韓国経営者協会を加えて「五つの重要な企業団体」として後に知られるようになった．

2 制度化のプロセス

企業団体は政府と産業の間に位置する．国家開発政策が明らかになるにつれ，これらの機関と政府に共通する機能や活動は，国家の経済開発の制度と運営に対応して変化した．政府，企業団体，個々の企業の三者間に流れる情報から分析すると，重要な企業団体の機能は次の三つに分類することができる．第一は，圧力機関としての機能であり，個々の企業の利益を守るための集団的圧力として機能した．第二は，政策実施機能であり，企業は政府の政策に従う責任があった．第三は，研究と情報の機能であり，実際に政策立案に参加し，政府の政策の実施運営における補完的な役割，ならびに公的部門と民間部門の間の情報交換の役割を担った[25]．

これらの三つの機能からみて，朴大統領時代において重要な企業団体はどのような機能を演じたか．政府が経済開発運営をしっかりと掌握していた時代においては，企業団体は圧力としての機能を十分に果たすことはなかった[26]．政府の説得により同機関は第二と第三の機能（政策実施と情報提供）に専念した．一方，事業の個々の利益に関して政府は同機関が政府に従うよう期待した．

---

(25) Lynn Leonard and Timothy McKeown, *Organization Business: Trade Associations in America and Japan*, Washington D. C., 1988.
(26) これらの団体は1978年から政府の政策に対して徐々に批判的になっていった．

大統領は四つの重要企業団体（後に五つ）の委員長と意見を交わし，さらに委員長は個人的あるいは共同して関連部局と意見を交換した．委員長と機関の上級レベルのスタッフは，直接または間接に政策立案に参加した．彼らは輸出振興拡大会議に招待され，さまざまな大臣の下で多くの委員会や評議会の委員に任命された（例えば外資導入審議委員会や税制審査委員会などで政府からの諮問や資料請求に応えた）．重要な企業団体の制度化は，旧高級官僚（首相や副首相）が企業団体の委員長や副委員長の地位に選ばれたことにより一段と強化された．こういった形で政府と諸機関の人事的なつながりが形成された．

さらに企業団体は，共同あるいは個々に行政政策に関して提言を行い，国際的な協力事業を推進した．企業団体は研究と情報提供の機能により政府を助力した．政府の要求する調査事業に取り組み，数多くの大学教授や経済学の専門家が動員された．1970年代には，それぞれの組織が独自の研究所を設置運営した．

韓国の重要な企業団体は日本のそれとは異なり，圧力集団として強力な役割を果たすのに必要な政治力はほとんど持たなかった．韓国の企業団体はいい意味で政府の経済運営の一環に取り込まれ，協同者やパートナーとしてネットワークを構成した．別面からいえば，企業と政府の関係は政治と経済の癒着の悪しき原型となったということもできる．

本章では主要な個々の制度や行政単位の創設・再編について考察してきた．全体的な国民経済運営の成否のいかんは，図2-3で示されているように，これら個々の単位が統一された包括的な枠組みの中で効率的に連結されていたか否かによる．図の矢印はすべて一方向を指しているが，実際にはそれぞれ双方向的であった．全体的システムは血液が動脈と静脈を循環して人体がつねに活性化されるのと同様である．

この図は，1960年代と1970年代における韓国経済運営の枠組みを簡潔に描写したものである．朴大統領は古い行政単位を拡大したり廃止したりして，経済開発計画その他の全般的な行政，研究，審議，評価などの任務に対処するための新しい機関を設立した．この再編成は自立経済と国防という国家の最高目標を達成するための大統領の先見性によって実施された[27]．大統領は五カ年

第 2 章　国民経済運営のための制度改革　　97

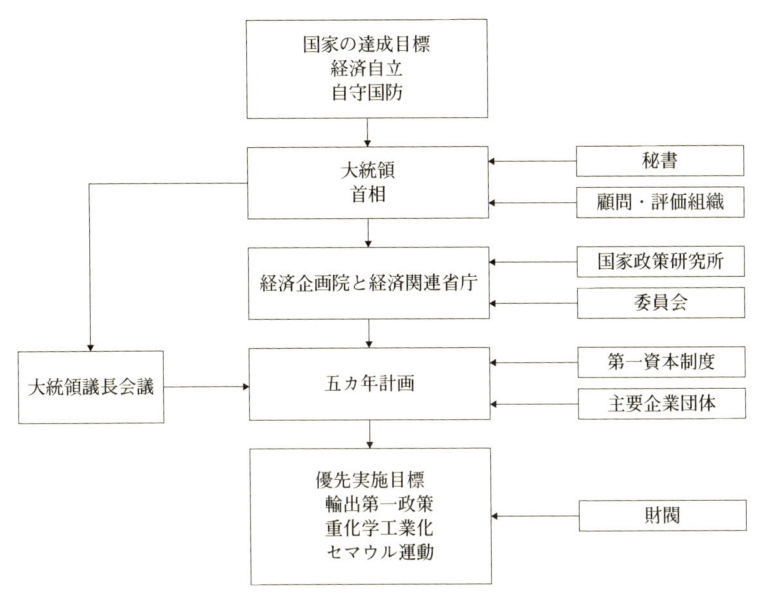

```
          ┌─────────────┐
          │  国家の達成目標  │
          │   経済自立    │
          │   自守国防    │
          └──────┬──────┘
                 ↓
          ┌─────────────┐      ┌──────────┐
          │   大統領     │←────│   秘書    │
          │   首相      │←────│顧問・評価組織│
          └──────┬──────┘      └──────────┘
                 ↓
          ┌─────────────────┐  ┌──────────┐
          │ 経済企画院と経済関連省庁 │←│ 国家政策研究所│
          │                 │←│   委員会   │
          └────────┬────────┘  └──────────┘
                   ↓
┌─────────┐  ┌─────────────┐      ┌──────────┐
│大統領議長会議│→│   五カ年計画   │←────│  第一資本制度 │
└─────────┘  │             │←────│  主要企業団体 │
             └──────┬──────┘      └──────────┘
                    ↓
          ┌─────────────┐      ┌──────────┐
          │  優先実施目標   │←────│   財閥    │
          │  輸出第一政策  │      └──────────┘
          │  重化学工業化  │
          │  セマウル運動  │
          └─────────────┘
```

図 2-3　国家経済運営の枠組み

計画を制度的装置として作成した．優先事項は，輸出主導成長，重化学工業を含む急速な工業化，農業部門の近代化（セマウル運動による），金融機関や企業団体を政府の経済計画と審査プロセスに取り込むための民間部門の制度化などであった．

朴大統領の経済運営制度は「国家経済動員」と呼ぶことができる．大統領が先導するトップダウンの近代化を基礎とした制度である．この制度の運営方法はドイツ帝国の前身プロイセン主導のドイツ連邦のものと似ている．19 世紀のドイツ経済は大英帝国ほど発展しておらず，先進国に仲間入りして英国と競争するという選択肢を当時は持っていなかった．ドイツは上層部が全体運営を遂行し，軍事統制の基本線に従って工業化を追い求める指令型経済を選択するしかなかった．

経済の有機的な成長の理論を提唱したアルフレッド・マーシャルは，「自然界の植物のように経済発展は漸進的成長によって起こり，決して飛躍すること

───────────────
(27)　1978 年の大統領の新年の声明から引用．

はない (*natura non facit saltum*)」と主張して生物学の原理を想定していた[28].反対の見方をしたのはジョセフ・A・シュンペーターであり，彼は人間の文化的発展は急激に起こると主張し，資本主義の本質が創造的破壊と飛躍にあるという事実からみて，経済発展は衝撃のようなものだと考えたのである[29]．朴大統領はどちらの（もしくは他の）考えを指針として採用したのか．

もし国家を「韓国株式会社」という巨大な企業とするならば，朴大統領はその経営管理構造の中での代表取締役を務める最高位の企業経営者とみることができる．「韓国株式会社」の経営責任という道徳的義務を持ったリーダーとして，彼は「時宜を得た制度改革」を創造的かつ効率的に実行した．「韓国株式会社」はマーシャルのいう植物のように漸進的に成長するものではないという固い信念を持っていた．自立した経済と独立した国防という目標を達成するためには，急速な成長が必要であるという確固たる信念を抱いていた．韓国経済は飛躍的な成長を遂げ，全世界の歴史において例をみないものであった．ある政治家たち（政治学者も含む）は，この経済発展は韓国の政治制度の発展を妨げるという高い犠牲を払って得られたという議論を展開して性急な批判を展開した．しかし朴大統領は「国力強化が第一，民主主義発展が第二」という基本理念を断固として追求した．この理念の成否は，将来の歴史家たちによる慎重な評価を待たねばならない．

年表：1961-1979 年

1961 年 7 月 22 日	経済企画院の創設
1961 年 7 月	経済復興推進協会（後に韓国産業連盟に名称変更）の設立
1961 年 7 月 27 日	革命政府白書の発刊
1961 年 12 月 20 日	外国資本促進委員会の設立
1962 年 1 月 5 日	第一次五カ年経済開発計画の発表
1962 年 5 月	中小企業協同組合中央会の創設

---

(28) Alfred Marshall, *Principles of Economics*, Preface, London : Macmillan and Company, 1913.（アルフレッド・マーシャル『経済学原理』全 4 巻，馬場啓之助訳，東洋経済新報社，2000 年）

(29) Joseph Alois Schumpeter, *Das Wesen und des Hauptinhalt der Theoretischen National Okonomie*, Wiener, 1908.（ジョセフ・A・シュンペーター『理論経済学の本質と主要内容』上・下，大野忠男・安井琢磨・木村健康訳，岩波文庫，1983-1984 年）

1962 年 6 月 18 日	建設部の設置
1962 年 12 月 29 日	輸出振興委員会の設置
1963 年 12 月 17 日	経済科学審議委員会の創設
同　日	内閣企画調整局の創設
1965 年 6 月 21 日	大統領を議長とする輸出振興拡大会議，青瓦台で開催
1965 年 7 月 1 日	政策評価教授団の設置
1966 年 2 月 4 日	韓国科学技術院の設立
1966 年 8 月 12 日	韓国の国際経済諮問機関の創設
1967 年 3 月 30 日	科学技術部の発足
1970 年 7 月	韓国労働者連盟の創設
1970 年 12 月 7 日	青瓦台で特別補佐制度が導入され経済問題担当の補佐官を二人任命
1971 年 3 月 1 日	韓国開発研究院の創設
1972 年 8 月 3 日	経済成長と安定に関する緊急令の公布
1973 年 5 月 1 日	重化学産業推進委員会の発足
1973 年 7 月 14 日	長期資源委員会の発足
1974 年 1 月 14 日	国民生活の安定に関する緊急令の宣言
1975 年 11 月 27 日	中東問題研究所の創設
1978 年 1 月 1 日	朴大統領が新年の演説で自足経済と自立的国防を強調
同　日	エネルギー資源部の創設
1981 年 1 月 25 日	韓国開発研究院が経済企画院に「1977-1991 年にわたる長期経済社会開発展望」を報告

第3章　産業政策のダイナミズム
——輸出志向型工業化（1961-1971年）

金　光　錫

　1945年に第二次大戦が終結し，韓国は日本の植民地支配から解放されたものの，南北に分断されてしまった．植民地時代（1910-1945年），工業化の初期段階においてある程度の進歩はなされた．しかし，解放と分断によって深刻な経済的混乱に陥り，政治や社会も混乱をきわめた．韓国は日本の経済ブロックとして補完的関係にあった北朝鮮から突然切り離され，このことが経済的混乱の主因となった．戦後の混乱からの回復は早かったが，朝鮮戦争（1950-1953年）により甚大な被害を受け，1949年に存在していた生産設備のほぼ半分がこの戦争によって破壊されてしまった（Kim and Rocmer, 1979: pp. 32-33）．休戦時の韓国の生産レベルは，1930年代後半のレベルをかろうじて回復した程度であった．朝鮮戦争が終結した時の経済構造もまた1930年代後半の状況より悪化していた（Kim and Roemer, 1979: pp. 35-36）．

　休戦直後の韓国政府にとって重大な問題は，戦争で破壊されたインフラと産業設備の復興であった．1957年頃までに復興への緊急計画は完了し，政策の重点は復興から価格安定化へと移った．戦後復興期（1953-1960年）においては，北からの新たな攻撃に備えるために利用可能な資源の相当部分を軍事力強化のために配分しなければならなかった．復興と安定化，強力な軍隊の維持は米国を中心とする外国援助に大きく依存した．

　この時期は，内向きの産業政策により消費財産業で輸入代替が進んだ．輸出促進のために特別措置が取られたが，1950年代においては輸出は非常に限られたものでしかなかった．価格安定化は1958-1959年までに成功した．しかし戦後復興期間の経済成長率は，大規模な外国援助の流入にもかかわらず，年平均6%以下と比較的低かった．それでも1960年あたりまでに戦後復興と輸入

代替の初期段階がほぼ完了した．以前輸入されていた非耐久消費財や中間財が国内生産によって代替された．

1960年における韓国の1人当たりGNPは1985年価格で495ドル，1960年為替レート評価で80ドルであった．同年のGNPに占める製造業の比率は14%，農林水産業は37%であった（Bank of Korea, 1984: pp. 186-189）．

ほとんどの鉱物資源は北朝鮮に存在し，韓国は経済的に重要な天然資源を欠落させていたという事実が強調されねばならない．韓国に遺されたのは豊富な人的資源のみであった．1963年に初めて政府は第1回労働力調査を実施した．これによると全労働力は830万人，全生産年齢人口の55%であった．労働力のうち60%以上が農業就業者であり，おそらく偽装失業が相当数含まれていたものと思われる．農業を除く平均失業率は1963年で16%であった．他方，1960年代初期の労働者たちの平均教育レベルは，同じレベルの1人当たり所得の開発途上国に比べて高かった（Kim and Park, 1985: p. 18）．

このような歴史的展開と初期条件を背景にして，本章では朴正煕（パクチョンヒ）政権の前半期（1961-1971年）における韓国の産業政策のダイナミズムについて検証し，輸出志向型工業化戦略の採用とその発展に焦点を当てることにしよう．第1節では，1961-1963年に軍事政権が採用した産業政策の転換について議論する．第2節では，政府が輸出志向型の工業化戦略を実施するために1964-1967年に導入した多様な改革措置について検討する．第3節では，1962-1971年の政府による重点的製造業の促進政策について，第4節では，同時期における主要な社会間接資本に対する政府の政策の重要な側面に光を当てる．最後に本章で議論されたさまざまな政策を評価し結論を得る．

第1節　軍事政権による産業政策の転換（1961-1963年）

李承晩（イスンマン）政権を転覆させた1960年4月の学生革命の後，張勉（チャンミョン）政権が成立した．しかしこの政権は朴将軍が率いる1961年5月の軍事クーデターによって転覆されてしまった．1963年12月に名目的に朴大統領の文民政府と民主共和党により取って代わられるまでおよそ3年間，軍事政権が経済を運営した．1960年代初期の経済は，政治的混乱と1950年代後半に実施された強力な安定

化プログラムの後遺症を主因として停滞した．軍事政権は拡張的な財政金融政策を採用し，1963年には低迷する経済の活性化に成功した．しかしこれによりハイパーインフレが再び引き起こされた．着手されていたさまざまな経済改革政策のいくつかは成功せず，悪影響を及ぼすものもあった．軍事政権は第一次経済開発五カ年計画（1962-1966年）を開始させた．工業化を推進し「自立成長のための経済的基盤の創出」を目的とした．本節では，貿易と産業政策における軍事政権の改革の取り組みに焦点を当てよう．

1　為替レート統一化への試み

1960年代初期の韓国は，輸入は外国援助に大きく依存していた．例えば1961年の財とサービスの輸出は，輸入全体の支払額のわずか42%であり，残りは主に米国の資金援助によって賄われた．1961-1963年に商品輸出は非常に小さな額（4100万ドル）から増加し始めたが，拡張的政策が急激に輸入需要を増やしたことにより経常収支はこの期間に悪化した．こういった状況下で軍事政権は外国為替レートの統一という難しい仕事に着手した．

前政権は1961年の1月と2月の二度にわたりウォン価を切り下げ，公定為替レートは1ドル当たり65ウォンから130ウォンとなった．二度目の切り下げ時には，既存の外国為替預金制度を外国為替購入制度に変更するという改革措置が発表され，すべての海外為替所得は公定為替レートで中央銀行に売却されることになった．新しい制度では，国際航空会社と船舶会社を除いて，居住者の海外為替預金は許可されなかった．外国為替所得を中央銀行に引き渡した人々には，90日間有効で譲渡不可能な為替証書が与えられた．為替証書の保有者は中央銀行から公定レートで証書に記載されている額の外国為替を購入する権利が授与された（Kim and Westphal, 1976：p. 67）．

その後，公定為替レートは切り下げられたが，しかしこの新レートは1960年代後半に米国の援助資金ならびに韓国銀行が保持する外国為替による輸入に適用される一般的な輸入ドル為替レートをわずかに上回る程度であり，輸出の際に用いられる輸出ドル交換のための市場為替レートよりは低かった．1961年2月から輸出ドル証書は，これを譲渡することが法的に禁じられていたが，以前と同じように公定レートより高いレートの闇市場で取引された．このこと

は統一固定為替レート制度の確立という改革後においてさえ，複数の為替レートが市場に広く存在しつづけていたことを意味する．1961年5月に政権を握った軍事政府は翌月に外国為替証書の制度を廃止し，外国為替に対する政府統制を強め1ドル130ウォンの固定レートで統一化が試みられた．

政府は関税率を引き上げ，数量割当てを強化して輸入管理を厳格にした．他方，後で議論するように輸出業者には一段と強いインセンティブを与えて輸出を促進した．また1962年からは年初に公布される外国為替管理法に合わせ，外国為替の管理運営の手段として外国為替の需給に関する年次プログラムを準備した（BOK, 1963: pp. 126-129）．外国為替の支払いを統制し，受け取りを増加させようとする，これらすべての取り組みにもかかわらず，韓国の外貨準備高は1961年末の2億700万ドルから1963年末の1億3200万ドルに減少した．この時期，米国の援助はまだ減少しておらず，外貨準備額の減少の主因が為替レート政策とは整合的でない拡張的な財政金融政策にあったことは明らかであった．1962年の不作，ならびにその結果生じた穀物輸入の急増により状況はさらに悪化した．

1963年，外貨準備の不足によって起こった外貨危機を回避するために，政府は大規模な輸出入リンクシステムを採用し，その結果，複数為替レート制度に戻ってしまった．輸出入リンクシステムの下で輸出業者は輸出所得の100%を輸入に用いることができる権利を与えられることになった．また輸出業者は輸出所得に関連する輸入の権利を自由市場においてプレミアムレートで為替を売却することができた．1963年の初めに政府はこの制度の運用面でいくつかの例外を認めたが，同年の後半にはすべての例外を取り消した．そのため輸入権に対する自由市場の平均レートは1963年1月の1ドル当たり32ウォンから1964年4月には65ウォンにまで上昇した（リンクシステムの廃止直前のレート）．1ドル当たりの平均輸入プレミアムを含めて実効為替レートは公定為替レートより相当高いものとなった（Frank, Kim and Westphal, 1975: pp. 70-73）．

2 貿易体制の政策措置

1961年6月に為替証書制度が廃止された．その直後，制限品目の輸入許可を通じて輸入業者に発生したと考えられる余剰利益を吸収するために，政府は

臨時特別関税法を制定した．この法律により輸入価格の10%から100%の臨時特別関税が約700品目に課された．これらの品目は国内価格と運賃保険料込み（CIF）輸入価格との比率や，割り当て品目の重要性に関する判断にもとづいて選択された．一般的関税法により国内価格を基準として規定された品目に対する関税賦課制度が導入されて以降，特別関税法は1963年12月の法律廃止にいたるまでいくつかの指定品目に適用されつづけた．

さらに政府は，ブリュッセル関税議定書による商品分類制度（BTN）を新しく韓国の関税目録に導入し，1962年の初めから発効すべく関税率を上方修正した．BTN分類制度の導入により一般的関税を適用されることになった品目数は1269品目から2012品目にまで増加し，また関税調整のため一般的関税の単純平均レートは30.3%から40.0%へと上昇した．関税率の格差構造は改革によって変更されることはなかった．

1961年に軍事政権は，半期貿易プログラムによる輸入統制方法を簡素化したが，統制はさらに強化された．1961年後半，軍事政権が初めて準備した貿易プログラムは以下三つの輸入区分を含んでいた．(1) 商工部の事前許可なしに輸入できる自動認可品目（AA），(2) 政府の許可により輸入できる制限品目，(3) 輸入禁止品目．以前の半期貿易プログラムでは輸入は四つの異なった区分に規定されていた．しかし1961年の後半には，輸入可能品目（AAと制限品目）の合計数は同年前半と比べて格段に少なくなり，禁止品目が一段と多くなった（Frank, Kim and Westphal, 1975: p. 45）．1962年に貿易プログラムによる輸入制限はやや緩和されたが，1963年には再び強化された．この制限の強化は同年の韓国銀行保有外貨の急激な減少を反映していた．

1961年に軍事政権は，貿易プログラムによる輸入制限に加えて特定外国製品販売禁止法を制定し，不要不急の商品の輸入や密輸を制限しようとした．外国産タバコ，コーヒー，化粧品，高級衣料など多くの外国製品は，この法律によって国内販売が禁止された．

一方，政府はこの時期に輸出インセンティブを高める取り組みを開始した．1961年9月には輸出補助金の新制度が導入された．新制度により輸出業者に対する補助金の支払いは輸出の種類や商品の分類によって区別された[1]．1961年の公定為替レートで輸出金額の約6%に相当する輸出補助金の支払いが

1962年には8％に上昇した．しかし1963年には3％へと減少した（Frank, Kim and Westphal, 1975: p. 46）．1963年に全面的な輸出入リンクシステムが採用され，これによって輸出補助金の重要性は下がった．

1961年からは輸出業者に対する税金の軽減措置が拡大された．輸出による収益には30％の税軽減が認められ，国連軍に対する財・サービスの販売からの収益や観光サービスからの収益には20％の税軽減が認められた．輸出その他の外貨を生む活動からの収益に対する税率は一律50％とされ，1962年から実施された．1961年から輸出業者には法人税の免除という恩典が与えられた．輸入中間財に対する関税と物品税の免除措置が特別な基準により与えられていたが，1962年3月の輸出促進法の制定以降はこの制度に一本化された．

第三に，輸出向け貸付の特恵金利は1961年の年13.9％から1963年の8.0％へと徐々に引き下げられた．軽減された特恵金利は16.00から17.55％だった商業銀行の貸付ローンよりはるかに低くなり，潜在的な輸出補助金が増加した．

第四に，外国貿易法と輸出促進法の実施に対応して，1962年には外国貿易業者がライセンスや韓国銀行外貨（KFX）使用の輸入業者資格を取得保持させるために最低輸出必要条件制度が導入された．例えば1962年時点で外国貿易業者がライセンスを保持するためには前年度の貿易実績が5000ドル以上なければならず，KFXを用いる輸入業者資格には1万ドル以上が必要となった．以来，最低必要条件は輸出の全体的な成長を反映して継続的に引き上げられた．

最後に，1962年6月に政府は輸出業者の海外マーケティング業務を支援するために，韓国貿易振興公社（KOTRA）を設立した．1962年後半には首相直轄の輸出振興委員会を創設し，輸出拡大に向けた政策手段が採用された．

3 外国資本の誘致対策

1960年の前半に初めて外国資本誘致法が公布された．当時は米国国際開発庁（USAID）の開発借款基金（DLF）が韓国唯一の外国借款の資金源であった．1960年末までにUSAIDに認可されたDLFでさえ1880万ドル程度であり，こ

---

(1) 新商品の輸出や加工製品純輸出に対してより多くの輸出補助金が提供され，その他の輸出補助金は商品分類ごとに与えられた．

の借款の中で実際に実施されたものはわずかであった．必要な外貨や外国資本はほぼ完全に米国の無償援助に依存し，外国借款や投資を誘致するための努力はあまりなされなかった．しかし，軍事政権は外国資本の流入を図るべく積極的な取り組みを始めた．この政策変化に関しては次の三つの要因があげられる．(1) 米国政府が韓国への無償援助を 1960 年以降，削減するという政策を発表したこと．(2) 米国の援助パッケージに占める開発借款が増加したこと．(3) 第一次五カ年計画で表明された大規模開発プロジェクトに必要な外国資本が増加したこと．

1962 年初めに，軍事政権は外国資本を必要とする九つの事業を指定した．有力な実業家から成る二つの経済代表団を先進国に派遣し，選択されたプロジェクトに対する融資交渉を行わせた．この代表団は四つの主要プロジェクトに限っては投資するという一定の暫定的合意を外国企業から取り付けることに成功した (BOK, 1963: p. 99)．外国資本流入促進のためには既存の外国資本誘致法を補う必要が明らかにあった．

同年 7 月に政府は二つの補足的条項を法律に付け加えた．一つは，長期決済による資本財輸入に関する特別措置法であり，これによって資本輸出国の長期輸出信用を使って資本財を輸入する手順が確立された．もう一つは，外国借款の返済保証に関する法律であり，これにより返済保証の仕組みが確立した．後者の法律に対応して，国会による最終的な承認のために 1962 年には外国借款の返済保証に関する年次プログラムが準備された．またすべての外国借款と投資計画，返済保証などは経済企画院長官が議長を務める外貨誘致審議委員会の承認が必要となった．

これらの法律に対応して，外国借款，投資，技術輸入を促進するために優遇税制措置が取られた．第一に，承認された外国借款から生まれる，外国投資者の利子所得に対する個人所得税や企業法人税が初めの 5 年間は完全に免除され，つづく 3 年間は 50% 軽減された．第二に，外国投資家の所得に対する個人所得税および法人税も 3 年間は完全に免除され，次の 5 年間は 50% 軽減された．承認済事業から得られる外国投資家の配当益に対する税金も初めの 5 年間は完全に免除され，つづく 3 年間は 50% 軽減された．第三に，技術サービスを提供した外国人の収益に対する所得税は最初の 5 年間は完全免除となり，次の 2

年間は3分の2だけ軽減され，その次の年に3分の1に引き下げられた．これらの優遇税制に加えて，承認済外国投資プロジェクトに要する資本財輸入については関税が免除された．外国投資に対するキャピタルゲイン税の賦課も廃止された．

外国資本を誘致するためのこれらの積極的な取り組みにより，外国借款と投資の契約高（政府認可とともに調印された契約案件）は1962年から急増し，1963年末には2億2300万ドルに達した．1963年末には商業借款の契約が1億2800万ドルとなり，公的借款の契約8400万ドルを上回った．しかし1963年末までに実際に導入された外国資本は，外国借款と投資が契約されてから1年もしくはそれ以上遅れるがゆえに比較的少なく7700万ドルであった（Kim and Westphal, 1976: pp. 75-77）．

4 不正蓄財者対策の挿話

短命に終った張勉政権は，地位と権限を利用して不正に蓄財した人々を罰する目的で，不正財産蓄積特別対策法を制定した．しかし政権崩壊前にこれを実施することができなかった．張勉政権を引き継いだ軍事政権は，不正蓄財者に対処する基本的指針を1961年5月下旬に定めた．疑いのある不正蓄財を捜査し，数人の上級官僚とともに有力実業家たちのほとんどを逮捕した．1961年8月に新しい法律が成立し，1953年7月1日から1961年5月15日までの間にさまざまな不正手段を用いて蓄財した人々を不正蓄財者と定義した[2]．

このために軍事政権発足時には政府と実業界の関係は実際に悪化し，実業界の投資は停滞した．実業界の政府に対する不安と懸念を軽減するために，国家の産業開発推進に協力すると約束した実業家たちはほとんどが釈放された．その年の8月と9月には27人の民間不正蓄財者からおよそ48億ウォンの罰金を，また不正蓄財した33人の前政府官僚たちから7億ウォンの罰金を徴収することが公表された（EPB, 1962: p. 29）．直後に，当時革命評議会の副議長であった朴将軍は不正蓄財者として告発された実業界のリーダーたちを召喚し，彼らに取り引きを突きつけた．この取り引きの主要点は，(1) ほとんどの実業家た

---

[2] 不正蓄財者の多様な手段についてはJones and Sakong, 1980, p. 281に解説されている．

第3章 産業政策のダイナミズム

ちは刑事訴追から免除されること，(2) 実業家たちが保有する財産は商業銀行の株式といった重要な例外を除いては没収しないこと，(3) 査定された実業家たちの罰金義務は，重要産業で新しい会社を設立し，その株式を政府に贈与することにより支払うことができること，であった．

実際，不正蓄財者として告発された13人のビジネスリーダーたちは，五カ年計画に明記された主要産業プロジェクトのいくつかを引き受けることを要求された．全経連を組織していたビジネスリーダーたちは，重要産業の設備に対する投資を引き受けることを了承した．初期投資が期待された主要産業は，セメント，化学繊維，電子機器，化学肥料，製鉄，石油精製などであった（Oh, 1992）．それぞれのビジネスリーダーたちは産業設備建設を独自で担当するか，もしくは他企業と協力して共同で担当することとされた．

ビジネスリーダーたちは投資計画の準備に取りかかった．外国企業との協力の可能性について相互に連絡を取り合い，外国企業と交渉するために実業家から成る経済代表団を組織して先進国に派遣した．海外派遣から帰国後，彼らは工業団地を蔚山(ウルサン)に設立すれば，重要な産業設備の建設が容易になると政府に提案した．

最終的に，数人のビジネスリーダーたちは最初に割り当てられた工業設備の建設を実現したが，失敗したリーダーたちも少なくなかった．他方，建設された工場が政府に譲渡されることはなかった．すべてのケースで罰金は1964年末までに現金で支払われ，不法蓄財問題には片がついた．この挿話によれば，企業家たちの希少なエネルギーを生産活動に導くために，企業家たちが不正蓄財にかかわっていたにもかかわらず，軍事政権がきわめて現実的な方法を採用したことがわかる．不正蓄財者たちと政府の取り引きは，軍事政権に対する実業界の不安を取り除き，1962年以降，国家の工業化に不可欠な工業投資を増加させることに寄与した．

第2節　輸出志向型工業化への政策改革（1964-1967年）

1961-1963年の間に政府は為替レートの統一化を試みたが，複数の為替レートが生まれ試みは失敗した．また外国援助が減少する事態に直面し，政府は輸

出振興を開始した．しかし，この期間に実行された多くの輸出振興策には，公定為替レートの過大評価によって輸出意欲が妨げられるという悪影響を緩和するための特別対策，といった趣きがあった．輸出の増加は非常に小さい金額にとどまり，韓国の外貨準備の急減を食い止めることはできなかった．そのために，輸入関税率引き上げ，数量制限の強化，輸出収入金額に応じて援助外の商業輸入額を制限する輸出入リンクシステムなどを採用し，輸入が厳しく制限された．こうした状況下で軍事政権を引き継いだ新しい文民政権は為替レートを統一し，高度経済成長を目指す輸出志向工業化戦略，ならびにそれと整合的なインセンティブ制度を設立するという政策パッケージを展開した．

1 為替レート改革

外国為替レート改革は二段階にわけて実行された．1964年5月に政府は初めて公定為替レートを1ドル当たり130ウォンから256ウォンに大幅に切り下げ，既存の固定為替レート制度を単一変動為替レート制度に変更すると発表した．しかし変動レート制が外国為替投機を誘発し，一層のウォン価の減価と高いインフレ率につながることが懸念され，1965年3月まで政府は外国為替レートの変動を制限した．1964年の後半から関連産業分野の物価が安定し始め，IMFのスタンドバイクレジットが930万ドルあったために，1965年初には安定的な為替レートを保持することができるという自信が政府にはあった．単一変動レート制度は1965年3月22日から実施された．

新制度の下で，輸出販売および韓国駐在の国連軍に対する販売から生じた外貨所得はすべて，外国為替銀行の発行する外国為替証書に変換されることになった．為替証書は発効日から数えて45日間有効であり，当時は為替市場で自由に取り引きすることができた[3]．期限が切れた後は，為替証書は国内通貨に変換するために為替銀行に引き渡される．米国の援助によって融資された輸入をも含め，輸入のために外国為替を必要とするものはすべて，為替銀行から輸入許可証を発行された時点で為替証書を提出することになった（Kim, 1991b: pp. 106-107）．

---

(3) 為替証書の有効期間はもともと15日間に設定されていたが，1965年6月までの間に45日間までに徐々に延長された．

第3章　産業政策のダイナミズム

　商業銀行の外貨取扱部は為替証書を売買する為替銀行として機能した．また韓国銀行は前日の為替証書取引きの自由市場価格平均にもとづき，外国為替の日々の売買レートを発表した．市場為替レートの大幅な変動を防ぐために中央銀行に市場介入権限が与えられた．

　改革の第一段階で設定された新しい為替レートは，1963年末で計算された購買力平価の中央値にもとづいて決定された（Brown, 1973: p. 139）．1ドル当たり256ウォンの新しいレートは，1964年の切り下げ時点のウォン価をわずかに過小評価したものであると考えられた．平価の切り下げにつづき，1964年に政府は輸出入リンクシステムを徐々に廃止した．リンクシステム廃止以降に輸入業者に生まれた余剰利得の吸収のために，特定の輸入に対して特別関税を課すようになった[4]．輸出によって得られた外貨は引きつづき闇市場で取引きされたが，その際の為替プレミアムレートは1964年の5月以降は下落した[5]．1965年3月に始まった変動為替レートによって輸出ドルに対するプレミアムは最終的に解消され，為替レートの統一が達成された．

　1965年3月に実際に変動制が始まった時，為替証書の市場価格は初めは1ドル当たり270ウォンであったが，4月には256ウォンとなった．輸入需要の増加により5月上旬から市場為替レートは次第に変化し，月末には1ドル当たり280ウォンに達した．6月に中央銀行は為替証書の供給を増やし為替市場に介入した．実際，1965年8月後半から1967年まで継続的に為替証書が供給され，市場為替レートは1ドル当たりおよそ270ウォンで安定した．初期の変動以降，金融当局が単一変動レート制度を固定レート制度に事実上変更することに成功したのである．

　1968年から韓国政府は主要貿易相手国との間で拡大するインフレギャップを相殺するために，ウォンの漸進的な下落を放置せざるをえなかった．しかし

---

[4] 特別関税は通常の関税の上に賦課されたが，通常利益の超過分に対しては70％から90％の関税率が課された．財のCIF輸入価格に通常関税をプラスしたものと内部間接税との値幅（およそ30％）や，同一財の推定再販価格から生まれた余剰利益も対象とされた．

[5] 1964年の平価切下げにつづいて輸出入リンクシステムが廃止されたが，輸出成績が最低条件を満たしていない貿易業者が認可された貿易業者の資格を保持したり，また商業活動のための輸入を維持するには闇市場で輸出ドルを購入しなくてはならなかったので輸出ドルに対するプレミアムが存在した．

市場の自由な変動を認めるのではなく，多くの場合，定期的に平価切下げを実行した．

為替改革により韓国の為替レートは統一され，輸出志向工業化戦略に向けての重要な転換点となった．改革が成功した主因は，1960年代の初めの状況に鑑みて厳格な財政金融政策を導入し，1963年後半以降もそれを継続的に実施してきたことにある．1965年の金利改定後に輸出が急成長し，外国借款の流入が増加したことも為替レートの安定化に貢献した．

2 輸出振興政策

輸出の価格競争力は1964-1965年の為替レート改革によって大きく高まり，結果的にウォンはかなり切り下げられた．そのため政府は輸出業者に対し直接補助金支払いを減らし，1965年には廃止した．利益の出ない少数の輸出品を除いて，輸出入リンクシステムも徐々に廃止された．同時に政府は1964年以前に採用されていた輸出振興策の多くを持続した．また輸出促進のための包括的計画に対応した為替レート改革につづいて，新案が導入された．新しい為替レート制度に整合的な商工部の輸出振興包括計画が1965年から実施されたが，そこでは次のようなインセンティブ策が表明された．(1) 特恵輸出信用，(2) 輸出生産向け原材料輸入の関税免除，(3) 輸出生産に使われる中間財や輸出販売に対する国内間接税の免除，(4) 輸出による所得や外貨稼得活動に対する直接税軽減，(5) 輸出生産のために輸入された原材料に対する損失引当て，(6) 輸入業者のビジネス許可をその輸出実績に関連させる制度，(7) 輸出生産に使われる中間財の国内供給者に対する関税と間接税の免除，(8) 主要輸出産業の固定資産に対する原価償却早期準備引当てなどであった（Frank, Kim and Westphal, 1975 : pp. 40-51）．

1965年9月の金利改定により，預金と通常の貸付けに対する銀行金利は大きく上昇する一方，輸出信用の低い金利はそのまま維持された．多様な輸出インセンティブ対策の中で特恵輸出信用が，輸出業者にとってきわめて重要なインセンティブとなった．輸出信用に対する特恵利子率は1965年初めの年8.00％から6.55％に引き下げられた．特恵輸出信用と輸出利益に対する直接税軽減は，他の多様な輸出インセンティブ対策が，主に国際市場価格で製品を

販売しなければならない輸出業者に与えられ，これは輸出生産のための中間財を国際市場価格で購入できるよう保証することが目的であった．インセンティブ政策の多くは，当時，一般的であった制限的貿易体制によってもたらされた輸出インセンティブ抑制効果を相殺しようとするものであった．これらのインセンティブ政策はすべての輸出業者に差別なく適用された．

輸出インセンティブ政策は包括的であり，数少ない例外を除いて1965年までに定着した．変化する経済状況に対応していくつか計画を修正する必要はあったが，1965年までに定着した制度は1980年代の初めまで有効であった[6]．GATTからの圧力が高まり，輸出促進への必要性も薄れ，輸出利益に対する直接税の軽減は1973年には廃止された．その代わりに，同年から輸出業者の海外活動を円滑にするという目的で特恵税制の新しい計画が準備された．1975年には輸出用原材料輸入に対する無制限関税免除制度が控除制度に変わり，原則として原材料輸入業者は輸入に対して関税を支払う必要があったが，実際に輸出が実行されるとその支払い分は払い戻されるようになった．控除制度への転換は主として関税行政の改善が目的であった．

これらのインセンティブ対策に加えて，1965年から始まった輸出振興策として，政府は次の三つの政策手段を以前より積極的に用いるようになった．第一は，商品輸出総計の年間目標を定める輸出ターゲット制度であり，これは1962年の初めに開始された．1960年代の後半までは，この制度は主要財別と目的地別（地域と主要国）に年間輸出目標を設定するために用いられた．主要財別目標は通常関連業界団体を対象に設定され，目的地は韓国外交の任務を考慮してそれぞれの国もしくは地域に分けて設定された．四半期別に年間目標と対比して輸出実績をチェックするために，商工部には「輸出状況室」が設けられた．

第二に，韓国貿易振興公社（KOTRA）の海外ネットワークは拡大しつづけたが，KOTRAを通じての輸出業者の海外マーケティング活動に対しては政府支援がなされた．KOTRAの創設は1962年であった．

---

[6] 一つの例外は，電気や鉄道輸送といった間接投入に対する割引価格制度であり，1960年代後半と1970年代前半に大規模な鉱物などの輸出に適用された．しかし間接投入費の軽減は絶対的にはかなり小さかった．

第三は，1966年の前半に開始された月例輸出振興会議である．1970年代の初めにその名称は月例貿易振興会議に変更された．会議には大統領自身と閣僚，主要金融機関の頭取，企業団体のリーダー，主要輸出企業の代表者が出席した．基本的にこの会議は，輸出振興に関して大統領が重視する点を広く告知すること，および輸出業者が直面している問題を大統領と権限のある閣僚に迅速に通知して解決することが目的であった（Rhee et al., 1984 : pp. 29-35）．

3 貿易自由化

韓国は資源の豊富な多くの開発途上国と異なり，輸出制限についてはさしたる取組みをしなかった．1960年前半，輸出志向工業化戦略に転換する以前の時期でさえ，輸入制限と同様の方法での高関税や数量制限（戦時中を除く）による輸出制限は行わなかった．実際，韓国には輸出関税はなかった．多様な形態の輸出補助金が輸出面で貿易構造を歪める唯一のものだった．

表3-1には，1960-1971年における1ドル当たりの純輸出補助金額が示されている．輸出業者の利幅を直接増加させる純補助金のみが表に整理され，純粋に補助金だとはみなされないものは除外されている．こうした種類の純輸出補助金には，複数為替レートから生じる為替プレミアムや現金による補助金，直接税軽減，特恵輸出信用にかかわる利子補助金などがあった．一方，輸出生産のための中間財輸入に対する間接税免除や関税免除は，輸出業者が国際市場価格で投入物を購入し，競争的な国際市場価格で製品を輸出することが許されていたのでここには含まれていない．

表3-1に示される公定為替レートと純輸出補助金の比率は，貿易自由化のおおよその程度を表している．その比率は1960年から1962年の間に急減したが，1963-1964年に複数為替レート制度に戻ったことを反映して再び上昇した．しかし1964-1965年に為替レートが改正されて以降，その比率は急速に下がり，1970年代の初めまで4％から7％の幅で安定した．為替レート改革により輸出面における貿易構造の歪みは大幅に解消され，輸出自由化は注目すべき前進を遂げた．この改善は，為替レートと純輸出補助金の比率を変換して計算された輸出自由化指数にも表れている（表3-2）．

輸出面での貿易自由化につづき，輸入面の貿易自由化を取り上げてみよう．

第3章 産業政策のダイナミズム 115

表 3-1 純輸出1ドル当たり補助金 (1960-1971年, 年平均)

	公定レート（ウォン／ドル）(a)	純輸出1ドル当たり補助金*（ウォン）(b)	輸出自由化指数 (c＝b/a)
1960	62.5	85.1	136.2
1961	127.5	23.1	18.1
1962	130.0	11.8	9.1
1963	130.0	47.6	36.6
1964	214.3	49.3	23.0
1965	265.4	9.9	3.7
1966	271.3	12.5	4.6
1967	270.7	20.0	7.4
1968	276.6	18.2	6.6
1969	288.2	18.4	6.4
1970	310.7	20.8	6.7
1971	347.7	22.8	6.6

資料：Kim, 1991a: p. 33.
注：＊は現金による補助金，為替プレミアム，直接税減税分，特恵輸出信用の利子補助金などが含まれる．すべて純輸出1ドル当たり．

表 3-2 貿易自由化の総合指数 (1960-1971年, ％)

	純輸出補助金の逆数 (a)	平均法定関税率 (b)	(c)	法定関税率の逆数 [d＝1/(1＋c)]	数量制限面での自由化度 (e)	自由化総合指数 [f＝(a＋d＋e)/3]
1960	42.3	35.4	58.0	63.3	5.1	36.9
1961	84.7	35.4	36.0	73.5	4.1	54.1
1962	91.7	49.5	49.6	66.8	5.5	54.7
1963	73.2	49.5	49.5	68.3	0.4	47.3
1964	81.3	49.5	51.0	66.2	2.0	49.8
1965	96.4	49.5	52.7	65.5	6.0	56.0
1966	95.6	49.5	52.3	65.7	9.3	56.9
1967	93.1	49.5	52.6	65.5	52.4	73.0
1968	93.8	56.7	58.9	62.9	50.1	71.4
1969	94.0	56.7	58.3	63.2	47.1	70.8
1970	93.7	56.7	58.5	63.1	46.3	70.4
1971	93.8	56.7	57.9	63.3	47.0	70.7

資料：Kim, 1991a: pp. 35-43, and Kim, 1994: p. 338.
注：(a) の数字は，表3-1の純輸出補助金率に1をプラスしてその逆数としたもの．
(b) は，1975年の国内生産額で加重された一般的な法定関税率の平均値．
(c) は，通常の関税に加えて，平均的な外国為替税と輸入の特別関税をも含む．
(e) は，毎年後期の貿易プログラムと特別法にもとづく数量制限面の輸入自由化度を示す．

数量制限面での輸入自由化よりも関税面からみた自由化について議論しよう．表3-2に示されているように，国内生産で加重された一般関税の平均的な法定レートは1960年の35.4%から1971年の56.7%まで継続的に上昇した．この一般関税に，観察期間中に課された外国為替税と特別関税の平均的な実質レートを加えると，平均的な法定関税率（もしくは全体でみた法定関税率）が得られる．そして平均的な法定関税率を逆数に変換すると，関税面からみた輸入自由化の進捗度を示すことができる（表3-2の欄dを参照）．この系列によると，平均的な法定関税率は上昇しており，関税面からみた輸入自由化の度合いは1961年から1971年まで徐々に悪化したことになる[7]．

　国内通貨が急激な国内インフレに直面してほぼ恒常的に過大評価されていたために，法定関税率はかなり高かったが，1964-1965年の為替レート改革の時期までは輸入を妨げるほどのものではなかった．したがって政府は輸入量を統制するために主に半期別貿易プログラム制度に頼るだけでよかった．1967年の後半より貿易プログラムは，ポジティブリスト（輸入可能商品リスト明示）システムによっていた．事前の政府許可の必要性がプログラムの明細事項ごとに決められ，プログラムの一覧表に載せられた特定商品項目のみの輸入が許可された．

　1961年から1964年までの間，数量制限の指標としてAA品目数で輸入自由化の程度を測ると明確な傾向はみられない．AA品目の数は1963年後半の109という最低数から1961年前半の1546の最高数まで変動した．しかしながら数量制限面での輸入自由化は，AA品目数の継続的な増加によって証明されるように，1965年前半から1967年前半までに徐々にではあれ順調な進展をみせた．1967年の後半に数量制限面での輸入自由化は半期別貿易プログラムとして再編され，ポジティブリストシステムからネガティブリスト（輸入禁止・制限品目リスト明示）システムに変更されたことにより大きく進展した．新しい制度

---

(7) 関税からみた輸入自由化の度合いを測る平均的な法定関税率は，二つの点において過大評価への偏りがある．一つは，さまざまな目的で与えられた関税免除や軽減のために，法定関税率は実際の平均関税率よりかなり高かった．もう一つは，高関税によって保護された部門は生産の名目値が保護のない場合の値より高くなる傾向があり，国内生産で加重された平均的な法定関税率は上向きの偏りを持っていた．したがって平均的な法定関税率は潜在的な保護の目安としてみるべきであり，韓国の関税保護の上限を反映している（Kim, 1991a: p. 42）．

の下で貿易プログラムには輸入禁止品目や制限品目のみが一覧表に載せられ，一覧表にないすべての品目はAA品目となった．

1967年の改革により，すべての商品分類についてAA品目の比率は急激に上昇した（標準国際貿易商品分類の1312に及ぶ分類品目にもとづいて計算）．同基準で比べると，この比率は1967年前半の12％からその年の後半には60％となった[8]．1967年，貿易プログラムに新たにネガティブリストシステムが採用されたことにより輸入自由化が進んだ．加えていくつかの特別法により実質的に輸入制限が行われた．ほとんどの特別法の主要目的は，外国貿易を規制することではなく，国内市場に供給される商品の基準，もしくは数量および品質の管理にあった．実際にはこれらの法律のいくつかは輸入制限の追加的な手段として利用された．数量制限面での輸入自由化の本当の尺度を得るためには，特別法の輸入制限効果を貿易プログラムだけにもとづくAA品目の比率と統合すべきである．そうして得られた真の進捗度を測った年次系列は，表3-2の(e)に示されている[9]．この年次系列によると，数量制限面での自由化度は1966年から1967年の間におよそ9％から52％にまで急上昇したが，それ以降はやや低下した．

最後に，貿易自由化の全体的な進捗度は三つの指数を単純平均することによって得られる．三つの指数とは，輸出自由化指数，関税面での輸入自由化度を示す指数，および数量制限面での輸入自由化度を示す指数である（表3-2の欄f）．この全体的な指数は1961年に一時的な増加をみせ，同年に実施された一度限りの大きな平価切下げの効果を反映している．貿易自由化に向けての意図的な取組みは，1965-1967年に初めてなされたといえよう．表3-2にみられるように，貿易自由化の第一の挿話は，輸入数量制限の大胆な緩和と輸出面における貿易構造を歪める処置の縮小より成る．この第一の挿話によって韓国の貿易自由化は大きく進展したことがわかるが，自由化の継続的な改善を保証するには十分であったとはいえない．1967年以降，貿易自由化の進捗度は自由化

---

[8] この比較のためには，1967年前半のポジティブリストに載せられている商品項目をネガティブリストにもとづき再分類する必要がある．Kim. 1991a: pp. 35-38 を参照．

[9] 1967年以前の年次系列は，1967年前半に対して推定されたベンチマークの数字をAA品数の指数にもとづいた以前の年（1967年前半＝100）に遡り外挿して推定されている．

の第二期が始まった1978年まではわずかであった．

4 改革手段の効果

1964-1965年の為替レート改革，輸出推進策，および貿易自由化措置は，輸出志向工業化戦略を始めるために必要な一連の改革として実施された．これらの改革策はすべて相互に関連しており，個々の政策を別々に扱うのではなく，経済に対する改革政策全体への効果についてここでは検証してみたい．

初めに，輸出および輸入代替のそれぞれに向けられたインセンティブに関する改革パッケージの相対的な効果を，輸出，輸入の実効為替レートの時系列推定値から考察してみよう．表3-3は，1960-1971年の購買力平価（PPP）で調整された輸出と輸入の実効為替レートを示す．PPP調整済みの実効為替レートを算出するために，公定為替レートに輸出1ドル当たりの推定された純輸出補助金を加えて輸出の名目実効為替レートを算出する．また輸入の場合は，輸入1ドル当たりの関税や関税相当分を公定レートに加えることにより計算される[10]．こうして算出された名目実効為替レートはPPP指数で調整され，国内価格や韓国の主要貿易相手国別の価格変化によって補正されている．

輸出のPPP調整済み実質実効為替レートは，1962年から1964年の間に1ドル当たりのウォン価でみて上昇しており，1964-1965年の為替レート改革が輸出の純インセンティブを引き上げたことがわかる．この上昇よりもっと重要なのは，改革によって公定レートと実効レートのギャップが狭められたことである．つまり改革により複数の為替レートならびに現金支給の補助金にもとづく輸出インセンティブ供与という複雑で特殊な制度から，現実の為替レートにもとづくインセンティブに簡素化され，より安定した制度に変わったということができる．輸入の実質実効為替レートもまた改革により変化し，1965-1971年は輸出のレートに歩調を合わせて変動した．輸入の実質実効レートがほとんどの年で輸出のレートより少し高かったのは，おそらくはいくつかの輸出推進計画に関わるネットの補助金が後者に含まれていなかったからであろう．韓国では輸出抑制によるバイアスの度合いを示す指標は，この期間全体

---

(10) こうして算出された輸出の名目実効レートは，自由貿易の状態に比較した輸出の純インセンティブの指数を示し，他方，輸出の指数は国内産業に対する実際の貿易保護の指数である．

第3章　産業政策のダイナミズム

表 3-3　輸出入の購買力平価調整済みの実効為替レート（1960-1971 年，年平均ベース）

	PPP 調整済みの公定レート（ウォン／ドル）(a)	PPP 調整済みの実効為替レート		輸出抑制バイアス (d=b/c)	PPP 指数：(1965 年 = 100) (e)
		輸出 (b)	輸入 (c)		
1960	135.5	320.0	217.2	1.47	216.8
1961	245.1	289.5	282.5	1.02	192.2
1962	226.9	247.4	255.5	0.97	174.5
1963	189.5	258.9	216.1	1.20	145.8
1964	232.5	286.0	268.0	1.07	108.5
1965	265.4	275.3	293.1	0.94	100.0
1966	256.4	268.2	280.1	0.96	94.5
1967	242.8	260.8	265.7	0.98	89.6
1968	233.2	248.5	255.0	0.97	84.3
1969	234.3	249.3	254.2	0.98	81.3
1970	240.2	256.2	260.0	0.99	77.3
1971	253.1	269.7	269.0	1.00	72.8

資料：Kim and Westphal (1976): p. 113, and Kim (1991a): p. 24.
注：(a) は，表 3-1 の名目為替レートに PPP 指数を乗じたもの．
　　(b) は，公定為替レートに 1 ドル当たりの輸出補助金をプラスして PPP 指数を乗じたもの．
　　(c) は，公定為替レートに輸入 1 ドル当たりの関税と関税相当分を加えて，PPP 指数を乗じたもの．
　　(e) は，米国と日本の卸売物価指数（それぞれ韓国との貿易シェアで加重）を韓国の卸売物価指数でデフレート（修正）したもの．

(1965-1971 年）でみると 0.94-1.00 で安定していた．

　改革パッケージの相対的インセンティブに対する効果は，国内販売の実効保護率（ERP）の推定値と輸出の実効補助金率（ERS）を改革以降のすべての年で比較することによって得られる．ERP は，国際市場価格に対する国内単位価格の超過部分として測られる名目保護率に比較して，より優れた尺度であることが知られている．ある生産活動の保護は，その製品の名目保護のみならず，生産過程への投入物に対する名目保護率によっても影響されるからである．ERP は，保護下の国内付加価値と国際市場価格でみた付加価値との間の単位当たり格差である．これは付加価値を生む過程に与えられる保護度を測ることを意図しており，所得税免除や特定の輸出活動に対する特恵的低金利といった形の補助金は考慮されない．したがって韓国の保護構造を説明するためには，ERP に加えて ERS の概念を導入する必要がある．ERS の算出のために，保護下の国内付加価値は直接税と金利補助金を加えて調整する必要がある．こうして調整された付加価値が世界市場価格の付加価値を超過する部分が ERS とな

る (Balassa and Associates, 1982: pp. 17-18).

　一研究によると，1968年における製造品輸出の平均ERSは9％であり，同じ部門の国内販売に対する平均ERPのマイナス1％と比較してかなり高い．輸出販売が国内生産の10％以上を占める輸出産業の場合，輸出のERSは10％で，この産業の国内販売に対するERPのマイナス14％に比較して相当高い（Kim and Westphal, 1976: pp. 230-231). この結果は，改革後国内市場向けの活動に対する平均ERPに比べて輸出活動がより高いERSを与えられていたことが示される．

　輸出業者に過去に比べてより高い安定的な利益を確保することにより，継続的で急速な輸出成長のための土台が形成された．この意味で改革パッケージには一定の成果があった．しかし1960年代の後半にはウォンがやや過大評価されたことから明らかなように，政府は輸入代替と輸出へのインセンティブを一定レベルに保つことに完全に成功したわけではない．このような不完全な成功であったにもかかわらず，1965年から始まった商品輸出の継続的な高成長は，改革パッケージによって可能となったのである．1960年代の初期には，実際，輸出は特別な推進策によって増加し始めていたが，そうした増加は1960年代初期の異常に低い水準から通常の水準に「戻った」だけだと考えてもよかろう．

　貿易自由化政策の直接的な影響は比較的小さかったけれども，輸入は1964-1967年の改革パッケージにより急増した．商品輸入の名目金額は1961-1965年の間に年間平均6％で増加したが，つづく6年間に年率32％で急増した．その結果，1971年に輸入合計はおよそ24億ドル，GNPの25％に達した．商工部の推計によると，1967年の数量制限の緩和によって直接生じた輸入増加は1967-1968年ではおよそ9500万ドルでしかなかった．したがって輸入の急成長は輸入自由化のみでは説明できない．むしろ，輸入需要を継続的に拡大させた急速な工業化の結果であった．輸出の急増はそれにともなう輸入の増加と一体化されていたので，観察期間を通してみられた慢性的な貿易収支赤字の改善に対して改革パッケージは有効ではなかったといえよう．

　改革パッケージによって製造品輸出は急増し，製造業部門の付加価値も1965-1971年の間に急上昇した．1960-1964年の間に年平均10％で成長した製造業部門の成長率は，次の7年の間に21％にまで加速化した．経済成長率もまた

1960年代前期（1960-1964年）の5.5％から後期（1965-1971年）の9.5％に上昇した．GNPに占める製造業のシェアも1964年の15.6％から1971年の21.3％に上昇した（BOK, 1990：pp. 14-31）．

第3節　製造業部門の重点的推進

輸出志向工業化戦略に整合的なインセンティブ制度は1964-1967年の多様な改革策で制度化され，前節で議論されたように輸出の成長と工業化を促進するうえで非常に有効であった．しかし，政府は経済全般にわたる資源配分の問題をこの制度だけで解決しようとしたわけではない．韓国の工業化に重要だと考えられた主要産業の促進のために選択的介入の方法をも採用した．

1　主要産業の発展（1962-1966年）

韓国経済の最終的な進路は工業化にあるという前提に立って作成された第一次五カ年計画は，製造業部門の発展を重視した．経済システムの形態は計画期間を通じて「誘導された資本主義」であると明記され，産業発展を図るべく実業界の意思決定に政府が選択的に介入することが計画の中で明確化された．

当初の計画では製造業部門投資に1961年価格で894億ウォン（6億8800万ドル相当）が配分された．製造業の計画投資はすべての部門の総投資額の27.8％を占め，平均して計画期間中のGNPの22.7％に当たると推定された．この期間中，1961年価格でみた製造業部門の実際の投資額は当初の計画よりおよそ15％高かった．しかしこの部門投資の投資総額に占める実際のシェアはわずかに低かった．現実の経済成長率が計画された数字より高かったからであり，当初の計画に比べて高い製造業投資が可能であった．

非耐久消費財における輸入代替化の初期段階は，1960年代の前半までにほぼ完了していた．第一次計画では輸出産業の振興にはさしたる注意を払わずに，特定の主要中間財の輸入代替産業の発展が重視された．輸入代替産業の重点的な開発を強調することは，工業化戦略における輸入代替から輸出志向工業化への転換と矛盾しているように思われるかも知れない．しかし韓国の輸出志向工業化の基盤を形成するのに輸入代替産業の発展が不可欠であるという，1960

年代初期の政策立案者の考え方がそこにははっきりと反映されている．

　第一次計画には，商品項目別の需要予測をもとにして輸入代替産業の重点的な開発のための詳細な投資計画が描かれていた．投資計画は年間投資予定表から構成され，プロジェクト別のみならず資金源別にも分けられていた．特に重視された産業は，セメント，化学肥料，鉄鋼，石油精製，化学，化学繊維と紡織などであった．これら産業の民間投資促進のために政府は外国借款の返済保証を民間企業に提供し，必要な外国資本の導入を奨励した．また重点産業に投資する企業に対しては，特別優先融資を国内金融機関に提供させた．1962-1966年の特定主要産業の重要な実績についてみてみよう．

(1) セメント産業

　セメント需要の増加を満たすために，第一次計画には三つのセメント工場の新規建設と二つの既存工場の生産能力拡大計画が明記された．計画期間中のセメント産業における実際の投資は計画目標をはるかに超えた．年間生産能力40万トンを誇る第6番目のセメント工場は計画には含まれていなかったが，1962-1964年に建設された．1967年に完成予定であった第5セメント工場も1年ほど早く完成した．このため韓国のセメントの年間生産能力は140万トンの計画目標に比較して，1961年の62万トンから1966年末には210万トンに増加した．

(2) 化学肥料産業

　二つの化学肥料工場（忠州と羅州の工場）の建設は1950年代の後半に始まったが，工場に関連した技術的問題により，これらの工場は1961年までともに肥料をまったく生産することができなかった．化学肥料の国内自給を図るために，計画期間中に政府はさらに三つの工場の建設を進めた．最初の二つの工場の尿素肥料の年間生産能力は合計16万7450トンであったが，これに加えて三つ目の新しい工場では合わせて50万トンの尿素肥料と36万1000トンの合成肥料の生産能力増強が計画された．光州と湖南の肥料工場では1962年と1964年に操業が開始された．しかしこの三つの新たに追加された工場では完成と操業開始が1967年まで遅れ，計画期間中にどの工場も生産することがで

きなかった.

(3) 鉄鋼産業

鉄や鉄鋼製品,および多様な建設事業のための金属製品に対する需要が増加したために,銑鉄の国内需要は1960年の2万7000トンから目標年の26万トンにまで9.6倍増加することが予想された. 1960年の銑鉄の国内供給能力は1万3900トンが限界であった. それゆえ第一次計画では,銑鉄の年間生産能力25万トン(22万トンの鉄鋼鋳塊生産)の一貫総合製鉄所の建設が計画された. しかしこの程度の小規模工場は技術的に不可能であり,また期待された外国融資も利用できず,この計画は1962年後半には破棄され,一貫総合製鉄所の建設は頓挫した. しかし計画の中に含まれてはいなかったが,特定の二次鉄鋼製品の生産に特化した多くの小規模製鉄所の建設がこの期間に始まった(OPC, 1967: pp. 455-499).

(4) 石油精製所

第一次計画にはさまざまな石油製品の国内需要が計画期間中に急上昇するものと予測され,年間930万バレルの原油精製能力を持つ韓国初の石油精製所の建設が計画された. 最初の精製所はガルフ石油会社が25%の株式を所有する国有会社によって1962-1963年に建設され,1964年には日産3万5000バレルの原油を精製し,多様な石油製品の生産を開始した.

(5) 化学産業

第一次計画期間中に建設された化学肥料以外の主要な化学産業の工場は,ポリ塩化ビニール(PVC)工場,ソーダ灰と苛性ソーダを生産する工場であった. 国家初のポリ塩化ビニール工場は当初の計画よりかなり大きな生産能力を持ち,1964-1966年の間に建設された. 年間生産量は6600トンのPVCであり,その規模は計画の37倍であった. ソーダ灰工場の生産能力もまた計画より相当拡大されたが,工場建設の完了は1967年10月まで遅れた. 稲藁からパルプを年1万5000トン生産する藁パルプ工場の計画は経済的に実行不能であることが判明し,建設計画は撤回された.

(6) 繊維産業

　韓国の繊維産業は他の産業より発展していたが，必要な原材料の大部分を輸入に依存していた．これらの原材料輸入を国内生産に切り替えるために，第一次計画ではナイロン紡織工場と二つのビスコースレーヨン紡織工場，また合成繊維糸やアセテート繊維の工場建設が計画された．実際に計画期間中に建設されたのは，二つのナイロン紡織工場とビスコースレーヨン紡織工場であった．アセテート工場と合成繊維工場の建設計画も実現しなかった．代わりに，計画では対象とならなかった多くの化学繊維工場が1965年から1967年の間に建設された．例えば二つのポリアクリロニトル繊維やポリエステル繊維，その他の化学繊維や合成繊維などの工場がこの期間中に建設された．いくつかの綿織物工場も新しく建設もしくは拡張された（OPC, 1967: pp. 347-395）．

　一般的にいって，最初の計画からの多少の逸脱はあったが，政府は特定の輸入代替産業の投資増加という目標を達成した．しかし重点製品の輸入代替のためには，直接的，間接的に生産活動に必要な資本財と中間財を輸入しなくてはならなかった．その結果，この輸入代替産業で投資が増加したにもかかわらず，1960年代の総計でみてGNPに対する輸入比率はさして低下することはなかった．ただ重化学工業と軽工業の比率は，付加価値額でみて1960年には23対77であったが，1966年には40対60にまで上昇した（Bank of Korea, 1984: pp. 186-191）．

2　主要産業の発展（1967-1971年）

　第二次計画（1967-1971年）では，化学，鉄鋼，機械産業の発展が重要視された．また織物などの労働集約的な消費財産業の一層の拡大も重視されたが，これは計画期間中に国内外で予想される需要増加を満たすために必要だと考えられたものであった．

　第二次計画の詳細な投資計画は，以前より包括的な需要予測をもとに準備され，また事業の選択基準も新たに導入された．事業の選択基準として，利益率，雇用効果，国際収支効果，経済成長に対する寄与効果などが用いられた（ROKG, 1966: pp. 80-81）．

　1967-1971年に製造業で計画された投資総額は1965年基準価格で2830億

5000万ウォンになり，GNPの18%から20%に当たる国内総投資の内の26%を占めた．織物，化学，金属，機械産業のそれぞれで計画された投資は，全体の製造業投資のうち10%以上のシェアとなった（ROKG, 1966: pp. 218-228）．

第二次計画で特に重視された化学，鉄鋼産業では二つの巨大プロジェクトが想定された．石油化学コンビナートと一貫総合製鉄所である．規模経済の重要性ならびに需要増加率の予測値が二つのプロジェクトの最適規模を決定する上で非常に重要な指標であった．もう一つ考慮すべきことは，プロジェクトが完了した時点で，輸出産業の国際競争力が弱まらないよう輸出産業に国際市場価格で製品を供給することであった（Cole and Nam, 1969: p. 29）．計画期間中に実際に実行に移された主要な投資プロジェクトについて，以下で簡単に考察しておこう．

(1) 一貫総合製鉄所

製鉄工場と製鋼工場，圧延工場から成る一貫総合製鉄所の建設は，第二次計画の象徴的なプロジェクトの一つであった．1966年7月に政府は初めて浦項(ポハン)に粗鋼年間50万トンの生産能力を持つ一貫総合製鉄所を建設する提案をした．韓国はこの巨大プロジェクトのために必要な資本や技術資源を持っていなかったため，米国と西ドイツを含む4カ国18の鉄鋼会社によって組織された韓国国際鉄鋼連盟（KISA）の助力を借りて製鉄所建設計画を推進した．しかしいくつかのKISAメンバーがプロジェクトに難色を示したために，この計画は頓挫してしまった．このため1969年8月に政府は製鉄所の規模を粗鋼換算100万トンにまで拡大する新しい案を提出し，協力を求めて日本政府に打診を始めた．交渉の後，日本政府は年間130万トンの生産能力を持つ浦項製鉄所の建設に合計で1億2370万ドルを提供することに合意した[11]．

道路，港，水道などの公共事業設備といった製鋼所のための社会間接資本については，政府の予算によってすでに建設が始まっていた．そのために，実際

---

(11) この合計金額には，対日請求権資金から融資された7370万ドル（3080万ドルの無償援助と4290万ドルの長期借款），ならびに日本輸出入銀行からの5000万ドルの借入れが含まれていた（EPB, 1982: pp. 91-94）．このプロジェクトに必要な外国資本の合計は1億6450万ドルになり，日本政府から提供された額を超えている．一方，プロジェクトに必要な国内資本は，社会間接資本の建設にかかるものを除いても相当な額になる．

には1970年4月1日の製鋼所建設開始までに計画は進捗していた．年間130万トンの粗鋼の生産能力を持つ浦項一貫総合製鉄所は1973年7月に完工し，重工業の一層の発展のための新しい基地が韓国に生まれた．また1969年12月に制定された鉄鋼産業推進法により，鉄鋼製造者と鉄鉱石供給者に対して減税措置が講じられた．

(2) 石油化学コンビナート

多様な石油化学材料に対する需要が急激に高まるとの予測の下，第二次計画にはナフサ分解センターならびにこのセンターに連結される11の下流部門設備から構成される石油化学コンビナートを蔚山に建設することが計画に明記された．当初，政府は年間10万トンのエチレン生産設備を持つナフサ分解センターと11の下流部門設備の同時建設を決定した．政府系企業がコンビナートの一環として組み込まれていた主要工場を引き受け，完成後はこれらの工場を民営化することになった．例えば当時公営企業であった大韓(テハン)石油会社はナフサ分解センターの建設を割り当てられた．もう一つの公営企業である忠州肥料会社は，ポリエチレン，塩化ビニールモノマー（VCM），アクリロニトリル，およびカプロラクタムの工場建設の責任を持たされた．またコンビナート内のさまざまな工場に水道，電力，蒸気を供給するための公共施設や，それらの保守管理も工場の責任に含まれた．他方，民間企業は，ポリプロピレン，スチレンブタジエンゴム（SBR），メタノール，無水フタル酸，さらにアルキルベンゼンの工場建設を担当した．

当時，韓国はコンビナート建設のための技術と資金を欠いていたため，外国企業に大きく頼らざるをえなかった．個々の工場が必要な外国資本と技術を得ることは困難であったが，ナフサ分解センターと他の11の工場のすべてが1969年から建設開始となった（C. Y. Kim, 1992 : pp. 140-143）．建設が進行中の1969年12月に政府は石油化学産業推進法を制定，工場完成以降，最初の5年間は石油化学産業に税金免除の措置を適用した．メタノール工場と公共施設の二つの施設のみは，第二次計画期間の最後の年に完工した．カプロラクタム工場の完工は1973年中頃まで遅れたが，それを除き他のすべての工場は1972年までに完成した（Professional Group for Evaluation, PGE, 1972 : p. 293）．石油化

学コンビナートへの総投資はおよそ2億3900万ドル，その80%弱が外国借款と直接投資によって融資された．

(3) 機械・輸送用機器

第二次計画では国内機械産業育成の重要性が強調されたが，一般機械部門における実際の投資は，この期間中比較的小さかった．国産機械を購入するより外国借款や投資を得て機械設備を輸入する方が有利であったために，国産機械の需要が伸び悩んだからであった．政府は1967年3月に制定された機械産業推進法に対応して，国内機械生産者や最終消費者に特別ローンを提供したが，そうしたローンでは一般関税と非関税障壁を免除される外国機械輸入のインセンティブを相殺することはできなかった．対照的に，電気機械部門では変圧器と家庭電化製品の国内需要および輸出が急増したために，1967-1971年の間に投資が大きく伸びた．

自動車産業は非常に小さな規模から始まり，1969年頃までにある程度に成長した．しかし，それ以降は主に国内需要の停滞によって生産は低迷した．政府は自動車組立てにおける（部品材料の）ローカルコンテンツの要求強化を重視した．しかし，1971年に生産された乗用車のローカルコンテンツは48%から52%であった．

韓国の造船業は，1968年に民営化された大韓造船株式会社を別にすれば，多くは小規模な造船所であった．政府は1967年に制定された造船工業推進法に沿って財政的支援と銀行融資を造船業に提供したが，第二次計画期末までには新しい輸出部門として軌道に乗ることはなかった．

これら三つの主要産業に加えて，政府は繊維産業近代化促進法（1967年制定）に沿い，輸入代替と輸出強化のために国内繊維産業の近代化を重視した．1969年に制定された電子機械工業推進法に則り，政府は台頭してきた電子機器産業を主要輸出部門として促進した．

このような産業の開発促進策にともなって，1960年代の後半には国内銀行貸出金利が外国貸付よりかなり高くなり，外国借款の流入が加速した．しかし大きな外国借款を抱えたいくつかの企業は1969年に支払い不能になり，政府の支援が必要となった．それにもかかわらず製造業の実質付加価値は

1967-1971年に年間22%という驚異的なスピードで成長した．その結果，時価でみた製造業付加価値は1966年のGNPの19.1%から1971年には21.3%にまで上昇した．製造業の急速な成長は重化学工業によって牽引され，製造業に占める重化学工業のシェアは1966年から1971年の間に34.1%から39.3%まで増加した．

3 中小企業の政策

政府の焦点が主要な重点産業の開発に当てられる一方で，1964-1971年には中小企業の発展のためにいくつかの重要な政策が展開された．1963年時点で中小企業は鉱山および製造業におけるすべての事業所数の98.5%を占め，労働者全体のうち64.4%を雇用した．しかし中小企業の生産額は鉱工業全体の生産額合計のうちわずか56.3%であった（ROKG, 1966: p. 110）．この時期に取られた重要な中小企業政策は次の三つの項目に要約できる．(1)特定の中小企業の輸出生産者への転換，(2)特別の地場産業の奨励，(3)中小企業製品の特化と大規模産業との連携強化．

初めに政府は輸出の潜在能力を持つ中小企業を輸出業者として指定し，輸出生産のために必要な資金的援助（外国為替と現地通貨借款）を提供するだけでなく，経営指導および技術指導を行った．1964年から1970年までに輸出生産者として指定された中小企業の合計事業所数は1000に達した．指定された輸出生産者の中で政府は13の労働集約的な製造業を選び，1966年から輸出特化産業として推進した[12]．輸出特化産業に指定された中小企業は政府の奨励を受けた．この制度が1966年に始まってから1970年までに206の中小企業が奨励生産者として指定された（PGE, 1972: p. 400）．政府は設備拡充と最終的な輸出拡大のために中小企業の中から選定された輸出生産者を優先的に支援した．

第二に，1965年以降17の地場産業が選ばれ，これらが特別地場産業として開発が推進された[13]．特別地場産業は産業の集中していない地域へ分散させ，

---

[12] 重点産業は，絹糸，ベニア板，魚としいたけの缶詰，絹織物（染色も含む），綿織物，衣料品，革製品，毛皮製品，ラジオ・電気器具，ゴム製品，陶器，その他の品目であった（EPB, 1968: p. 183）．

[13] 特別な地場産業の指定を受けることができた中小企業は，セーター，人形，刺繍，壁紙，金属手工芸品，小電球，紙製品，人工真珠，竹製品，わら製品，漆器，真鍮製品，ゴム製品，木製

最終的に生産と所得の地理的配分を改善するという目的が政府にはあった．特別地場産業の発展を容易にするために，政府は1966年から国全体に11の地域工業用地の造成を推進した．いくつかの地域工業用地が輸出産業の育成を目指して創設された．例えば九老洞と富平の工業用地は，住宅輸出の中小企業のために創られた．政府は中小企業のための他のプログラムと同様，特別地場産業の発展のために必要な資金的便宜を準備した．

　第三に，生産における規模の経済性を高め，また中小企業製品の質と標準化の改善を目的に，中小企業の製品特化と大規模産業との連結を図った．1967-1970年に約300のモデル企業が中小企業の特化製品，ならびに大規模産業との連携強化のプログラムのために選ばれた．このプログラムに適した中小企業は，繊維製品，化学製品，石油製品，農産物，水産物，一般機器，電子機器，輸送用機械の生産者であった．選定された産業には特恵的銀行貸付けが提供された．しかし国内の中小企業および大規模産業ともに，お互いの補完性強化を必要とするまでには発展せず，このプログラムは1971年あたりまでさしたる進展をみせなかった．

　これら主要プログラムに加えて，中小企業の開発のために1960年代の中頃には他にいくつかの重要な対策が取られた．第一に，1964年11月に制定された中小企業ビジネスの調整に関する法律にもとづき，中小企業の適正なビジネスのための保護政策が導入された．この制度が導入されて以来，中小企業の適正なビジネス保護政策の内容が国内産業の状況変化を反映して継続的に修正された．第二に，すべての貸出資金のうち少なくとも30％が中小企業に配分されるよう銀行部門に規制を設けた．第三に，政府は特に原材料の購入や製品販売における中小企業間の協力活動を支援した．

　こうしたすべての対策の結果，中小企業の輸出は1963年にわずか600万ドルであったが，1971年には4億3700万ドルに達した．商品輸出総額に占める中小企業の輸出シェアはおよそ11％から32％にまで拡大した．中小企業に対する国内金融機関の融資は1964年には未払い貸付けのうちわずか約15％であったが，1970年には28％に上昇した．製造業部門のみでみると，中小企業に

　品などであった（EPB, 1968: p. 184）．

対する金融機関貸付けは同期間の全貸付けの中の37%から52%へと増加した．中小企業の輸出シェアが拡大し，銀行の融資が膨らんだにもかかわらず，製造業総生産額に占める中小企業の生産シェアは1963年から1970年までにむしろ減少した．製造業の企業数総計および労働者総数に占める中小企業のシェアは同期間にやや減少した（PGE, 1972: pp. 397-402）．

第4節　主要な社会間接資本の政策（1962-1971年）

1962-1971年の工業生産と輸出の急速な成長を支えるには，社会間接資本の設備を継続的に拡大しなければならなかった．それゆえこの時期に総固定投資のおよそ36%がここに振り当てられた．社会間接資本部門の中で政策の重点が置かれたのが，電力，輸送，通信設備の拡大であり，これらは工業活動に直接必要なものであった．もちろんその他の社会間接資本部門の投資が完全に無視されたわけではない．本節では，1962-1971年の間の三つの主要な社会間接資本設備の拡張について考察しよう．

1　電力不足の解消

1960年代の初め，韓国では電力不足によって産業発展は厳しく阻害されていた．ところが初期の二つの五カ年計画期間に，計画された産業活動の急拡大により将来の電力需要の急増が予想された．二つの計画には，肥料，石油精製，石油化学，鉄鋼，非鉄金属，重機を含む大規模で電力消費の大きい産業用工場をいくつも建設する計画が含まれていた．目前の生産への障害を軽減し，将来に予測される需要増加に応えるために，政府は1962-1971年の期間に電力開発に関する大がかりな計画を準備し実行した．

電力開発計画では，短期間に現存の発電能力を拡大させることが優先された．水力発電所はかなり長い懐妊期間を要し，かつ火力に比べると費用が高いため，この時期の政策的重点は火力発電所の建設に向けられた．

第一次計画期間中（1962-1966年）に，国有の韓国電気会社として釜山火力発電所と寧越火力発電所を含む8基の火力発電所が建設された．一方，水力発電所は春川と蟾津江に2基しか建設されなかった．期間中にこれらの発電所が

第3章 産業政策のダイナミズム

完成した結果,既存の発電能力は40万2000 kWに増加した (OPC, 1967: pp. 573-576). 第二次計画期間中 (1967-1971年) にガソリンタービンとディーゼル発電所を含む15基の火力発電所の建設が完了したが,水力発電所は5基のみの建設であった. 他方,韓国電気会社は老朽化した火力発電所の2基を閉鎖し,また非効率な発電所の設備は外国に売却された. 総合的な成果としてこの期間に既存の発電能力は185万9000 kWに増えた. さらに第二次計画期間中に韓国発電公社は,10基の火力発電所と水力発電所,さらに原子力発電所を含む多くの発電所の建設を計画したが,実際の建設は次の計画期間まで持ち越された (PGE, 1972: pp. 428-430).

二つの五カ年計画期間中にこれらすべての発電所が完成した結果,総発電能力は1961年の36万7000 kWから,1971年には7.2倍増加して262万8000 kWとなった. 比較的短い時間で完成できる火力発電所の建設に政策の重点を置いたために,火力に対する水力発電の割合は1961年から1971年の間に既存の発電能力換算で61対39から87対13へと継続的に減少した. 既存の発電能力の急激な拡大によって総発電量は1961年に17億7000万kW／時であったが,1971年には105億4000万kW／時にまで6倍近くも上昇した (OPC, 1967: pp. 578-581, and PGE, 1972: pp. 426-430). こうして総発電量は急増し,それとともに1964年4月から初めて政府は電力使用制限を撤廃した. 電力販売高は産業成長とともに急速に増加しつづけたが,備蓄電力も1966年の年間最大発電量の2.3%から1971年に約35%まで上昇した (PGE, 1972: p. 421). 韓国の電力供給は1960年代後半から急増した需要を満たすに十分以上となったのである.

発電能力の拡大よりは緩やかであったものの,送電設備と配電設備もまた1962-1971年の間に拡張された. この期間,送電設備は6141 CKT-kmから7526 CKT-kmへと23%拡大した. 変電所は1103メガボルトアンペア (MVA) から3931 MVAに3.6倍増加し,送電線は1万690 kmから2万3402 kmに2.2倍延長された. この送電設備と配電設備の拡充,ならびに不法電力使用に対する取り締まり強化によって1961年に約29%であった送電ロスが1974年には12%と緩やかに減少した.

発電能力が送電設備ならびに配電設備と同時に拡大したために,1961年か

ら1971年の間に韓国の電力普及率は全世帯の21％から49％へと増加した．国全体の平均より電力普及率の低い地方でも，1961年の10％未満から1971年には34％へと上昇した．この期間中，電力普及が進んだために1人当たりの電力消費は70 kW／時から246 kW／時へと次第に上昇した．しかし1971年時点の1人当たり電力消費は，当時1人当たり1000 kW／時を超えていた工業国家に比較すればまだ小さかった．

第一次計画期間中，多様な電力設備の急拡大に要した資本合計は1960年価格で148億ウォンに達し，総固定投資の6.3％に相当した．第二次計画期間中，電力部門の総投資は1965年価格でおよそ1850億ウォンに上り，総固定投資のほぼ10％となった．必要資本のうち50％近くは長期外国借款で賄われる外貨融資により，残りの国内資本はほぼ政府投資と貸付けによって賄われた．

2 増大する輸送需要対策

1960年代の初めの国内交通量は，GNPと外国貿易の規模が小さかったためにまだ少なかった．以降，工業生産高と貿易量が加速的に成長し，人々の生活水準が改善されたために国内交通量は急増した．表3-4に示されるように国内貨物輸送量の総計は1961-1971年の間に約3.6倍，また国内乗客輸送は貨物輸送をわずかに下回ったものの3.3倍の増加であった．この間，貨物輸送と乗客輸送ともに輸送手段別の交通量の規模が著しく変化した．例えば1961年に貨物輸送・乗客輸送でともに最大のシェアを誇っていた鉄道輸送は，1971年にそのシェアを減少させた．他方，特に道路輸送などの交通手段は比較的順調に増加した．

1961年の鉄道輸送は，国内貨物輸送の88％，国内乗客輸送の53％を占め，第一次計画期間中（1962-1966年），政府は鉄道輸送設備の拡大を重視した．実際，同期間中，輸送部門の総投資のうち半分近くがそのために配分された．第二次計画期間中（1967-1971年）に政策の重点は道路輸送に移り，輸送部門の総投資予算のうち62％がこれに配分された（Korean Chamber of Commerce, 1984 : pp. 568-569）．二つの計画期間における輸送部門の主な発展について，それぞれの輸送方法に沿って考察しておこう．

表3-4 国内交通量 (1961-1971年)

	鉄道	高速道路	沿岸航路	航空	合計
貨物輸送 (100万トン／km)					
1961	3,486 (88.2)	323 (8.1)	142 (3.7)	0 (0)	3,950 (100.0)
1966	5,450 (81.5)	558 (8.4)	672 (10.1)	na (na)	6,680 (100.0)
1971	7,841 (55.2)	1,725 (12.1)	4,653 (32.7)	na (na)	14,219 (100.0)
増加倍率 (1971/1961)	2.2	5.3	32.8	na	3.6
乗客輸送 (100万人／km)					
1961	5,372 (53.0)	4,618 (45.5)	136 (1.3)	18 (0.2)	10,144 (100.0)
1966	8,664 (42.5)	11,463 (56.2)	197 (1.0)	55 (0.3)	20,379 (100.0)
1971	8,750 (26.2)	24,109 (72.1)	256 (0.8)	314 (0.9)	33,429 (100.0)
増加倍率 (1971/1961)	1.6	5.2	1.9	17.4	3.3

資料：PGE, 1972: pp. 441-442.
注：（ ）内の数字は，各年で総交通量に占めるそれぞれの輸送方式のシェア（％表示）．
na：入手不能．

(1) 鉄道輸送

鉄道線路の延長のために，政府は黄地と慶北線を含む14の新しい線路建設に着手した．しかし第一次計画期間中に8本の線路，総距離はおよそ144kmしか完成できなかった（OPC, 1967: pp. 615-634）．第二次計画期間中には，前の計画期間に開始されたものを含む7本の新しい線路，総距離143kmの線路が完成した．第二次計画期間中に新たに7本の線路建設が着手されたが，1971年までには完成しなかった．鉄道線路の延長に加えて政府はディーゼル鉄道車両，乗客車両，および貨物車両を含む機関車数や鉄道車両数を相当増やし，鉄道輸送能力を強化した．1962-1966年に92両のディーゼル機関車と2256両の車両，計画期間の後半には80両のディーゼル機関車と約5430両の車両を備えた．車両総計のうちおよそ半分は輸入，残りは国内で生産された．ディーゼル機関車と鉄道車両はすべて輸入に依存した．枕木，信号設備，電力と通信の設備，鉄道の駅，その他の設備を含む多様な鉄道設備の拡充のために相当な投資

資金がつぎ込まれた.

(2) 道路輸送

多くの産業道路や橋梁が新たに建設され,既存の道路は第一次計画期間中に舗装もしくは補修された.しかし1966年においては砂利道や補修されていない道路を含めてその総距離2万8144 km 中,舗装道路はわずかに58% であった.道路の総延長は第二次計画期間中に約44% 増加し,1971年に4万635 km に達した.その年までに舗装された道路は,新しく建設された高速道路を含む全道路の14.2% を占めた.道路輸送に関して第二次計画の最も重要な成果は,複数の高速道路の建設であった.国家初の高速道路であるソウル―仁川間の高速道路は,1968年11月に完成した.ソウルと釜山をつなぐ最も重要な高速道路は2年5カ月の集中的な建設工事を経て1970年7月に完成した.湖南高速道路のうち大田・全州間と永同高速道路の新葛・セマル間は,それぞれ1970年と1971年に完成した.1969年には彦陽・蔚山間の民間有料道路が作られた.その結果,第二次計画期間中に高速道路の総距離はゼロから655 km に延長された.

一方,乗用車,トラック,バス,および特別目的車などの自動車保有の総台数は,1962年には2万8974台であったが,1966年には4万8838台に増加した.1971年には14万269台になり,9年間で4.8倍増加した.この中で乗用車が期間中に最も急速に増えた.自動車数は急激に増加したものの,現存の自動車の大部分は15年以上も経過した老朽車であり,取替えを必要としていた.

(3) 海上輸送

第一次計画期間中に10万3191総トン(GT)の27隻の大型船が輸入された.他方,国産の船舶は4571 GT から1万6762 GT へと3.7倍増加した.1966年12月には約30万8000 GT に当たる2172隻の船舶(漁船を除く)を保有していた.そのうち海洋航海船はわずか80隻,残り2092隻の船舶は沿岸航海用であった.沿岸航海用船舶の多くは木製で,そのうち36% は20年以上経過した老朽船であり,取り替えが不可欠であった.第二次計画期間中,海洋航海船の総積載トン数は主に海外からの長期信用により中古船舶を輸入して3.3倍増加

した.その結果,1971年の積載トン数は74万2000GTに達した.一方,沿岸航海船舶は2.4倍増加して1971年に20万6000GTとなった.エンジンや船舶装備の取り替え,船体の修理によって既存の船の質的改善が促された.海洋航海船は急増したが,海洋航海貨物船のGTに占める韓国船のシェアは1961年の28.1%から1971年の23.0%へと次第に減少した

この間,港の拡張や港湾設備の拡充が進められ,投資資金の相当分が配分された.海上交通の増大に対応するために灯台の拡張・改善も図られた.

(4) 航空輸送

乗客と貨物輸送を含む航空輸送の需要は,1962-1971年に急増した.この時期,国内航空輸送の需要は国際航空輸送よりも急速に増大した.需要が急増する一方で,1962年に営業を開始した韓国航空公社は数機の航空機しか保有していなかった.第一次計画期間中,国内線と国際線の定期航空便数は限られており,外国航空会社が国際定期航空便の大部分の需要に応えていた.1969年3月に韓国国内航空(KNA)が民営化され,大韓航空(KAL)が誕生した.以降,韓国が保有する飛行機は急増し1971年までに19機に達した.韓国にくる定期航空便を持つ外国航空会社が急増したが,KALも韓国発航空便に占めるシェアを拡大することができた.

韓国国旗を掲げる飛行機が急増するとともに,航空インフラは1962-1971年に増強された.例えば,飛行安全装備,飛行場,民間飛行機に関する電力と通信の設備,飛行場の建物などの拡充であった.

3 通信ネットワークの拡大

多様な通信サービスは慢性的な需要超過であり,1962-1971年に通信設備は急速に拡張された.しかし通信設備の拡張,通信技術の向上,多様な設備のより効率的な利用にもかかわらず,特に電話サービスなどの通信サービスの超過需要は1971年まで解消されなかった.継続的に成長をつづける経済活動ならびに人々の生活水準の向上にともなって,これらのサービスに対する需要が伸びつづけたからである.

1962-1971年の期間中,政府は四つの主要な通信設備の拡大を重視した.郵

便局,近距離電話,長距離電話,通信設備などであった.二つの五カ年計画の主要成果とその効果について,通信手段ごとに要約しておこう.

(1) 郵便局

韓国の郵便局数は 1961 年に 804 局であったのが,1966 年には 1768 局に増え,さらに 1971 年には 1868 局になった.10 年間で 2.3 倍に増えたことになる.その結果,「面あるいは邑」と呼ばれる地域では 1970 年代の初めまでに一地域に一局以上の郵便局が存在するようになった.郵便ポストの数も 1961 年の 6952 台から 1971 年には 1 万 5892 台に約 2.3 倍増加した.郵便設備の拡大によって郵便局が扱う国民 1 人当たりの年間郵便数は 1961 年から 1971 年の間に 62 通から 183 通にまで急増した.

(2) 近距離電話

通信部門に充てられた投資資金のおよそ 60% は近距離電話の拡張に配分された.地域電話線は 1961 年の 12 万 3000 本から 1971 年の 62 万 4000 本へと 5 倍増加したが,これは都市部での電話に対する需要増大を反映したものであった.その結果,1000 人当たりの電話加入者数は 1961 年に 5 人から 1968 年には約 11 人,さらに 1971 年には 17 人へと着実に増加した.自動電話交換システムの地域電話線は徐々に増え,1970 年代の初めにすべての近距離電話に占める割合はおよそ 70% に達した.

(3) 長距離電話

長距離電話回線は 1961 年に 1117 であったのが,1971 年には 7926 までに 6.7 倍増加し,主要な四つの通信設備の中で一番高い増加率を示した.長距離電話回線の大幅な延長により,需要の急増に対応することができた.事実,電話加入者 1 人当たりの長距離電話の回数は 1961 年 92 回であったのが,1971 年には 212 回へと約 2.3 倍増加した.

(4) 通信設備

通信設備は 1962-1971 年の 10 年間に敷設された電信回線の数はほぼ 5 倍増

加した.敷設した電信回線数は1961年から1971の間に265から1309へと飛躍的に増加した.通信設備の拡大によって国内・国際合計の電報の平均数は1961年1000人当たり1.5通から1971年4.0通へと10年間でおよそ2.7倍増加した.

輸出志向工業化戦略の採用とその発展に焦点を当てながら,朴政権の前半期 (1961-1971年) における韓国産業政策のダイナミズムについて考察してきた.この考察を下に,この期間に取られた政策措置を評価してみたい.

第一に,1961-1963年の間,韓国経済を運営した軍事政権は輸出促進と産業成長のために多様な対策を試みたが,輸出志向工業化戦略に完全に転換することには失敗した.失敗の主な原因は,(1) 国内インフレ率の加速化につながった拡張的需要管理政策,(2) 歪んだ価格構造を改善できなかった多くの特別措置の導入の二つである.軍事政権を引き継いだ新しい文民政府は,開発戦略の中に整合的なインセンティブ制度を確立することにより,輸出志向工業化戦略へと完全に転換した.この時期,国内インフレが大きく減速したことに加えて,歪んだ価格構造を解消するために入念に計画された改革パッケージを文民政府が実行したことが成功の原因であった.

第二に,1960年代前半に輸出志向工業化戦略に移行して以来,輸出の急成長とそれにともなう工業成長は長らく継続した.その意味で輸出志向戦略への転換がまさに国家の工業化において重大な分岐点となった.他の開発途上国のほぼすべてが輸入代替を目指した工業化戦略を追っていた時代に,賢明にもこうした政策転換を実行したことが1960年代の朴政権の功績であった.1960年代前半に米国資金援助の急減に直面して,外貨不足が重大な問題となったが,この厳しい事態に対応した朴政権の現実的なアプローチがこの政策転換につながった.

第三に,政府は1961-1971年に重化学工業の重点産業や主要な社会間接資本の開発を推進したが,これは朴政権が追求した国家主導の工業化によって経済成長の最大化を図るという政策を基本としていた.政府が重化学工業の開発を重視し始めたのは1960年代であり,正式に大がかりな重化学工業の開発計画を開始した1973年よりもはるか以前であったことが注目されねばならない.

政府の選択的介入は工業化の急速な進展をもたらしたが,望ましくない副作用をともなっていた.例えば1960年代の後半に資金的に債務超過に陥った企業が深刻な社会問題となり,また少数の財閥に経済力が集中したことも1960年代の問題であった.

第四に,輸出志向工業化戦略に転換して以降,韓国の輸出は急拡大しつづけたが,それによって1960年代の後半と1970年代に高度の工業化と経済成長が可能となった.しかし輸出の急成長や工業化の進展にもかかわらず,国際収支は政策転換の後もさして改善されなかった.その主な理由として政策転換以降も輸入が急速に拡大したことがあげられるが,これは輸入自由化の進展によって輸入が誘発されたというよりは,成長最大化政策にともなって生じた慢性的な超過需要がその原因であった.

最後に,工業生産を支援する主要な社会間接資本が需要の増大に応えるべく,1961-1971年に急速なペースで拡張された.第4節では一貫した時系列データが利用できなかったために,社会間接資本が提供するサービスの価格政策の評価は不可能であったが,政府は全般的に主要な社会間接資本のサービス価格を低水準に抑えていたと思われる.低価格政策にはサービスを必要とする産業部門支援のみならず,国内価格安定化の狙いがあった.社会間接資本サービスの低い価格を補償するために,政府は特恵的な低利融資や外貨融資(外国借款を含む),財政資金などを提供し,社会間接資本部門の拡大のために間接的な補助金を与える必要があった.おそらく社会間接資本サービスの低価格政策によりかえって需要が急速に高まり,この部門に一段と大きな投資が必要となったのであろう.しかしそれが結果的に韓国の産業成長を促すことになった.この意味で社会間接資本サービスの低価格政策は朴政権の成長最大化政策の重要な手段であった.

結局,1961-1971年に韓国が急速な経済成長を達成したのは,次の二つの成長促進要因の組み合わせであると結論できる.(1)1960年代の前半に導入された輸出志向工業化戦略に整合的な適切なインセンティブ制度の採用,(2)選択的介入政策を通じて実行された工業化への政府のビッグプッシュである.前者は,資源配分のための価格政策の手段であり,後者は,非価格政策あるいは行政政策手段であった.したがって,二つの要因は理論的には相互に矛盾するか

も知れない．換言すると，一つは，歪んだ価格構造の解消を目的としているのに対して，もう一つは，新しい価格の歪みを導入する．韓国の場合，実際には二つの要因が異なる分野で働いていたので，二つを組み合わせることにより輸出拡大と産業成長促進の双方が可能であった．インセンティブ制度は主に外国貿易の分野で機能し，政府のビッグプッシュは製造業と社会間接資本部門の両分野で用いられた．

朴政権の後半期（1972-1979年）においてもなお，輸出に主導された急速な工業化はつづいた．1960年代の前半に開始された成長促進の二つの要因は，1970年代の初めから多少の修正はあったものの，輸出拡大と産業成長を実現する上で有効でありつづけたように思われる．二つの成長促進要因に加えて，朴政権の前半期に達成された驚異的な工業成長が，後半期の一層の工業化の進展と持続的経済成長の基礎になったというべきである．そうした意味で政策転換とその帰結である1961-1971年の急速な工業成長は，その後20年以上にも及ぶ継続的で急速な工業化にとって重要な開始点となったのである．

年表：1961-1979年

1961年7月22日	経済企画院の創設
1961年7月	経済復興推進協会（後に韓国産業連盟に名称変更）の設立
1961年7月27日	革命政府白書の発刊
1961年12月20日	外国資本促進委員会の設立
1962年1月5日	第一次五カ年経済開発計画の発表
1962年5月	中小企業協同組合中央会の創設
1962年6月18日	建設部の設置
1962年12月29日	輸出振興委員会の設置
1963年12月17日	経済科学審議委員会の創設
同　日	内閣企画調整局の創設
1965年6月21日	大統領を議長とする輸出振興拡大会議が青瓦台で開催
1965年7月1日	政策評価教授団の創設
1966年2月4日	韓国科学技術院の設立
1966年8月12日	韓国の国際経済諮問機関の創設
1967年3月30日	科学技術部の発足
1970年7月	韓国労働者連盟の創設

1970 年 12 月 7 日	青瓦台で特別補佐制度が導入され経済問題担当の補佐官を二人任命
1971 年 3 月 1 日	韓国開発研究院の創設
1972 年 8 月 3 日	経済成長と安定に関する緊急令の宣言
1973 年 5 月 1 日	重化学産業推進委員会の発足
1973 年 7 月 14 日	長期資源委員会の発足
1974 年 1 月 14 日	国民生活の安定に関する緊急令の宣言
1975 年 11 月 27 日	中東問題研究所の創設
1978 年 1 月 1 日	朴大統領が新年の演説で自足経済と自立的国防を強調
同　日	エネルギー資源部の創設
1981 年 1 月 25 日	韓国開発研究院が経済企画院に「1977-1991 年にわたる長期的な経済社会開発展望」を報告

参考文献

Balassa, Bela and Associates, *Development Strategies in Semi-industrial Economies,* Washington, D. C.: World Bank Publication, 1982.

Bank of Korea, *Annual Report for 1962* (in Korean), Seoul: BOK, 1963.

―――, *Annual Report for 1963* (in Korean), Seoul: BOK, 1964.

―――, *National Income Accounts,* Seoul: BOK, 1984.

―――, *National Accounts,* Seoul: BOK, 1990.

Brown, Gilbert T., *Korean Pricing Policies and Economic Development in the 1960s,* Baltimore: Johns Hopkins University Press, 1973.

Cole, David C. and Young Woo Nam, "The Pattern and Significance of Economic Planning In Korea", in I. Adelman ed., *Practical Approaches to Development Planning: Korea's Second Five-Year Plan,* Baltimore: Johns Hopkins Press, 1969.

Economic Planning Board, *Economic White Paper for 1962* (in Korean), Seoul: EPB, 1962.

―――, *Economic Survey 1968,* Seoul: EPB, 1968.

―――, *Economic Policy in the Development Age: The 20 Years History of Economic Planning Board* (in Korean), Seoul: EPB, 1982.

Frank, Charles R. Jr., Kwang-Suk Kim, and Larry E. Westphal, *Foreign Trade Regimes and Economic Development: South Korea,* New York: NBER, 1975.

Jones, Leroy and Il Sakong, *Government, Business and Entrepreneurship in Economic Development: The Korean Case,* Cambridge: Harvard University Council on East Asian Studies, 1980.

Kim, Chung-Yum, *The Thirty Years History of Korean Economic Policy: Memories* (in Korean), Seoul: Chungang Ilbo, 1992.

Kim, Kwang-Suk, "Korea", in D. Papageorgiou, M. Michaely, and A. Choksi eds., *Liberalizing Foreign Trade: Korea, the Philippines, and Singapore,* Cambridge: Basil Blackwell, 1991a, pp. 1-131.

―――, "The 1964-65 Exchange Reform, Export Promotion Measures and Import Liberalization Program", in Lee-Jae Cho and Yoon-Hyung Kim eds., *Economic Development in the Republic of Korea: A Policy Perspective,* Honolulu: East-West Center, 1991b.

―――, "Trade and Industrialization Policies in Korea: An Overview", in G. K. Helleiner ed., *Trade Policy and Industrialization in Turbulent Times,* London: Routledge, 1994.

―――and Joon-Kyung Park, *Sources of Economic Growth in Korea: 1963-1982,* Seoul: KDI Press, 1985.

―――and Michael Roemer, *Growth and Structural Transformation,* Cambridge MA: Harvard University Council on East Asian Studies, 1979.

―――and Larry Westphal, *Korea's Foreign Exchange and Trade Policy* (in Korean), Seoul: KDI Press, 1976.

Korean Chamber of Commerce, *One Hundred Years of Korea's Commerce and Industry* (in Korean), Seoul: KCC, 1984.

Office of Program Coordination (OPC, Cabinet), *An Evaluation Report on the First Five-year Economic Development Plan* (in Korean), Seoul, 1967.

Oh, Won-Chul, "A History of Industrial Strategic Corps", *Korean Economic Daily Newspaper* (in Korean), July 29, 1992.

Professorial Group for Evaluation (PGE), *Evaluation Report on the Second Five-year Economic Development Plan* (in Korean), 2nd Volume, Industrial Sector, Seoul: ROKG, 1972.

Republic of Korea Government (ROKG), *The First Five-year Economic Development Plan, 1962-66* (in Korean), Seoul: ROKG, 1962.

―――, *The Second Five-year Economic Development Plan, 1967-71,* Seoul: ROKG, 1966.

Rhee, Yung-Whee, B. Ross-Larson and G. Pursell, *Korea's Competitive Edge,* Baltimore: Johns Hopkins University Press, 1984.

第4章　国家主導の近代化と科学技術政策

金　仁　秀

　工業化と技術発展の観点からみて，韓国の驚異的な発展に匹敵するような経済発展は世界にはほとんど例がない．実際，韓国は1962年から1979年の17年間に自給的農業経済から新興工業経済へと変貌した．1961年までの韓国は今日の貧しい国が直面しているほぼすべての困難を抱えていた．しかし，1962年から韓国経済は平均してほぼ9%の年間成長率で成長し，1人当たりGNPは1962年の87ドルから1979年には1644ドルにまで上昇した[1]．

　韓国はまた輸出においても驚くべき成長率を達成した．韓国の輸出は1963年ではたった4000万ドルであったが，1979年までに150億5000万ドルに増加した．輸出に占める工業製品のシェアは同期間に14.3%から90.0%以上に上昇した．輸出構造にもまた重要な変化が起こった．1960年代の半ばに韓国は，織物，衣料，玩具，かつら，合板などの労働集約財の輸出を開始した．それから10年後，韓国の船舶，鉄鋼，民生用電子製品，建設サービスの輸出は，先進工業国の既存の供給者に戦いを挑んだ[2]．韓国は日本が25年かかり，英国が50年以上かかったことを15年間で達成した[3]．

　一体どうやって韓国と韓国企業はそうした工業化における驚異的な成長をわずかな期間で達成することができたのだろうか．重要な成長要因は何であろう

---

(1) 1961年の韓国の1人当たりGNPはスーダンより低く，メキシコの3分の1以下であった．しかし1962年から韓国経済は平均してほぼ9%の年間成長率を実現し，1991年までに韓国の1人当たりGNPはスーダンの12.4倍，メキシコの2.1倍となった．
(2) 1980年代に，コンピューター，半導体記憶チップ，ビデオカセットテープ，通信機器，自動車，産業プラントなどの技術集約的製品もまた韓国の主要輸出品目のリストに加えられた．
(3) Ward, Robert, "The Rise of East Asia", in *Governing the Market*, Princeton, NJ: Princeton University Press, 1990.

か．本章はこれらの質問に答えるために，(1) 科学技術開発に関係した国家政策，(2) 技術発展過程における国家と民間部門との交流，(3) 1970 年代の国家政策に対応した企業のミクロ的経済行動について考察する[4]．技術変化は，一国の経済発展における主因であることが広く知られている．多くの先行研究では，工業国の長期経済成長の 50% 以上が生産性上昇もしくは新製品，新プロセス，新産業につながる技術変化に起因していることが示されている (Denison and Poullier, 1967; Goldsmith, 1970; Grossman, 1991)．しばしば提起される課題は，先進工業国の産業発展にきわめて重要であったと考えられる科学技術が，開発途上国の経済と社会発展のためにどうしたらこれを有効に用いられるかである (Kim, 1980)．

韓国の急速な工業化には，多くの経済的，社会的，技術的要因が存在する．しかしこれらの中で最も重要なものは，長年にわたる技術能力の蓄積から生じた産業技術変化であろう．技術能力は，多様な経済的，社会的，技術的な投入物がからみ合って生み出されるものである．また技術能力とは，価格と質の両面で競争力を保つために生産，投資（複製と応用を含む）および革新に技術知識を有効に用いる能力のことである．技術能力によって既存の技術を吸収し，使用し，適応させ，変化させることができるようになる．それによって経済環境の変化に合わせ，新技術を開発し，新しい製品と製造工程を発展させることが可能となる．

韓国には文明化と科学的研究の長い歴史がある．例えば世界で最も古いといわれる現存の天文台は紀元 647 年に韓国に建設された．それ以降，韓国人は，天球時計，自動水式時計，水時計，日時計などを発明したが，これらはより正確な暦の発展につながった．7 世紀の高い科学的業績にはもう一つの有名な遺跡石窟庵という人造の洞窟寺院があり，これは建設に数学と工学の高度な知識を要するものであった．韓国人はグーテンベルクよりおよそ 200 年も前に活版金属活字をも発明していた．

---

[4]　1970 年代を通し，韓国政府と民間企業は模倣的手段で先進工業国に追いつく取り組みを整えた．1980 年から技術の重点は創造的なものへと転換した．韓国の創造的技術への取り組みに関しては，Kim Linsu, *From Imitation to Innovation: Dynamics of Korea's Technological Drive*, Mimeograph, Korea University, 1994 を参照．

第4章 国家主導の近代化と科学技術政策

　結局，ほとんどが西欧の植民地列強によって初めて建国された開発途上国とは異なり，韓国は独自の素晴らしい文化的遺産を持った新羅以来，1200年以上にもわたる統一的な独立国家であった．しかし韓国は強国に囲まれ（西は中国，北はモンゴルとロシア，東は日本），しばしば外国からの侵略に晒された．最も最近のものは1910年から1945年までの35年に及ぶ日本の侵略であった．

　1945-1953年の間，韓国は経済発展を著しく混乱させるかつてない出来事に遭遇した．第一は，1945年に日本が連合軍に降伏した時，日本人の朝鮮半島からの撤退にともなって生じた政治経済の真空状態と混乱であった．第二は，1945年に朝鮮半島が南北に突然分断され，その結果，鉱業や金属，化学，軍事部門などが北に残り，南はこれを失ってしまったことである．第三は，1950-1953年とつづいた朝鮮戦争であり，産業とインフラが破壊されてしまった．これらにより韓国は「過去のものはほとんど残っておらず，暗い将来に直面した国家」となってしまった（Mason et al., 1980）．韓国は米国の援助によって戦前の経済水準を回復した．それでも韓国は資源の乏しい低所得国が現在抱えるほぼすべての問題に苦しめられていた．米国の援助にもかかわらず，実際の韓国は1960年代の初めまで，現在の新興工業国の中で最も貧しい国家であった．しかし以降，韓国は最高の産業成長率を達成した．

　技術開発に関連した国家政策は，技術のフローという側面からこれを評価することができる[5]．それは外国から開発途上国への技術フローにおける三つの重要な要素，すなわち獲得，波及，国内の研究開発（R&D）である．第一は，外国技術の獲得である．技術は，直接投資，ターンキー工場の購入，特許やノウハウのライセンシング，技術サービスといったフォーマルな方法，ないしは直接的な方法で外国から移転される．外国から移転される技術は開発途上国に技術能力の習得を容易ならしめる重要な源泉である．また機械の輸入（きわめて重要な技術移転の方法）や独自の厳しい製品仕様をこなすためにOEM製品

---

(5) 他にも市場とダイナミズムという二つの視点がある（Kim and Dahlman, 1992）を参照．これらの視点は，二つの理由のためにこの章には含まれない．一つは，市場の視点には本章の主題である技術の供給面のみならず，技術の需要面も含まれるからである．技術の需要面には実際の産業政策が反映され，これは他の章で扱われる．二つに，ダイナミズムの視点では，技術は生成段階から成長段階，さらに成熟段階へと進化していくことが示される．この章は1962年から1979年までの期間を扱っているので最後の二つの段階はさして関係がない．

購入業者が提供する貴重な技術指導などのインフォーマルな形式を通じても技術知識は移転される．教育，訓練，仕事上の経験などのために国民を海外に派遣したり，工学関係の専門誌を調べたり，外国製品の模倣をしたりすることもインフォーマルな技術移転の重要な一部である．開発途上国の地場企業は，これらを用いることにより技術能力を獲得することができる．要するに海外からの技術移転は，フォーマルな方法にしろインフォーマルな方法にしろ，開発途上国の工業化過程において技術変化を起こす重要な源泉である．

第二に，輸入された技術の産業内および産業間での有効な拡散は，経済の技術能力を向上させる重要な要素である．もし技術がある特定の企業に移転されて技術輸入企業だけがそれを使用するならば，他の企業に対して一定期間は独占力を持つかも知れない．しかしその技術の経済的効果はかなり制限されたものである．技術移転の経済的利益が国家にとって最大化されるためには，輸入された技術は経済全体に波及されねばならない．

第三に，輸入された技術を吸収し，応用し，改善し，最終的にはその国独自の技術を発展させようという取組みは，技術移転を拡充し，技術能力の獲得を促すのにきわめて大きな重要性を持つ．海外からの移転や国内伝播を通じて技術は企業に移転されるが，努力なくして吸収同化はできない．知識は多様な経路で移転されるが，それを有効に用いる能力を移転することは不可能である．この能力は国内的努力を通じて技術能力を獲得することにより初めて習得される．外国製品の製造過程の模倣により，さらにはリバースエンジニアリング（分解工学）により，以前に獲得された技術を改良しようとする取組み，さらに独自のＲ＆Ｄの促進などは工業化の進展とともにますます重要になる．他の開発途上国からの圧力に直面して国際競争力を強化するためには，こうした活動が不可欠なのである．

三つの要素は必ずしも継起的に起こるのではなく，むしろ同時に起こるであろう．政策立案者が技術に関連した政策手段を明確に立案するに当たっての重要な問題点がここにある．

第1節　技術移転政策と実際

1　概念的枠組み

　まず，外国技術が市場を通じて移転される場合がある．例えば，技術の供給者とその購入者はおそらく物的な機械に体化された技術移転，あるいは機械から放たれるように移転される技術移転への支払いを市場で交渉する．また外国技術は，市場を通さずに現地の利用者に直接移転される場合もある．この場合，技術移転は，通常は正式な契約や支払いを経ることなく移転される．

　第二に，外国の供給者は移転技術の使用方法についての有効な管理を現地購入者に対して行うという積極的な役割を演じる場合がある．また物的な商品に体化された技術的ノウハウの使用方法に対してはまったく干渉しないという消極的な役割にとどまることもある．第三に，購入者は輸入代替のために新製品を開発しようとする生産者である場合もあるし，また外国技術を用いて生産性や製品の質を向上させようとする利用者である場合もある．市場という媒体，外国供給者の役割，および購入者の役割といった三つの変数は，図4-1に示されているように8個のセルの行列から成る．この図は国際技術移転の多様なメカニズムをそれぞれ特定化し，それぞれの有効性を評価するに際して便利である．

　技術移転に関する研究は，セル1の様式（積極的な供給者と市場媒介）を検証することに焦点を当てている．ここには外国直接投資や外国ライセンシング，技術指導，ターンキー工場に付随する技術移転が含まれる．このセルの外国技術の購入者は，少数の例外を除いてほとんどは生産者である．

　セル2の技術移転は市場を媒介して行われるが，外国提供者の役割はやや消極的で，物的商品に体化された技術的ノウハウを購入者が使用する方式にほとんど干渉しない．新技術を体化した標準シリーズ機械の購入がセル2の主要な移転方法である．このセルの外国移転技術の受取者はほとんどがその技術の利用者である．

　セル3の技術移転は市場を媒介はしないが，外国供給者の役割は消極的である．現地企業がその製品と製法の開発のために行うリバースエンジニアリング，公的R&Dセンターが難度の高い技術を現地企業の技術能力のために行うリバ

	積極的	消極的		
市場媒介	・外国直接投資 ・外国ライセンシング ・ターンキー工場 ・技術コンサルタント ・発注製造機械 (セル1)	・標準機械 (セル2)		
非市場媒介	・外国購入者による 　技術支援 ・外国販売者による 　技術支援 (セル3)	・模倣(分解工学) ・観察 ・雑誌など (セル4)	利用者	生産者

外国供給者側の役割

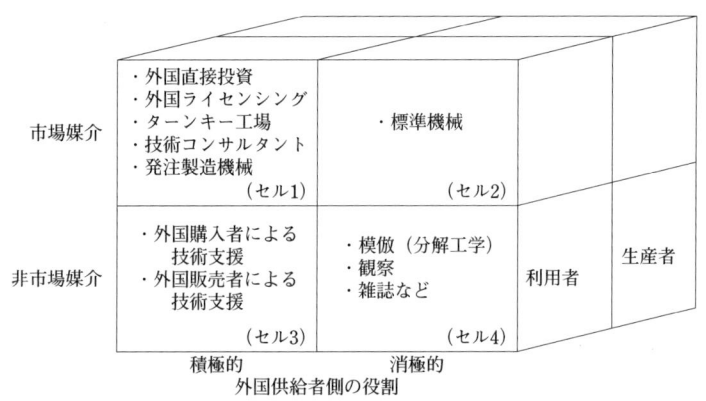

図 4-1　技術移転の模式

資料：Kim (1991).

注1：小規模で標準的な機械を別にすれば，外国人供給者は供給した機械の試作や組立てのために技術者を派遣することが多い．派遣された技術者は購入者側の人々に機械の操作方法を教えたり，購入後のサービスを提供したりする．それゆえ外国供給者側の役割は必ずしも積極的ではなく，むしろセル1の技術移転メカニズムに比べて大きく，セル2に含められるべきであろう．

注2：納入業者のサービスは，販売された機械の操作とは直接関係しない技術支援を指す．むしろ，供給業者は長期購入契約の代わりに，販売された機械とは無関係に機械操作に関する技術情報を提供し技術的コンサルタントを行う．

ースエンジニアリング，さらに多様な公的機関から提供される技術情報サービスなどがその好例である．生産者と利用者がともにこのセルに属するであろう．

セル4では，技術移転それ自体は交渉の対象とはならず，また市場取引きもされない．しかし，外国のパートナーが技術的ノウハウを伝達する上で積極的な役割を演じる．ここには少なくとも二つのまったく異なる事例が存在する．一つは，OEM契約により現地生産される製品の外国購入者は，現地企業が外国購入者の厳しい仕様書に沿った製品を確実に製造するよう，慎重に技術的ノウハウを提供する．もう一つは，部品や機器の外国納入業者が，現地の購入者に対して彼らの製品販売システムに関連する貴重な技術的サービスを供与するという事例である．

この枠組みを使って技術移転に関する韓国の国家政策について簡単に議論しよう．さらにマクロ的な政策環境の下で展開された技術移転と韓国企業の行動についてみていこう．

2 セル1における技術移転

(1) 外国直接投資

韓国政府は，技術移転の国家政策策定のために1960年代に第一歩を踏み出した．当時，韓国の外国直接投資（FDI）政策はきわめて開放的であり，完全所有子会社を含めて合法的な外国資本であればどのような形態のものであれインセンティブを広範に提供した．しかし韓国の政治不安や先行き不確実な経済情勢のために，外国投資は1960年代にはほとんど流入しなかった．

1970年代に政府は外国直接投資政策を転換した．無制限な外国資本流入が国内経済に悪影響を及ぼすのではないかという懸念のために，管理を強化したのである．合弁事業は完全子会社より優先度が高かった．一般的指針が定められ，次の三つの基準が設けられた．(1) 国内市場と国際市場の両方において国内企業との競争を認めない．(2) 外国直接投資には輸出条件を課す．(3) 高度技術ならびに完全輸出志向の場合を除き，外国資本出資比率は50％以下に制限する．こうして韓国は，外国投資を非常に厳しく規制する数少ない国の一つになった．技術が決定的に重要な要素でなく，必要な成熟技術が他の方法（例えばリバースエンジニアリングなどを通じて）で簡単に獲得できる時代にあっては，外国直接投資は技術移転の重要な経路とはみなされなかった[6]．

こうした制限的な政策の環境の下で，外国直接投資が表4-1に示されているように韓国に流入した．外国直接投資は第一次経済開発計画期（1962-1966年）に4540万ドル，第四次計画期（1977-1981年）には7億2060万ドルへと着実に増加した[7]．外国直接投資総額のうち日本が55％以上のシェアを占め，米国がそれにつづいた．米国からの直接投資の平均的規模は日本の2倍以上であった．韓国が労働集約的産業からより知識集約的な重化学産業へと構造変化を経験するにともない，化学，機械，電子電気機器のシェアが着実に高まった．

---

[6] しかし1980年9月に韓国政府はその立場を転換し，外国投資方針を大幅に緩和した．もう一つの重要な改革は1984年7月から効果を持ち始めた．1980年代に政府が外国直接投資に対し開放的政策を取ったのは，より高度な新技術の移転を促進すること，ならびに国内企業の革新的活動を強めるために市場競争を促すことが目的であった．

[7] 1977-1981年にわずかに減少したのは，朴大統領の暗殺，また世界経済の後退により政治社会的不安が起こり，それが韓国経済の不況につながったことを反映している．

しかし，外国直接投資の規模および外部借入れ総額に占める割合は，他の新興工業国に比べて低かった．例えば1983年の韓国の外国直接投資は，ストックの規模でみてブラジルの7％，シンガポールの23％，台湾や香港の半分以下であった．外部借入れ総額に対する外国直接投資の割合は，韓国6.1％である一方，シンガポールは91.9％，台湾は45.0％，ブラジルは21.8％であった（KEB, 1987）．こうした数字は，韓国が多国籍企業の経営コントロールからの独立を保つ政策を取っていたことを明確に示している．韓国では外国資本の源泉として借款がより好まれ，外国技術の獲得ためには他の手段が重視された．

他の多くの開発途上国とは異なり，韓国では外国直接投資は最小限の効果しかもたらさなかった．例えば1972-1980年の韓国のGNP成長に対して，外国直接投資の寄与率はわずかに1.3％であった．総付加価値と製造業付加価値に対する寄与率はそれぞれ1971年時点で11％，48％，1980年では4.5％と14.2％であった．雇用に対する寄与は1971年，1980年に，それぞれ0.2％，1.5％であった（Cha, 1983）．

(2) 外国ライセンシング

外国技術ライセンシングに対する韓国の政策は，1960年代にはきわめて制限的であった．製造業の場合，1968年に出された一般指針では，輸出を促進する技術や資本財産業のための中間財開発技術，さらに他部門に波及効果を持つ技術が優先された．指針ではまた技術使用料3％と使用期間5年を上限として定めた．ライセンシングに対するこの制限的政策のゆえに，国内のライセンス購入者の交渉力は広く利用可能な成熟技術の導入には，技術ライセンシングが制限的でない場合に比べて低い水準に抑えられてしまった[8]．しかし1970年代に外国ライセンシングの国家政策は大きく変わった．国際環境の変化に対応して高度技術を引き付けるために，例えばより高い特許使用料を弾力的に認めるようになった．政府はまた公的R＆Dセンターを通し，民間部門が特定の外国技術ならびにその供給業者を選定し，技術移転の話し合いの場で交渉力を強化するよう支援した．

---

[8] 筆者が1960年代末の外国の特許権使用契約を以前調査したところ，3％の特許権使用料の上限以上を要求していたすべてのライセンス許諾者は，後に3％で合意するようになった．

表 4-1 韓国への外国技術移転　（単位：100万ドル）

	1962-1966	1967-1971	1972-1976	1977-1981	計
1. 外国直接投資					
日本	8.3	89.7	627.1	300.9	1,026.0
米国	25.0	95.3	135.0	235.7	491.0
その他	12.1	33.6	117.3	184.0	347.0
計	45.4	218.6	879.4	720.6	1,864.0
2. 外国ライセンシング					
日本	-	5.0	58.7	139.8	203.5
米国	0.6	7.8	21.3	159.2	188.9
その他	0.2	3.5	16.6	152.4	172.7
計	0.8	16.3	96.6	451.4	565.1
3. 技術コンサルタント					
日本	-	12.1	7.7	20.8	40.6
米国	-	3.1	6.0	16.7	25.8
その他	-	1.6	4.8	17.2	23.6
計	-	16.8	18.5	54.7	90.0
4. 資本財輸入					
日本	148	1,292	4,423	14,269	20,132
米国	75	472	1,973	6,219	8,739
その他	93	777	2,445	7,490	10,805
計	316	2,541	8,841	27,978	39,676

資料：外国直接投資と外国特許権使用料についてのデータは財務部資料から，技術コンサルタントについてのデータは科学技術部から，資本財輸入データは韓国機械工業振興協会から．

　表4-1には，韓国への外国からの技術移転に関する基礎統計を掲載してある．外国ライセンシングの特許料支払いは，第一次経済開発計画期の80万ドルから，第四次経済開発計画期の4億5140万ドルへと増加した．しかしこの増加は1980年代以降の増加と比べるとさしたる額ではない．初期の外国ライセンシングの多くは，現地の技術者の訓練などターンキー工場の操業に必要な技術的支援に関連したものであった．1970年代後半になると米国は件数では日本の半分であったが，特許料支払いの受け取りでは日本を追い越した．一件当たりの平均的な特許料は日本よりも米国が相当高く，米国から使用許可を受けた技術は明らかにより高度なものであった．

(3) ターンキー工場と機械

1970年代の韓国は,外国直接投資と外国ライセンシングを制限していた.他方,技術移転のためにターンキー工場と注文生産機械に大きく頼っていた.例えば,化学,肥料,セメント,鉄鋼,紙といった1960年代と1970年代に発展した中間財産業の操業開始はターンキーの方法にすべて頼っていた.こうした産業の機械設備は,投資規模が比較的大きく,設備に関するエンジニアリングノウハウがきわめて重要であった.そのためエンジニアリング能力を持たない現地企業にとって一番の選択肢は,操業開始に必要な大規模投資と時間的リスクを最小化するために,経験のある外国企業に完全に頼り切ることであった.しかし韓国企業は輸入された技術を短い時間に吸収し,操業開始以後の拡張や品質向上は外国からの支援をほとんど必要とせずにこれを行うことができた.ターンキー工場に関連する技術移転の量を判断する数量化可能なデータはない.

(4) セル2における技術移転

韓国政府は,標準シリーズ機械に体化された外国技術移転に対しても重要な役割を演じた.韓国経済の急速な成長は,それに相応しい生産設備への投資拡大を必要とした.しかし政府の政策は資本財を用いる産業の国際競争力を強化する手段として,外国資本財の輸入に偏っていた.その政策により韓国の資本財産業の発展が阻害されるという犠牲を払いながら,大量の外国資本財を輸入した(Kim, 1993).機械産業の保護は1971年の前半までは比較的弱く,資本財使用者はほぼ自由に外国資本財を利用できた.さらに現地通貨の過大評価や輸入資本財に対する関税免除,国内市場に比べて低利の外国供給者から提供される輸出信用供与などのために,資本財輸入の魅力は高かった(Rhee and Westphal, 1977).

大量の外国資本財の輸入は,韓国企業がリバースエンジニアリングを通じて技術を習得する重要な源となった(Kim and Kim, 1985).表4-1にある技術移転の四つの区分の中で,資本財輸入は額からみて他の技術移転手段をはるかに上回った.資本財輸入額は外国直接投資額の21倍,外国ライセンシングの70倍であった.資本財輸入の総額は他の三つの区分を合計したものの16倍であった.技術移転額は移転様式が異なるために別々の物差しで測らなければ厳密

には比較できないが，他国と比較するには便利な指標であろう．技術移転の総計における資本財輸入の比率においては，新興工業国の中で韓国が最も高かった．アルゼンチン，ブラジル，インド，メキシコなどの新興工業国と比べて，韓国は他のどんな方法よりも資本財輸入を通じて工業先進国から多くの技術を獲得していたということができる（Westphal, Kim, and Dahlman, 1985）．

3 セル3における技術移転[9]

セル3の技術移転では市場を媒介せず，外国供給者の役割は消極的である．韓国政府はセル3の技術移転に対して直接的あるいは間接的な影響を及ぼした．セル3の技術移転は，主に模倣的もしくは革新的なリバースエンジニアリングという形で生じる．第一の直接介入として「新開発の革新的機械」への支援計画がある．韓国政府は革新的機械を開発する生産者のために特恵的融資や税制インセンティブ，さらに外国技術もしくは国内企業によるその模倣によって市場参入しようとする企業を守るために2年間の保護を与えた．加えて特恵的融資はそうした製品の購入者にも与えられ，民間企業による革新的なリバースエンジニアリングを促進した．

第二の直接介入は，公的R＆D機関の設立である．同機関は産業界と共同研究を行う．その目的は，現地企業が外国技術供給先と協働することなく市場を通して新技術を獲得するための便宜を図ったり，また技術移転交渉の場でより強い交渉力を持てるよう支援することであった．前者の例として，日本が市場を失うことを恐れポリエステルフィルム生産技術の使用許可を韓国に与えることを拒否したが，それに対しての韓国の対応があげられる．韓国の化学企業と共同研究を行った公的なR＆D機関がリバースエンジニアリングによって見事に技術を開発し，韓国はオーディオとビデオカセットテープにおいて世界の主要供給者となることができた．後者の例にはカラーテレビの技術に関する民間企業との共同研究がある．1年間の集中的な共同研究を経て，韓国企業は米国

---

(9) セル3とセル4の技術移転は数量化が不可能なため，国レベルでの統計のデータは利用できない．しかしいくつかの研究（例えば，Kim, 1980；Kim and Kim, 1985；Bae and Lee, 1986など）では，セル3とセル4のインフォーマルな方法が，韓国への外国技術移転において大きな役割を演じたことが示されている．

の大手電機メーカー RCA から特許権を受けるに当たって強い交渉力を持つことができた．

　要するに，Utterback (1975) が論じているように，開発途上国における公的な R & D 機関の重要な任務は，産業界が外国技術のフォーマルもしくはインフォーマルな獲得を支援し，円滑な外国技術移転を促進することにある．その役割は，緊急もしくは短期的な問題の解決に当たること，さらに産業界が新技術を獲得する際により有利な立場に立てるよう，その道を開く独自の R & D 活動を支援することである．

　政府が模倣的もしくは革新的なリバースエンジニアリングを促進する上で演じた間接的な役割は，外国直接投資，外国ライセンシング，さらに外国資本財の自由な流入などに対する制限的な導入政策に関連する．その政策は現地の生産者，利用者，販売サービスエージェントなどが高度な外国モデルを学習する機会の確保を目的とした．第一に，多くの生産者がリバースエンジニアリングを通じて製品や製法を開発したことが多くの研究によって示されている（Kim, 1980; Kim and Kim, 1985; Bae and Lee, 1986）．遅れて市場参入した企業でも既存の企業から引き抜いた経験豊かな技術者を使って同じようなことができた．第二に，利用者もリバースエンジニアリングを行うことができた．例えば自動化（FA）機械の利用者が生産性向上のために最初の一式の FA 機械を輸入したとしても，外国モデルを活用してきた経験ならびにチェボル（日本の財閥に相当）内で開発された独自の R & D を基礎として輸入技術を吸収することが可能であり，技術の導入後直ちに FA 機械を操作することができた．後にこれらの企業は，国内の市場が徐々に形成されるにともない，こうした能力を活用して主要な FA 機械生産者となった．第三に，外国輸出業者の現地販売サービスエージェントはそのサービス経験を通して外国技術を吸収し，製造業ビジネスに参入した．28 の CAD/CAM 企業の多くは現地の販売サービスエージェントとして開業し，その後外国のシステムを吸収し輸入代替を目指して独自の R & D 投資を展開した[10]．

---

(10)　KAIST (1986) を参照．

4 セル4における技術移転

技術移転はセル4でもなされる．セル4では技術移転それ自体は市場で取引されず，外国パートナーが技術的ノウハウを移転する上で積極的な役割を果たす．セル3と同じく，数量化できるデータが利用できないために，定性的な評価とならざるをえない．

韓国政府にはセル4の技術移転に影響を及ぼすに際して，少なくとも二つの間接的な方法があった．輸出促進と外国資本財の自由な輸入である．第一に，ブランド名で現地生産された製品を購入する外国人バイヤーは，細心に技術的ノウハウを提供し，現地製造品が外国人バイヤーの厳しい仕様に確実に沿うように努めた．第二に，部品や機器の外国販売者は，その販売製品のシステムに関する重要な技術的サービスを現地購買者に提供した．

結局，政府は外国直接投資や外国技術ライセンシングに関する契約を規制したり，契約以外の方法で外国技術を獲得する者にインセンティブや特恵的融資を提供することにより，外国技術移転を管理し促進するという重要な役割を果たした．政府はまた公的 R&D 機関の設立によって技術移転に大きく貢献した．R&D 機関は，現地企業が技術移転交渉で強い力を持つことに寄与し，外国技術のリバースエンジニアリングにも大きな役割を演じた．韓国は訓練された人的資源と企業家能力により，外国資本財から短い期間に多くのものを学習することができた．こうした政府の政策は，成熟産業における技術能力を向上させるのに比較的有効であったと考えられる．

Westphal, Kim and Dahlman (1985) は，韓国企業が技術移転を活用しながら高い技術能力を習得した方法に関して次のように結論を下した．韓国人は相当な技術能力を獲得した．技術能力の獲得はより高度な技術能力を継続的に習得し実地に応用するという方法で一歩一歩進められた．技術能力獲得のプロセスは明らかに継続して徐々に階段を上がるという，目標志向の努力の一つである．もっとも，実際の生産能力の方が投資能力（さらに創造能力）よりいくぶん先に強化された[11]．いくつかの技術要素は引きつづき移転技術に依存していた

---

(11) 生産能力とは，生産設備を操業し管理するために必要な非常に多くの技術能力を指す．他方，投資能力とは，投資前の実現可能性分析やプロジェクトの実行に必要な能力のことをいう．革新能力は，新製品や新製法を発明し革新したり，既存のものを改良する能力から成る．

とはいえ，ほぼすべての産業で技術要素の一部を選択的に導入することに成功し，順次輸入代替していった．国内の技術能力が外国のそれに代替するとともに輸入パターンは変化しつづけた．

第2節　技術波及政策と実際

韓国政府は，特に中小企業間の技術波及の効果を高めるために，政府，公共，非営利（民間）の技術支援制度の広範なネットーワークを構築した（Kim and Nugent, 1993）．この制度は大きく三つの主要な支援，すなわちサービス技術援助，技術訓練プログラム，技術情報サービスに区分される．ほとんどの支援機関は複数のサービスを提供し，例えば技術支援を行う機関が訓練プログラムや技術情報サービスを行ったりもした．しばしば，これらのサービスは特恵的融資や税制インセンティブにより強化された．図4-2は技術支援に関する制度的な配置図である．

1　政府・公的技術支援制度

政府および公的な技術支援制度は，広範なネットワークでつながっていた．1973年に政府機関の産業発展機構が五つの既存の組織を統合して設立され，大小規模企業のために種々の技術支援組織を統合して技術支援の中心的な機関となった．産業発展機構に助言をする調整審議会には，政府および公的な技術支援機関の代表者のみならず，主要産業団体の代表者も参加した．さらに産業発展機構は独自の支援サービスを提供したが，技術支援，製品や原材料の品質テスト，測定器の検査，中小企業によるR＆D設備の利用便宜などがこれに含まれた．このため産業発展機構はその権限の下に1976年に国家産業技術機関を，1979年に11の地域産業技術機関を設立した．これらの機関は国家が運営する産業技術センターの中心となった．

九つの道および二つの工業都市（釜山と仁川）にそれぞれ一つずつ存在した国家産業技術機関と11の地域産業技術機関は，以下で取り上げられる中小企業振興庁とともに，技術サービスの国家的ネットワークを構成した．これら機関の技術支援プログラムには注目すべき二つの特徴があった．第一に，12月

第4章 国家主導の近代化と科学技術政策　　　　157

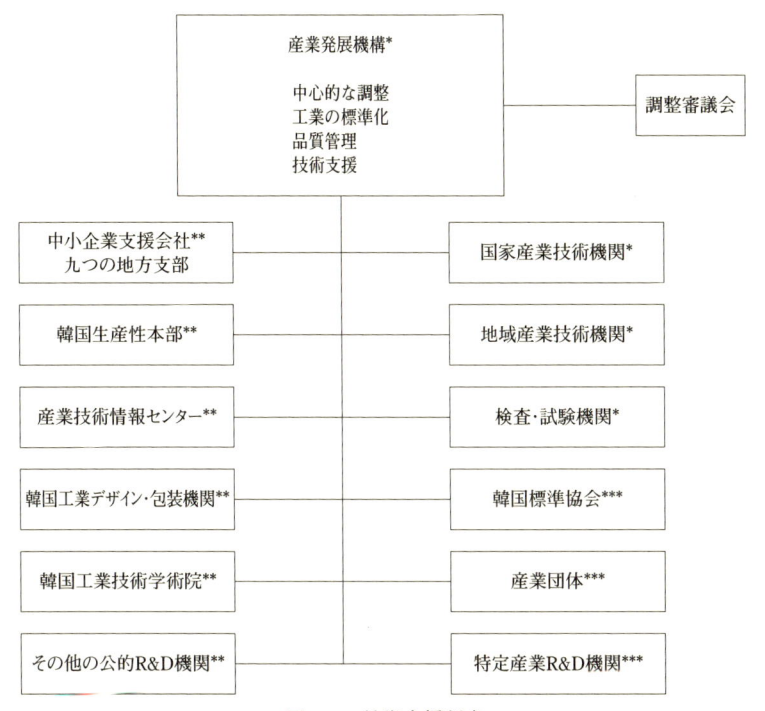

```
                    ┌─────────────────┐
                    │  産業発展機構*    │
                    │   中心的な調整    │──────┬──────────┐
                    │   工業の標準化    │      │ 調整審議会 │
                    │    品質管理      │      └──────────┘
                    │    技術支援      │
                    └────────┬────────┘
```

中小企業支援会社**	国家産業技術機関*
九つの地方支部	
韓国生産性本部**	地域産業技術機関*
産業技術情報センター**	検査・試験機関*
韓国工業デザイン・包装機関**	韓国標準協会***
韓国工業技術学術院**	産業団体***
その他の公的R&D機関**	特定産業R&D機関***

図4-2　技術支援制度

注：*は政府機関．**は政府支援の公的機関．***は民間非営利機関．

から1年の間，企業から技術支援の申し込みを受け付け，これらの企業に技術支援を行うための技術専門家を選抜，派遣した．第二に，日本の慣例に倣って技術スタッフを動員するのみならず，ますます増加する高等教育機関など他の公的・民間機関の技術専門家の間でもネットワークを築いた．

　中小企業のために最も重要で唯一の公的技術支援機関は中小企業支援会社であり，これは1979年に公的機関として創設された．主要なプログラムには，工場近代化，ビジネス転換支援，ベンチャービジネス支援，地方中小企業支援，手工業推進，中小企業設備共有化などがあった．工場近代化プログラムは，中小企業による生産システムの改善支援を目的とした．ビジネス転換支援プログラムは，労働集約型から技術集約型へと変化する産業調整のプロセスにおいて中小企業の事業転換を支援することが目標であった．ベンチャービジネス支援

プログラムでは，技術的に若い中小企業（設立して1年未満）を選択し，これらの中小企業が新技術製品を商品化するのを手助けした．地方中小企業と手工業推進プログラムは，これらを支援して地方の工業化推進を目的とした．中小企業共有化のプログラムは，中小企業間で水力利用工場などの設備共有化を推進した．

産業発展機構とは異なり，中小企業支援会社は個々のプログラムに対して統合的なアプローチを取った．技術支援のみならず，経営や技術の訓練，技術情報サービス，金銭的支援などを提供した．例えば中小企業が工場近代化の許可を申請して受理された時点で，中小企業支援会社は工場近代化に着手するための特恵的融資を与え，トップマネージメントと技術要員のために経営と技術の訓練プログラムを提供した．さらに近代化プロジェクトを実行するために技術支援を拡大し，経営的・技術的情報サービスを提供した．中小企業支援会社はさまざまな地域の中小企業を扱うために全土に九つの支部を持ち，また欧州と日本，米国，最近では中国に合計四つの海外支部を擁する．中小企業支援会社は広範な経営的・技術的訓練プログラムを提供する大規模訓練施設を所有し，いくつかの海外機関と交流して，機関から引退した外国技術専門家を勧誘した．

技術支援プログラムを提供するもう一つの重要な公共機関は，韓国生産性本部である．当初は1957年に非営利民間機関として創設されたが，1960年代と1970年代に大幅に拡充された．生産性本部の目的は工場やオフィスの自動化の推進にあった．また技術支援以外にも自動化に関する技術訓練や技術情報サービスを提供した．ベンチャービジネス設立のために経営顧問の役割を担い，新しい中小企業を支援した．それらサービスには，(1) 新ビジネスの設立や税金に関わる法的支援，(2) ビジネスフィージビリティ調査，(3) 財務資源やベンチャーキャピタルの紹介，(4) 設立以後のフォローアップのコンサルティングが含まれた．

政府の支援する公的R＆D機関は他にもいくつかあり，中小企業に技術サービスを提供した．これらのR＆D機関の詳しい議論は後にまわそう．主に先進工業国の大学やR＆Dセンター出身の韓国の研究者たちは，製造に関するノウハウや初期に大きな需要があった試作モデルを作成する専門知識を欠いていた．

そのため彼らは詳細な青写真を提供する上で外国のライセンサーと競争できなかった．しかし，これらのR＆D機関は経験豊かな研究者を生み出して民間R＆D研究所に異動させるという貴重な役割をも演じた．

1962年に設立された産業技術情報センターも国が支援する公的機関であり，多様な情報サービスを提供した．同センターは産業技術情報の収集，分析および普及活動を行った．会員はオンラインで情報検索するか，手紙や電話によってセンターのデータベースにアクセスできた．しかし初期には，技術的作業が「実地学習」を通じて簡単にできたために，この情報センターは地場企業によって十分には活用されなかった．技術的作業が次第により複雑になるとともに，このインフラは徐々に重要な波及媒体となっていった．

2　民間非営利の技術支援制度

いくつかの民間非営利の技術支援制度も存在した．産業団体（繊維，化学，機械，電子機器，一般の商品など）によって設立された検査・試験機関，韓国標準協会（KSA），産業団体，特定産業のR＆D機関などであった．もし製品が検査試験で規定の品質基準を満たすことができない場合には，特定産業の検査・試験機関が中小企業製品の品質改善のための技術支援を行った．11の地域支部を持つ韓国標準協会は，主に教育訓練プログラムと品質規格化に関する出版を通じて企業を支援した．この支援活動が全体の85％を占めた．訓練プログラムには，品質管理，価値工学，物流，工場自動化などのコースがあった．韓国電子工業振興会や韓国機械工業振興会などの産業団体もまた技術訓練や情報サービスを提供した．

さらに，いくつかの産業も政府から一部支援を受けて独自のR＆D機関を設立した．例えば韓国繊維産業協会がその好例である．それは，1978年に政府が大邱（テグ）に繊維産業のための技術訓練機関を設立した時点にまで遡る．この技術訓練機関は1980年に政府が創設した繊維技術拡張センターと統合・再編されて韓国繊維産業技術研究院になり，産業界の人々により運営された．この新しい機関のサービスには独自のR＆D活動に加えて技術訓練，技術拡張サービス，外国専門家のセミナーへの招待，繊維と繊維機械の博覧会の企画，外国繊維工場見学の企画，技術情報の提供，原材料や製品の品質の検査・試験と認証，国

際協力などがあった．

資本財部門やエンジニアリングコンサルティング企業も重要な技術伝播の仲介者であった．ただ，資本財部門を開発しようという1968年の政府計画は1970年代の半ばまで真剣に実行されることはなかった．地場のエンジニアリングコンサルティング企業の発展は，1973年のエンジニアリングサービス推進法によって促された．しかし，この法律では可能であれば国内企業をすべてのエンジニアリングプロジェクトの主要契約業者とし，外国パートナー企業を二次的参加者とするよう規定していた．こうした規定は国内のエンジニアリング企業の発展を促し，国内企業に経験豊かな外国人から学ぶ機会を与えることを目的とした．しかし未熟な国内のエンジニアリングサービス企業は，工業化の初期年代において波及仲介者の役割を果たすことができなかった．

もともとそれを目的として設立されたものではないが，最も重要な波及仲介者は初期に設立された国営事業であった．肥料や機械の国営工場で近代的な生産の経験を積んだ技術者は，後に異動して民間企業のエンジニアリングと生産部門において主導的な役割を演じた．同じような事例が日本の産業発展史においてもみられた．例えば日本政府は1872年にフランスの技術と技術者の支援により最初の繊維工場を作った．この工場の技術は国内の他の工場にすぐに移転された．1880年までには政府工場で経験を積んだ技能者たちは民間紡績工場を作る上で中心的役割を演じたのである（Shishido, 1972）．

第3節　研究開発政策と実際

民間企業がまったく関心を示さなかった時代に，韓国政府は工業化における国内R＆Dへの取り組みの必要性をすでに予測していた．政府はいくつかの重要な標を築いたが，これが後年きわめて重要な役割を果たすことになった．

1　行政的枠組み

政府は科学技術（S＆T）発展のための組織的取り組みに先だって，S＆T政策に責任を持つ行政組織を再編成しなければならないとの認識を持った．そのために1964年に大統領に助言する最高位の委員会として経済科学審議委員

会を設立した．委員会の目的は，科学者と学界の意見を国家の経済開発政策の立案に反映させることにあった．その責任は，経済的，科学的な側面から長期開発計画についての大統領への助言であった．委員会の委員は大臣であり，実地調査や研究調査活動を行う秘書が大臣を支援した．

S＆Tにとってより重要だったのは科学技術部（MOST）の創設であった．1967年に内閣レベルの省庁が創設された．この取り組みは開発途上国の歴史において初めてのものであった．科学技術部では研究開発，熟練労働者の養成，国際技術協力，研究機関と研究資源の開発，S＆T促進のための好ましい社会的土壌作りなどに関する基礎的政策を策定した．

科学技術部は五カ年経済開発計画を支援するために，五カ年にわたる科学技術開発計画を策定した．しかし政策実施は他の実施機関の省庁に委ねた．科学技術部はS＆T推進に関連する他の省庁が行うさまざまな計画や運営活動を調整する唯一の中心的な調整機関であった．積極的にS＆Tにかかわったのは少なくとも八つの省であった．例えば，韓国への外国資本と技術の移転は経済企画院（EPB）の権限であった．特許，産業規格化，産業技術開発の政策立案と実行などは商工部の権限の下に置かれた．理工学教育は教育省が実行した．

1973年に科学技術審議委員会が創設され，S＆Tへの国家的取り組みが一本化された．同審議委員会は関係するさまざまな省庁や，産業，教育機関の代表者から構成され，大統領が議長となった．審議委員会の役割は，何よりも長期開発政策，S＆T開発と連結した予算全体の調整，人的資源開発計画の調整などについて審議することであった．

こうした行政的システムは表面的には十分なようにみえるが，多くの欠陥があった．政策レベルにおいて科学技術省は大がかりなS＆T政策を発展させたが，実施省庁はその政策にはまともに取り組もうとしなかった．産業政策の形成に力を持っていた経済企画院や商工部といった省庁は，短期的・中期的目標（例えば年間輸出目標の達成などの）に焦点を当て，長期的視点からのS＆T政策には十分な考慮を払わなかった．その結果，科学技術省のS＆T政策は国家開発計画に統合されることはなく，長期的S＆Tプログラムは机上の空論にとどまった．こうした欠陥を是正するために設立された科学技術審議会は創設時に一度簡単な会合が開かれたが，それ以降は一度も機能しなかった．工業化

の初期，必要な技術は機械に体化された形ですぐに利用でき，実地学習は比較的簡単であった．そのために上述した政策手段は，国家独自のR＆Dに対する需要と供給を強化する上でどれも有効ではなかった．

2　法的枠組み

科学技術審議会の設立につづきS＆Tの発展にとって重要ないくつかの法律が制定された．一つは，1967年の科学技術促進法であり，これによりS＆T促進に対する政府の基本的政策が定められた．二つは，1972年の技術開発促進法であり，特に民間企業に革新的活動へのインセンティブを与えようというものであった．三つは，1973年のエンジニアリングサービス推進法であり，国内市場を保護しながら国内のエンジニアリング企業に業績基準を守らせてエンジニアリング能力を向上発展させることを目的とした．四つは，1973年の国家技術資格法であり，試験制度と認可制度を通じて技術を持った専門家の地位を向上させた．

特に技術開発促進法を通じて，産業の技術能力の向上と発展を促進するための多様なインセンティブの枠組みが創られた．これらのインセンティブは外国技術の輸入コストや企業内R＆D活動コストの削減を目的としたが，そのためにR＆D関連機器の輸入関税が引き下げられ，毎年，課税所得からR＆D支出が控除された．また産業のR＆D事業に加速減価償却制を適用し，国内で生まれたR＆Dの成果を引き出した．この法律にはまた技術開発準備金と呼ばれる減税案が盛り込まれた．この案によると企業は1年以内で利益の20％までを内部保留することができ，それをつづく2年間にR＆D事業に使うことができた．

1973年に制定されたエンジニアリングサービス推進法は1977年に改定され，韓国のエンジニアリング企業のための市場形成を目指した．そのためにすべての国内エンジニアリング企業は，可能な限り国内企業を主要な契約者とすべきことが法律に明記された．国内企業が事業を行う能力を持たない場合には，科学技術部の同意を得て海外企業を主要な契約者とすることができた．こうした事例も国内企業に事業参加の機会が与えられたことを示す．

さらに政府は特定産業部門の発展を促進するため，いくつかの法律を制定し

た.これらには,特に自動車産業(1962年),造船業(1967年),一般機械産業(1967年),電子機器産業(1966年)などの発展を目的とした法律がある.これらの法律は市場,生産,技術開発に関する長期計画策定のための基礎となった.専門的製品や生産者には特恵的融資が提供された.

しかし1960年代,1970年代に導入された法的枠組み,特に税金と特恵的融資を通じて産業のR&D促進を目的としたものは,以下の二つの理由からS&T開発の推進にとっては十分なものではなかった.第一に,租税インセンティブを用いて産業のR&D活動コストを削減しようとした政府の措置は,革新に不可欠な競争市場を作り出すための対策がなかったことを主因として,さしたる有効性をもつことができなかった.第二に,R&D活動に利用できる資金は限られており,また1970年代に他の活動に比較してR&D融資に課された利子率は高かった.そのために産業の革新活動の促進には失敗した.こうした金融制度は,1960年代ならびに1970年代の国家開発計画では,産業のR&Dの推進が比較的低い優先順位しか与えられていなかったことを反映している.

3　科学技術インフラ

政府はS&Tの需要がますます高まることを予想して,ソウル科学パークと大徳研究団地を設立し,いくつかの公的R&D機関をそこに収容した.また韓国科学エンジニアリング財団と国家産業技術研究所も創設された.これらの機関は1970年代を通じて韓国の国内R&Dの取り組みの中核的存在となった.

(1) ソウル科学パーク

S&Tと経済開発計画との間には統一性が欠けていたにもかかわらず,S&Tの供給サイドを強化する科学技術部の取り組みは,初期の重要な礎石となった.その一つが,ソウル科学パークの創設であった.ソウルの北東近郊に新しい五つの研究機関を集中させた.それらは韓国科学院(KAIS),応用科学大学院,韓国科学技術研究院(KIST),国防科学研究院,韓国科学技術情報センター,韓国開発研究院(KDI)や経済研究機関が含まれた[12].

---

(12) 革新的活動に対する需要がなかったために,ソウル科学パークは近郊に民間のR&D試験所を誘致することができなかった.さらに,三つある科学技術のR&D機関のうち二つは大徳研究

ソウル科学パークでは，韓国の将来の発展のための長期計画を準備すべく科学者と経済計画者たちの交流促進が企図された．これらの機関は科学パーク調整委員会の下で緩やかに連結された．

(2) 大徳研究団地

S&Tインフラの発展における第二の重要な礎石は，高等技術開発のための新中心地の創設であった．ソウルから200キロほど南の韓国中央部の大田に大徳研究団地が造成された．大徳研究団地の計画が生まれ初期投資が始まったのは1970年代であった．まだ労働集約的な軽工業が繁栄していた時期であった．政府は長期的に重化学工業が発展し，それらを支えるS&Tインフラが必要になることを見通していた．

大徳研究団地には，六つの戦略的な産業研究機関があった．造船，海洋資源，電子機器・通信機器，機械，石油化学，規格化であった．構想は大きく，こうした産業にしっかりとした技術支援を行うだけでなく，全体的な工業化のための基礎研究が企画された．大徳研究団地には大きな大学と韓国科学技術院（KAIST）があったが，これらは大徳研究団地の役割を強化するためにソウルから移転された[13]．多くの企業の高等技術R&D研究所もまた都市の基礎的科学能力の利用を求めて近郊に移転された．

大徳が選ばれたのは，ここがすべての産業地域から最もアクセスしやすいからであった．優秀な専門家たちを招くために，大徳が文化的に魅力あるものになるよう，教育と文化に対する多様な支援サービスも整備された．

(3) 韓国科学技術研究院（KIST）

1966年に政府は産業界の技術的ニーズに応えるために，米国政府の経済的・技術的支援を受けて韓国科学技術研究院（KIST）を総合技術センターとして創設した．韓国初の学際的研究機関としてのKISTはプロジェクトのフィージビリティ調査から新製品や新製法のR&Dにわたる広範な応用研究を行った．KISTは国家のR&D支出総計のうちかなりの割合を占め，先駆的な新製品や

団地に移転した．
(13) KAISTは韓国科学院（KAIS）の新しい名称である．

新製法を開発し,また輸入技術の適用・改善を行って韓国の工業化に重要な貢献をなした.

韓国に帰った科学技術者の給与は大学教授の平均給与のほぼ3倍であった.閣僚や国会議員より高く,その専門性や科学知識が新しい力の源として高い評価を得た.こうした経済社会的なインセンティブによってKISTは初めから高い能力を持った科学者や技術者を引き付けることに成功した.

しかし,1960年代と1970年代には産業界とKISTの交流はうまくいかなかった.先に述べたように,政府によって勧誘された多くの韓国の科学者や技術者は,学術機関や先端研究を行っていたR&D機関の出身者であった.しかし技術院の提供する専門知識に対しては産業界からの需要がなく,他方,技術院の研究者たちは初期に大きな需要があった製造ノウハウや試作品の開発知識に乏しかった.さらに韓国の研究者たちは詳細な青写真や他の製造ノウハウの提供において外国の特許許諾者(ライセンサー)と競争することができず,また初期段階における重要な問題解決に関して産業界を支援することができなかった(IBRD, 1982).

KISTはいくつか重要な研究結果を生み出したものの,産業界はR&D機関のエンジニアリング能力と営業能力に懐疑的であり,研究成果の商品化を避けた.研究成果を産業界に移転させる試みが数回にわたり失敗した後,KISTはそれらを商品化するため独自の生産子会社を設立し,さらにこの子会社に融資と管理を行う持株会社を設立した.

KISTはまた,韓国企業が外国技術を獲得する際の交渉力を高めることにも役立った.KISTとの共同研究によって企業は技術に関する十分な基礎知識を得る機会を持つことができ,その結果,将来性のある技術提供者を選んだり,技術移転の交渉力を持つこともできた.一度技術を輸入してしまえば,企業は共同研究で得た経験により,すぐに技術を吸収し適用することができた.

KISTが果たした最も重要な役割は,産業界が企業内R&Dにまったく興味を示していなかった時代に,経験を積んだ研究者を育成したことである.こうした経験豊かな研究者は後に他の企業に就職して,企業のR&Dセンターで中心的な役割を演じた.

表 4-2 技術支援制度 (1979 年)

機関名	略称	設立年	付属組織
韓国科学技術研究院	KIST	1966	
韓国科学院	KAIS	1971	大学院教育
韓国原子力研究所	KAERI	1973	
韓国機械金属研究所	KIMM	1976	
韓国船舶研究所	KRIS	1976	
韓国電子機器技術研究所	KIET	1976	
韓国通信研究所	KTRI	1977	
韓国資源開発研究所	KRDRI	1976	
韓国総合エネルギー研究所	KIERI	1977	
韓国化学技術研究所	KRICT	1976	
韓国標準化研究所	KSRI	1976	
韓国海洋開発研究機関	KORDI	1978	
韓国タバコ朝鮮人参研究所	KTGRC	1978	
韓国太陽エネルギー研究所	KSERI	1978	
韓国科学技術情報センター	KORSTIC	1962	情報センター

(4) 専門的 R & D 機関

　重化学工業のみならず他の産業でも技術サービスの需要が高まることが予測された．1976-1979 年に政府は既存の研究インフラの機能を補完するために，いくつかの専門的 R & D 機関を設立した．これらの機関の多くは KIST から発展したものであり，特定の重点産業部門に特化した．韓国科学技術院の管轄下であった組織とは異なり，これらの専門的 R & D 機関はそれぞれの産業と深いつながりを持つ関係省庁の下に置かれた．

　表 4-2 に示されるようにこれらの機関には，韓国機械金属研究所，韓国船舶研究所，韓国電子機器技術研究所，韓国通信研究所，韓国資源開発研究所，韓国化学技術研究所，韓国標準化研究所，韓国海洋開発研究機関などがあった．これらは，後年，産業 R & D の拡大に中心的な役割を演じた．

(5) その他の S & T インフラ

　政府は長期的な技術発展を支援するために，他にも数多くの S & T インフラを創設した．1977 年に基礎科学の発展が重要であるとの認識の下，政府は韓国科学エンジニアリング財団を設立した．同財団は，ほとんどが教育志向であった大学の基礎研究活動に財政的支援を与えるための機関であった．初期に設

立されたもう一つの支援機関は韓国科学技術情報センターであり，これは外国の科学技術情報が研究機関や民間部門に効率的に流れることを目的として1962年に設立された．韓国科学技術情報センターは非営利事業として包括的かつ体系的なS＆T情報の収集，解析，普及を行った．

産業技術の発展を支援するR＆D機関とは別に，防衛研究機関として国防科学研究院（ADD）が1970年代の半ばに創設された．南ベトナムが崩壊し，ワシントンで在韓米軍の撤退問題が頻繁に議論され，国防を担う緊急性に迫られて独自の防衛R＆Dが積極的に展開されるようになった．防衛R＆Dは産業に重要な波及効果を及ぼしたが，特に民間部門の機械や通信機器における精度向上に対する寄与は大きかった．

4　企業R＆D促進

産業技術の開発を支援する公的R＆Dインフラの拡大と深化に沿い，1972年に政府は産業技術開発促進条例を公布し，企業内のR＆D活動を推進した．この条例により公共機関との共同研究に対するR＆D補助金，特恵的融資，税制優遇などの多様なインセンティブが民間部門の企業内R＆Dに向けて提供された．その結果，企業のR＆Dセンターは1971年に1カ所だったが，1976年には12カ所に増加し，1979年までに46カ所に増えた．

成熟技術は広く利用可能であり，またそれらが「実地学習」や「実地見学」を通して容易に獲得できたことを考えると，企業のR＆D活動は次に議論されるような理由により1970年代を通して不十分であったといえよう[14]．

対照的に，産業貿易政策が学習熱に強く影響した．政府は幼稚産業の発展のためにきわめて慎重に国内市場を保護したが，他方，狭隘な国内市場の下で経済成長目標を達成するために輸出活動を死活的に重要な要因として位置づけ，企業を飴と鞭で誘導した．韓国経済が主に輸出志向であったことは，少なくとも二つの点において技術能力の急速な獲得につながった．第一に，規模経済を達成するために国内市場需要を超えるような生産能力を維持しようとして大規模投資が展開された．その結果，国内企業は国際競争力を強め，生産能力を最

---

[14]　「ラーニングバイシーイング」は，外国製品をリバースエンジニアリングするために重要な方法である．Kim and Kim (1985) を参照．

大限に活用すべく，活発に技術能力の獲得に走った．第二に，生産者が国際市場に参入するにともない熾烈な国際競争に直面したが，品質と価格の両面で競争力を保つために主に実地学習やリバースエンジニアリング，また経営マーケティングの取り組みなどの面で企業の技術的努力を補完した．

　技術能力を獲得する韓国企業の行動は産業ごとに大きく異なっていた．Kim and Lee (1987) は，能力獲得に当たって中小企業と大量生産工程を持つ企業とがどう異なるかについて詳細に論じた．投資規模は大きいが，活動の経験・能力が不足していた大企業が新工場を迅速かつ円滑に操業開始するためには，外国の技術に大きく依存せざるをえなかった．他方，中小企業は外国技術提供者を探し交渉する組織的能力や財政資源を欠いていたがゆえに，外国機械の模倣的リバースエンジニアリングという長いプロセスを経ざるをえなかった．それにもかかわらず，大企業も中小企業も同様に初めから外国技術を吸収する努力を通じて独自の技術能力を獲得するという，慎重かつ積極的な技術戦略を展開したといっていい．

5　R＆D投資

　表4-3は，1960年代と1970年代のR＆D関連統計を示している．R＆D支出合計は1971年の11億ウォンから1979年には1740億ウォンへと着実に増加した[15]．GNPに対する比率は1963年の0.32％から1980年には0.56％にまで上昇した．民間部門も政府と同様，数年間にR＆D投資を大幅に増加させた．民間部門のR＆D投資は政府が魅力的なインセンティブの提供を開始して以降，企業R＆Dの数は先に示したように大幅に増加した．しかし技術的作業の多くは，R＆Dというよりも模倣的リバースエンジニアリングに傾いていた．韓国の最も優秀な科学者と技術者（すなわちPh. D保有者）の85％が在籍していた大学では革新に対する需要はさしてなく，研究はほとんど行われてはいなかった．

　政府はまたR＆D活動に対して多様な税制インセンティブや特恵的融資を提供した．しかし外国技術が多くの提供者から利用でき，吸収も比較的簡単であ

---

(15)　公定為替レートは1963年で1ドル当たり130ウォン，1979年では1ドル当たり484ウォンであった．

表4-3 韓国の主要 R & D 指標

(金額の単位は1億ウォン)

	1971	1976	1979
R & D 支出	10.67	60.90	1740.04
政府資金	7.29	39.18	94.79
民間資金	3.38	21.72	79.25
政府／民間	68:32	64:36	54:46
製造業	na	16.70	54.51
R & D／売上高	na	0.36	0.33
GNP	3,376	13,881	31,249
R & D／GNP	0.32	0.44	0.56
研究者数（合計）*	5,320	11,661	15,711
政府／公的機関	2,477	3,592	4,256
大学	1,918	4,811	7,050
民間部門	925	3,258	4,405
R & D 支出／研究者（1000 ウォン）	4,306	5,223	11,078
研究者／人口1000人	0.08	0.33	0.42
企業内 R & D 研究所数	1	12	46

*：研究助手，技術者，その他の関連する人員を含まない．
資料：MOST, *Science and Technology Annals*, various years.

ったがゆえに，R & D 投資に対する需要は実業界では明確には感じられず，こうした政策はうまく働かなかった．

第4節 高度知的労働者の育成政策

1 一般教育

韓国の最も重要な資源は人的資源である．日本統治下で人的資源がどれだけ開発されたかについては，専門家の間に合意がほとんどない．しかし1945年に日本の植民地統治が終わった時点で非識字率は78％であり，韓国の14歳以上の人口のうちわずか2％しか中等教育を修了していなかった．この数字が教育に対する日本の低い貢献度を示している．非識字率は1986年には27.9％，1970年に11.6％，1980年にはさらに下がった（McGinn *et al.*, 1980）．

政府の近代化戦略における教育の重要性は，政府の教育投資の中にこれをみることができる．例えば政府予算に占める教育費のシェアは1951年の2.5％

表 4-4 教育に関する総合指標

	1953	1960	1970	1980
識字率（％）	22.0	72.1	89.4	*
各年齢層に占める入学者比率（％）				
小学校（6～11 歳）	59.6	86.2	102.8	101.0
中学校（12～14 歳）	21.1	33.3	53.3	94.6
高等学校（15～17 歳）	12.4	19.9	29.3	68.5
専門学校・大学**	3.1	6.4	9.3	14.9
職業訓練学校卒業生（1000 人当たり）	na	na	31.6	104.5
高等専門学校卒業生（1 万人当たり）	na	10***	11	27

＊：1970 年代中盤からの非識字率はきわめて低いために政府はデータ収集を止めていた．
＊＊：政府は高等専門学校の定数を統制していたが，その需要は定員をはるかに上回っていた．
＊＊＊：1965 年の数字．
資料：教育部ならびに McGinn, *et al.*, 1980.

から 1966 年には 17％ 以上に上昇した．しかし政府の教育支出は教育支出総計のわずか 3 分の 1 であり，残りは民間部門や親によって負担され，このことは韓国社会の教育に対する高い意識を反映していた．立身出世が社会的既得権で決まる社会に比較して，韓国では教育投資の収益はより大きく，また直接的であった．したがって教育に対する民間需要は韓国では一段と高かったのである．

その結果，学校教育のさまざまな段階で入学者数は 1953 年から急増した．小学校の場合には入学者数が 5 倍以上増えた．中等教育や高等教育の段階ではさらに早い増加率であった．高等学校の入学者数は 1945 年から 1984 年の間に 26 倍増え，短大と大学では 142 倍に増加した．表 4-4 は，それぞれの年齢層別にみた学校入学者の比率である．小学校は 1970 年には 100％ に上昇，中学校では 1980 年にほぼ 95％ になった．また 1980 年には高等学校で 70％ にまで増加し，大学教育ではおよそ 15％ に上昇した．

いくつかの他の開発途上国でも，韓国と同じく急速に初等教育が拡充した．しかし韓国に唯一特徴的であったのは，経済発展を支えるためにすべての教育レベルでバランスの取れた拡大が図られたことであった．1950 年代の後半における 73 カ国の開発途上国のデータを利用して，Harbison and Myers (1964) は回帰分析を試みた．これらのクロスカントリー回帰直線から韓国，台湾，ユーゴスラビアの 1 人当たり GNP に対する教育発展度をみると，3 国の経済発展に相応して予想される教育レベルに比べて，韓国は最も上方への乖離を示し

た．つまり1人当たり所得が90ドルであった韓国の教育発展度は，1人当たりGNP 200ドルの国の標準的な人的資源発展度に近かった．韓国が1人当たりGNP 107ドルに達した時点では，韓国の人的資源発展度は380ドルの国のレベルに等しかった．教育レベルが経済発展より急速に上昇したのである．ほとんどの分野で卒業生の数はその需要を超過した．その結果，教育を受けたものの失業が深刻な社会問題となった．

表4-5　生徒・学生数の増加

	1962	1970	1979
4年制大学			
総数	105,238	155,369	420,979
理工系学生	22,680	50,685	139,298
2年制大学*			
総数	14,423	4,009	151,199
技術系学生	6,945	1,332	106,389
高等学校			
総数	315,722	647,180	1,696,792
技術系生徒	33,812	71,798	200,367

*：1970年代初期，政府は2年制大学プログラムを軽視していたが，重化学工業推進計画を打ち出してから方向を転換した．
資料：教育部『教育統計年鑑』1963年，1971年，1981年．

しかし教育を受けた人的資源層の形成にともなって後々の経済発展の重要な基礎が形成され，経済発展とともに人的資源の余剰は急速に吸収された．

2　科学技術教育

(1) 大学教育

教育が拡大する過程で政府は高等教育レベルの理工学教育を拡大，深化させることが重要であると見通していた．その結果，大学レベルでの理工学教育の学生数が次第に拡大していった．表4-5に示されているように，4年制大学の理工学部の学生数は1962年の2万2680人から1979年には13万9298人，2年制大学では6945人から10万6389人へと増えた．

同時に，戦略的な重化学工業それぞれに中枢センター（COE）を発展させるために，1977年に政府は六つの国立大学を指定し重点的に資源を配分した．電子機器の慶北大学，機械工学の釜山大学，化学の全南大学，冶金と精密機器の全北大学，土木工学の忠北大学，工学教育の忠南大学であった．他のレベルでの教育と比べると理工系大学院の教育は質量の両面で軽視されてきた．高度熟練人的資源の開発が緊急かつ重要であると認識した政府は，この乖離を是正する計画を策定した．この計画の最初の成果が大学院プログラムの一般的な拡大であった．将来必要とされる大学院生の規模をまずは量的に達成しようとす

る試みであった.しかし物的設備への投資や新しい教授陣の新規採用が行われなかったために,大学院教育の質は容易に改善されなかった.

(2) 韓国科学院(KAIS)

理工学の大学院教育における新しい研究体制を発展させる方法として,1971年に政府補助により応用理工学大学院たる韓国科学院(KAIS)が開設され,修士号と博士号の学位が授与されることになった.第一級の大学院を作るために,政府は教授陣と学生に驚くべきインセンティブを提供した.教授陣に対してはKISTに新規採用された専門家たちに匹敵する魅力的な金銭的社会的インセンティブを提供した.さらに通常の大学での教育義務は1学期ごとに五つか六つのコースであったのに対し,教授たちが研究に集中できるように1学期ごとに一つのコースを教える義務しか課さなかった.政府は学生に対して授業料,部屋代,食費すべてを賄うに十分な奨学金を提供し,兵役義務免除の特権を与えた.そのためにKAISは最も優秀な学生を集めることができた.

既存の大学,さらに国民議会でさえ,驚異的なインセンティブパッケージを提供したKAISの開設には反対であり,新規に設立するより既存の大学の発展向上を図る方が経済的であると主張した.しかし大統領はKAISの設立を推し進め,これが韓国初の研究志向の大学院となり,既存の教育志向の大学の一つのモデルになった.教育部の下にある既存の大学を支援するのではなく,科学技術部の権限の中で新しい大学院を創設することは,新しい皮袋に新しい酒を入れるという合理的な論理であった.新しい研究志向の学校には伝統に縛られた教育省とはまったく異なる文化が必要だったのである.

(3) 海外訓練

海外訓練と海外視察もまた韓国の特徴的な人的資源開発の方法であった.韓国は冷戦の地政学により,1950年代に外国援助を最も多く受け入れた国の一つとなった.しかしそうした援助がどれだけ韓国経済の建て直しに貢献したかには,議論の余地がある.なぜなら大規模な援助が1960年代半ばに終った時点で,韓国の超高度成長が始まったからである.政府や実業界,学界の年長者の多くは,経済援助プログラムによって主に米国で海外訓練を受けた(Mason et al., 1980). この海外訓練の伝統は今日までつづいている. 韓国における高等レベルの学生で海外訓練を受けた者の比率は, アルゼンチン, ブラジル, インドに比べて2倍ほど高く, またメキシコに比較しても高かった (Westphal, Kim, Dahlman, 1985).

(4) 国家主導の逆頭脳流出

韓国は1960年代を通して深刻な頭脳流出問題を抱えた. 韓国の頭脳流出の特徴は, 韓国内で学位を取得した高度人的資源の移住というより, 先進工業国で専門訓練や学位を獲得した学生たちが帰国しないことであった. 1967年時点で, 韓国の科学者の96.7%, 技術者の87.0%が先進工業国, 特に米国に残留していた. 対照的に, 世界全体の留学生でみると, この残留比率はそれぞれ35.0%と30.2%であった. 韓国人の科学技術者は米国だけでおよそ869人いたのに対して, 国内に居住するすべての分野の博士号取得者は79人であった (Hentges, 1975).

海外の韓国人科学技術者を国内に呼び戻す政府の体系的な取り組みは, 先に述べたKISTが設立された1966年に始まった. 国家的取り組みの特徴は奨励というより指令的であり, 経験豊かな科学技術者を大変魅力的な報酬パッケージで熱心に本国に帰国させようとした. KISTはまず研究員, 次に技術員という優先順位で本国帰還への奨励策を強化した. 運営スタッフが研究員と技術員を手伝う仕事に就いた. これは知識階級の官僚が技術者を指揮していた昔からの韓国の行政文化からみると大幅な転換であった. 朴大統領は文民官僚制を犠牲にしてまで, 韓国帰還者への誘因を強めるのに大きく貢献した (Yoon, 1992).

海外の韓国人科学技術者たちはこれに熱烈に反応した. 1966年に約500件の問い合わせがあり, 第一弾のメンバーとして18人 (14人は博士号取得者) が新規採用された. 1975年にはその数は68人に達した. 表4-6に示されているように1980年までの永久韓国帰還者の合計人数は276人, 一時帰還者は277人であった. 国家主導の韓国帰還プログラムは, 先進工業国に戻ったものがほとんどいないという事実からみて成功だといえよう. 政府の積極的な本国帰還プログラムは産業界のモデルとなり, 産業界は高度技術産業に挑戦するた

表 4-6 逆頭脳流出

韓国帰還のタイプ	1968-1980
永住帰国	
公的 R & D 機関	130
大学	139
産業界	3
その他	4
小計	276
一時帰還	
公的 R & D 機関	182
大学	21
産業界	13
その他	61
小計	277
合計	553

資料：Yoon (1992) の表 2 から算出．

表 4-7　製造業の技術者，生産ならびに管理における人的資源

雇用形態	1960	1970	1980	1980/1960
技術者	4,425	16,252	44,999	10.2
ワーカー	404,735	1,188,406	2,206,851	5.4
管理者	31,350	47,166	69,585	2.2

注：運輸・輸送と通信部門の労働者は製造業に含まれる．
資料：韓国教育開発研究院 (1983), Amsden (1989) から部分的に引用．

めに 1980 年代と 1990 年代に優秀な研究者を積極的に採用した．

製造業部門はこれら教育された人的資源を生かすべく，生産・管理部門の人員に比較して技術者を大幅に増やした．表 4-7 では技術者数が 10 倍に増加しているが，ワーカーと管理者はそれぞれわずかに 5.4 倍と 2.2 倍に増えただけである．こうして技術者たちは韓国の技術発展において必要不可欠な役割を演じたのである．

3　職業専門教育

(1) 中等教育の技術訓練

政府は中等教育での技術訓練を重視した．表 4-5 に示されているように技術

高等学校の学生数は 1962 年には 3 万 3812 人であったが，1979 年には 20 万 367 人に増加した．重化学工業化に備えるべく，政府は機械技術の高等学校を 10 の道のそれぞれに設立した．

(2) 職業訓練機関

職業訓練もまた韓国の熟練した人的資源の形成に重要な貢献をなした．初期には外国援助で設立された公共職業訓練センターはほとんど存在しなかった．しかし職業訓練の体系的な計画は，職業訓練法が学校教育制度を補完するために 1966 年に制定された時点で始まった．1974 年に政府は 300 人以上の労働者を雇用するすべての企業に対して，工場内訓練を義務付ける法律を制定した．この法律では多くの企業が独自の職業訓練施設を作り，熟練労働者のおよそ 10% を毎年訓練した．ラテンアメリカのモデルとは異なり，韓国の制度的原則は工場内訓練であった．税によるインセンティブではなかった．こうした職業訓練センターからの卒業生数は 1960 年の 3 万 1621 人から，1970 年には 10 万 4504 人に増加した．

もう一つの重要な職業訓練は，大企業が 10 代の労働者のために敷地内に設立した正規の中学校である．これは中等教育を受けていない熟練労働者を囲い込むインセンティブとなった．10 代の労働者は初期の技術訓練のために工場内訓練センターに通い，工場で働き，工場内の寮に宿泊し，敷地内の中学校に通学しながら長い間寮生活を送った．この試みは雇用者と被雇用者の双方に利点があった．低い離職率による生産性向上，会社の提供した高い教育機会の中で習得する労働者の自己イメージの向上，会社への帰属心，業績志向のより強い労働者（仕事時間外でも教育を喜んで求める人々）の採用は，こうしたプログラムを運営する費用を相殺して余りあるものであった．被雇用者にとっては住居や食費の補助，安全，無料の中等教育を受けることができるという利点があった．多くの大企業は，生徒に無料で教科書やノートを提供した．企業が資金提供し運営するこうした中学校の数は 1977 年に 5 校であったのが，1978 年に 23 校，1980 年には 40 校に増加した．初期には 5 校のうち 3 校は中学校であったが，1983 年には 46 校のうち 36 校が高等学校となり，労働者が中学校プログラムを修了するにつれて企業が教育機会のレベルアップを図ったことが

明らかである．また5889もの中小企業が同じような利点のために，会社の費用で10代の労働者を近くの中等学校の夜間クラスに通学させた．1980年代の初めまでに7万人以上の10代の労働者が仕事に就きながら中等教育を修了した．

韓国は1960年代と1970年代に驚異的な経済成長を達成した．国家は工業化の中心的機能を担い，多様なインセンティブや認可条件を用いて民間部門を誘導し，急成長を達成した．1960年代と1970年代には産業政策における政府の役割は，ゲームのルールを設定し間接的に市場要因を通じて経済に影響を与えるというよりも，さらに積極的なものであった．政府は生産目標と輸出目標を定めたが，企業を叱咤したり，企業に資源を配分したりしながら，民間部門の活動を促進しようとしたのである．

対照的に，初期の工業化段階でのS＆T推進においては政府の役割は間接的であった．主な技術的作業が，海外の成熟技術の実地学習を通じての模倣的リバースエンジニアリングであった時代にあっては，S＆Tの供給サイドを強化する直接的政策手段（例えばR＆D投資を推進するための行政制度の創設や措置）は意図したほどには有効ではなかった．むしろ間接的手段（例えば教育制度の拡大，輸入代替，輸出振興，外国資本財の輸入など）が機械に体化された外国技術を移転させ，輸入技術を経済全体に波及させる上でより有効であり，幼稚産業を育成し国際市場で競争できるよう成長させることにも有効であった．

それにもかかわらず，工業化においてS＆Tがますます重要であることを認識した政府は，民間部門が関心をまったく持っていなかった時代に，広範にS＆Tインフラを拡充させた．1960年代と1970年代において，このインフラは想定されたほど有効ではなかったものの，後年の韓国経済の発展のための重要な礎石となった．

韓国の工業化の過程で目立った以下のいくつかの事実は，他の開発途上国にとっても有益な示唆を与えるものであろう．

第一に，韓国が他の開発途上国と一線を画したのは，経済発展の開始以前に人的資源投資を行ったことである．訓練を受けた人的資源層が事前に形成されていなかったならば，1960年代と1970年代の韓国の経済発展はもっと遅れた

にちがいない．人的資源は必要になったからといって一夜にして形成できるものではない．工業化以前に人的資源開発はなされるべきであろう．

　第二に，いくつかの開発途上国と比べて興味深いのは，韓国が外国直接投資やライセンシングにほとんど頼らず，資本財輸入やインフォーマルな技術移転に大きく依存したことである．これが有効であったのは，物的資本に体化された技術を吸収することができる人的資源が韓国で育成されていたことによる．それゆえ，韓国は多国籍企業の支配から独立して発展することができた．

　ここで三つの合意が得られよう．一つは，開発途上国は将来の国際競争力と経済成長につながる技術能力を強化するために，技術移転を知識移転の媒体として捉えるべきである．そうであれば技術移転は必ずしも外国依存の原因とはならない (Kim, 1991)．しかし技術移転の方法として外国直接投資に大きく依存すれば，特に現地企業が技術能力を持たない場合には，結果的にはある程度の外国依存につながるかも知れない．外国直接投資は生産に関連した知識と技術を移転するが，特に親会社が開発途上国の国内市場開拓を目的に投資する場合には，エンジニアリングや革新に関する移転はほとんどなされない．

　二つに，韓国の経験からすると開発途上国の技術的問題を解決するのに必要な重要情報のほとんどは，もし開発途上国がリバースエンジニアリング作業を行う技術能力を持っているならば，インフォーマルな方法により金銭を必要とせず獲得することができる (Kim and Kim, 1985)．国内企業にとって重要なことは，多国籍企業から独立し技術移転コストを最小化するために，技術能力をみずからのものとすることである．

　三つに，技術移転と技術能力の育成は，代替的というより補完的なものだと考えるべきである．つまり高い技術能力は技術移転の交渉力を強め，同時に輸入技術の吸収を早める．

　第三に，幼稚産業育成のために国内市場が厳しく保護されたが，韓国経済が輸出志向型に変化すると，企業は価格と品質の両面で国際競争に生き残るために技術吸収能力を早く掌中にする努力をしなくてはならなかった．一つの仮説として，内向きの開発途上国は競争の圧力が少ないために，外向きの開発途上国ほど早く技術能力を獲得することはできないと考えられよう．

　第四に，韓国の技術獲得プロセスで明らかなことは，技術吸収能力には適切

な順序があり,生産能力はエンジニアリング能力もしくは革新能力より先に発展させるべきだということである (Kim and Lee, 1987). 開発途上国の政策立案者や経営者は,国家および企業レベルで工業化が進展するにつれて,それぞれ異なった能力の開発に焦点を当てねばならないのである.

参考文献

Bae, Zong-tai and Jinjoo Lee, "Technology Development Patterns of Small and Medium Sized Companies in the Korean Machinery Industry", *Technovation* 4, 1986, 279-296.

Baranson, Jack, "The Drive toward Technological Self-sufficiency in Developing Countries", A paper presented at the Conference on Latin America-United States Economic Interactions: Conflict, Accommodation, and Policies for the Future, at the University of Texas at Austin, March 19, 1973.

Cha, Dong-Sae, *Weja Doipeo Hyogwa Boonsuk (The Effects of Direct Foreign Investment)*, Seoul: KIET Press (in Korean), 1983.

Dahlman, Carl J. and Claudio R. Frischtak, "National Systems Supporting Technical Advanced in Industry: The Brazilian Experience", in Richard R. Nelson ed., *National Innovation System: A Comparative Analysis,* New York: Oxford University Press, 1993.

Denison, E. with J. Poullier, *Why Growth Rates Differ,* Washington, D. C.: Brooking's Institute, 1967.

Goldsmith, M. ed., *Technological Innovation and the Economy,* London: Wiley Science, 1970.

Grossman, Gene M., *Innovation and Growth in the Global Economy,* Cambridge, MA: MIT Press, 1991.

Harbison, Frederick H. and Charles S. Myers, *Education, Manpower, and Economic Growth,* New York: McGraw-Hill, 1964.

Hentges, Harriet A., "The Repatriation and Utilization of High-Level Manpower: A Case Study of the Korea Institute of Science and Technology", Ph. D Dissertation, John Hopkins University, 1975.

von Hippel, Eric, *The Sources of Innovation,* New York: Oxford University Press, 1988.

IBRD (International Bank for Reconstruction and Development), "Korea Technology Development Project: Staff Appraisal Report", Washington, D. C.: Industrial Projects Department, the World Bank 3707-KO, February 25, 1982.

Jeon, Sang Woon, *Science and Technology Development in Korea: Traditional Instruments and*

第4章 国家主導の近代化と科学技術政策

Techniques, Cambridge, MA : MIT Press, 1974.

KAIST (Korea Advanced Institute of Science and Technology), *CAD/CAM Sisutemeo Guknae Doip Hyunhwang* (*The Current State of CAD/CAM Importation to Korea*), KAIST, Seoul, mimeograph, June, 1986.

Katz, Jorge and Nestor A. Bercovich, "Science, Technology and Socioeconomic Restructuring: The Case of Argentina", in Richard R. Nelson ed., *National Innovation System : A Comparative Analysis,* New York : Oxford University Press, 1993.

KEB (Korea Exchange Bank), "Direct Foreign Investment in Korea", *Monthly Review,* October, 1987, 18-19.

Kim, Linsu, "Stages of Development of Industrial Technology in a Developing Country : A Model", *Research Policy* 9, 1980, 254-277.

─────, "Pros and Cons of International Technology Transfer : A Development Country View", in Tamir Agmon and Mary Ann von Glinow eds., *Techonology Transfer in International Business,* New York : Oxford University Press, 1991.

─────, "Technological Transformation in Korea : Progress Achieved and Problems Ahead", in Surendra Pate, ed., *Technological Transformation,* Aldersot, England : Avebury Publishers, 1993.

─────, *From Imitation to Innovation : Dynamics of Korea's Technological Drive,* A Mimeograph, Korea University, 1994.

───── and Carl J. Dahlman, "Technology Policy for Industrialization : An Integrative Framework and Korea's Experience", *Research Policy,* 1992.

───── and Youngbae Kim, "Innovation in a Newly Industrializing Country : A Multiple Discriminant Analysis", *Management Science* 31, 3, 1985, 312-322.

───── and Hosun Lee, "Patterns of Technological Change in a Rapidly Developing Country : A Synthesis", *Technovation* 6, 4, 1987, 261-276.

───── and Jeffrey Nugent, *Korean SMEs and Their Support Mechanisms,* A Report Submitted to the World Bank, 1993.

McGinn, Noel F., Donald R. Snodgrass, Yung Bong Kim, Shin-Bok Kim, and Quee-Young Kim, *Education and Development in Korea,* Cambridge, MA : Harvard University Press, 1980.

Mason, Edward S., Dwight H. Perkins, Kwang Suk Kim, David C. Cole, Mahn Je Kim, *The Economic and Social Modernization of the Republic of Korea,* Cambridge, MA : Council on East Asian Studies, Harvard University, 1980.

NAS (National Academy of Sciences), *U. S. International Firms and R, D & E in Developing Countries,* National Academy of Science, Washington, D. C., 1973.

Ozawa Terutomo, *Japan's Technological Challenge to the West 1950-1974: Motivation and Accomplishment,* Cambridge, MA: MIT Press, 1974.

Rhee, Yung W. and Larry E. Westphal, "A Micro Econometric Investigation of Choice of Technology", *Journal of Development Economics* 4, 1977, 205-237.

Shishido, T., "Japanese Policies for Science and Technology", An Unpublished Mimeograph, Nikko Research Center, Tokyo, Japan, 1972.

Utterback, James M., "The Role of Applied Research Institutes in the Transfer of Technology in Latin America", *World Development* 3, 9, 1975, 665-673.

Ward, Robert, *Governing the Market,* Princeton, NJ: Princeton University Press, 1990.

Westphal, Larry E., Linsu Kim, and Carl J. Dahlman, "Reflections on the Republic of Korea's Acquisition of Technological Capability", in Nathan Rosenberg and C. Frischtak, eds., *International Technology Transfer: Concepts, Measures, and Comparisons,* New York: Praeger, 1985, 167-221.

Yakushiji, Taizo, "Dynamics of Policy Interventions: Government and Automobile Industry in Japan, 1900-1960", Ph. D Dissertation at MIT, Cambridge, MA, 1977.

Yoon, Bang-Soon L, "Reverse Brain Drain in South Korea: State-led Model", *Studies in Comparative International Development* 27, 1, 1992, 4-26.

第5章 「偉大な人物」と韓国の工業化

アリス・H・アムスデン

　朴正煕(パクチョンヒ)の歴史的な貢献は，韓国の工業化に果たした朴の大きな役割である．韓国は，朴の卓越したリーダーシップによって低所得で高失業率の農業経済から，世界レベルの企業を擁し，前例のないほどに高率の賃金上昇を持つ工業国家へと変貌させた（表5-1）．第二次大戦後の韓国の産業発展は，かつて研究者たちが考えていた以上に，戦前期日本の統治下で得た製造業の経験から大きな恩恵を受けていた．また，朴正煕の擁護論者が認める以上に，労働者と反対勢力に向けられた政治的抑圧も産業発展のために役立った[1]．しかし，工業化の背後にあった実際の戦略や組織は，権威主義というほどに優れたものではなかった．例えば企業を新産業に強制的に参入させることができず，企業は朴正煕の顧問の要求に対してしばしば「ノー」と答えた．むしろ朴の開発計画の強みは，そのビジョンの明確性，韓国には不適切なアングロアメリカン経済理論を拒絶する自信，日本式の産業政策を韓国の必要性に適応させる優れた判断力，計画立案と管理の詳細にわたる緻密な配慮にあった．計画自体は次の二つの原則にしたがっていた．一つは，製造業の収益性を高めて民間企業を引き付けること，もう一つは，民間企業に無償譲渡するものはできるだけ少なくすること，であった．経済問題を担当した朴正煕の上級補佐官である呉源哲(オウォンチョル)が「エンジニアリングアプローチ」と呼んだ手法が，韓国の工業化を後発国の中で最もうまく成功させた要因であった（表5-2）．それでも，朴正煕の死後すぐに産業政策の業績は，全斗煥(チョンドゥファン)の新自由主義経済補佐官や，ハーバード国際開発研究所など最も著名な国際経済機関などによる数多くの広範な批判的攻撃

---

(1) Park (1999), Eckert (1996), Hori (1994) も参照．

表5-1 製造業における被雇用者1人当たり実質所得の年平均増加率
(1969-1990年, 5年平均) (単位:%)

	1969-1974	1975-1979	1980-1984	1985-1990	1969-1990
アルゼンチン	7.3	-5.1	8.3	-9.3	-0.1
ブラジル	13.8	3.2	-1.7	7.0	5.6
チリ	-1.8	11.8	3.8	0.2	4.2
中国	na	1.3	3.7	3.2	3.1
インド	-0.3	3.6	3.1	2.4	2.2
インドネシア	-1.8	4.7	6.6	6.6	5.1
韓国	7.2	13.0	2.7	8.2	7.8
マレーシア	-1.9	4.5	5.6	0.4	2.1
メキシコ	0.9	1.4	-6.0	0.6	-0.8
台湾*	—	11.5	5.4	8.7	8.5
タイ	-6.3	2.4	2.7	5.1	2.4
トルコ	4.5	8.4	-5.8	2.5	2.4
日本	7.5	1.3	1.0	2.1	3.0
米国	0.3	0.2	0.0	0.6	0.3
英国	3.1	1.2	2.0	2.4	2.2
イタリア	7.0	4.0	1.2	1.3	3.4

*:1975-1990年における平均値のみ. 台湾データは他国のデータと厳密には比較できない.
資料:世界銀行. 台湾データはCEPD (Council for Economic Planning and Development).

の対象となった. 工業化における朴正熙の業績の秘訣とそれに対する痛烈な批判とが本章の主題である.

第1節 ビジョン

韓国経済の将来に対する朴正熙のビジョンは, さまざまな著書からこれを確認することができる. 朴のビジョンは, 日本はいうまでもなく欧米諸国の経済力に匹敵する工業国家を築くことにあった. 国連によると1960年代の初期における韓国1人当たり年間所得はおよそ100ドルであり, 北朝鮮経済より遅れているとみられていた. また「米国政府は韓国の発展の将来性に対してきわめて悲観的であった」(Mason, 1980, p. 195). これらの点を考慮すると朴のビジョンは控えめにみても野心的に過ぎた. しかしながら, 朴のビジョンは繰り返し提起された二つの根本的な政策問題に対し, つねに実践主義にもとづく現実的な回答を用意していた. 外国投資はどれほどにすべきか. これは「可能な限り少ない方がよい」である. 技術は国内で開発するのか, 海外から購入するの

表5-2 製造業における生産額（O）ならびに被雇用者1人当たり生産額（O/E）の年平均増加率（1960-1995年） （単位：％）

	1960-1970		1970-1980		1980-1990		1990-1995		1960-1995	
非北米	O	O/E	O	O/E	O	O/E	O	O/E	O	O/E
アルゼンチン	5.4	na	0.9	4.6	-1.4	-3.1	11.6	13.8	2.1	3.4
ブラジル	8.0	na	9.0	2.2	0.1	1.6	25.2	24.3	8.5	6.4
チリ	9.4	na	1.8	3.4	2.9	-1.1	10.4	7.2	5.5	2.4
中国	na	na	8.4	3.7	9.6	8.9	13.5	13.2	9.9	7.7
インド	3.1	na	4.0	-0.1	7.4	7.0	2.3	-0.6	4.5	2.6
インドネシア	6.4	na	14.2	9.9	7.4	-1.7	15.1	4.5	10.1	4.2
韓国	17.7	na	16.0	8.4	12.0	5.8	10.9	10.7	14.6	7.8
マレーシア	10.9	na	11.8	4.3	9.5	5.0	19.8	9.5	12.0	5.6
メキシコ	9.7	na	7.2	3.9	2.2	3.1	8.4	11.1	6.6	5.0
台湾	15.0	na	12.6	3.7	7.2	4.9	4.8	5.6	10.6	4.5
タイ	9.1	na	10.1	-2.1	9.6	1.3	13.2	9.1	10.1	1.5
トルコ	8.1	na	5.1	1.5	7.1	4.9	4.7	5.8	6.5	3.7
平均	9.7	na	9.1	3.5	6.8	3.6	11.7	9.1	9.0	4.7
北米										
米国	4.2	na	5.0	2.3	3.6	4.8	2.9	3.2	4.1	3.5
カナダ	4.7	na	3.6	2.3	2.2	2.0	0.0	2.1	3.0	2.1
フランス	6.9	na	3.8	4.8	1.0	2.4	1.7	4.3	3.6	3.8
ドイツ	7.7	na	2.1	3.9	1.3	1.5	3.7	5.0	3.7	3.2
イタリア	8.2	na	4.2	4.0	2.8	4.8	2.3	1.5	4.7	3.9
英国	2.9	na	0.0	2.0	1.2	4.2	0.1	3.2	1.2	3.1
平均	5.8	na	3.1	3.2	2.0	3.3	1.8	3.2	3.4	3.3
日本	15.2	na	5.3	6.0	5.8	5.3	6.3	7.6	8.4	6.1

注：縦の欄の数字は期間中の年平均実質成長率の平均値．実質値は国際通貨基金の卸売物価指数を用いて算出．
資料：台湾データは Republic of China, 各年．1990年までの国内製造業生産額と被雇用者1人当たり生産額のデータは世界銀行．1990年以降のデータは国連工業開発機関（UNIDO）．

か．これは「購入する方が長期的にみてつねに好ましい」であった．

　工業化のビジョンを持つことは，博士論文を書くために研究課題を持つことと同じくらい重要である．ある見方によれば，ビジョンが努力の9割である．別の見方では，方法論とその実質がなければビジョンに価値はない．朴の民族主義的な経済開発ビジョンの本質は，他国の開発経験の研究にもとづいた帰納的な方法論にあった．朴が特別な関心を寄せた近代化の事例は，明治期の日本，孫文時代の中国，ケマル・パシャ時代のトルコ，ナセル時代のエジプトなどであった．こうした近代化のモデルの中で，朴は韓国人の拒否反応を承知しつつ

も，明治時代の日本の近代化政策を選んだ．「明治維新の事例はわれわれの革命を推進するために非常に大きな助けになる．この方向への関心は強くかつ変わらない」(Park, 1963, pp. 120-121)．

朴自身の言葉で表せば，朴が読み取った明治維新とは次のごときものであった．

(1) 民族主義的愛国心が理念の基礎にあった．

(2) したがって，明治は大量に押し寄せた外国思想を「日本化」し，維新の努力を外国勢力の影響がもたらす困難と葛藤から守ることに成功した．

(3) 大名の影響を排除し，天皇を中流階級と直接つなげることにより，封建制度を打倒するという進歩的な雰囲気が作られた．

(4) 維新を推進した富豪たちは政治，経済の両面で表舞台に立つことを認められ，国家資本主義が構築された．天皇を政治，経済のピラミッドの頂点に置き，華族階級が国家の元老として仕える天皇制が作られた（Park, 1963）．

明治維新に関する朴の解釈で注目すべき点は，朴が日本の産業政策の基本である「選択的な鎖国政策」(すなわち輸出振興と輸入保護) や教育重視にまったく言及していないことである[2]．おそらく朴は詳細な工業化の仕組みを完全には理解していなかったのであろう．朴の解釈は国家と社会階層とイデオロギーの関係に関して抽象的なレベルにとどまっていた．朴の考えでは，進歩主義は資本家を産業人たらしめ，「天皇を活力ある中産階級に直接結びつける」ことから生まれる．これは純粋な国家主義とは異なる．国家は最高権力であるべきだが（朴正熙皇帝！），社会から孤立してはならない．ここに朴が直接競争していた中央集権経済（中国や北朝鮮）との大きなちがいがある．朴の産業政策の決定的な特徴は，チャンピオン企業の台頭とその拡大のための条件を整備することであった．チャンピオン企業は工業化目標の恩恵を受け，世界市場で注目を浴びることになった．

1960年代の韓国は，他の後発国（例えばアルゼンチン，ブラジル，メキシコなど）と同様の絶対的な貧困国であった．にもかかわらず，朴の民族主義は韓国の要素賦存状況にさして制約を受けなかった．土地改革，朝鮮戦争，資源

---

 (2) 「選択的な鎖国政策」は Henry Rosovsky による．

表5-3 土地，所得，教育の不平等指数

	土地の ジニ係数 1960	所得分配不平等度(a) 1975-1983	所得の ジニ係数 1986-1995	高等教育就学率(d) 1960	教育標準偏差(e) 1960
アルゼンチン	0.86	na	na	3.0	0.24
ブラジル	0.83	27.7	0.60	2.0	0.48
チリ	na	na	0.57	2.1	0.29
中国		na	0.42	na	na
インド	0.58	10.1	0.30	0.0	0.86
インドネシア(b)	0.55	11.9	0.34	0.1	0.87
韓国(c)	0.35	4.9	na	2.6	0.65
マレーシア	0.75	na	0.48	1.5	0.65
メキシコ	0.62	15.4	0.50	1.4	0.51
台湾	0.45	4.3	na	4.2	0.51
タイ	0.46	11.2	0.46	0.6	0.60
トルコ	0.60	na	na	0.7	0.68
日本	0.41	4.0	na	6.3	0.20
フランス	0.52	na	0.37	2.1	0.19
ドイツ	0.54	na	0.28	1.8	0.19
英国	0.72		0.33	1.8	0.08
米国	0.71	add	0.40	6.5	0.06

注：a：上位20％所得階層の所得が下位所得階層20％の所得を超える倍率．
　　b：地方人口のみ．
　　c：都市人口のみ．
　　d：人口に占める高等教育を受けた人々の比率（未修了も含む）．
　　e：変動係数は，人口で加重した平均的な就学年表で標準偏差を除したもの．
資料：データは世界銀行のR. Deiningerから寛容にも提供された．
　　　台湾とインドネシアを除いた所得比率はUnited Nations 1985. 台湾 Li 1988. インドネシア Gelb 1988.
　　　所得ジニ係数は世界銀行教育データ．

の欠如，均質性の高い人口などにより，韓国は不平等な所得分配問題に対処する必要がなかった（表5-3）．ラテンアメリカ諸国では，不平等な所得分配を是正するために社会正義の大義名分の下に国営企業が設立され，さらに巨大な民間企業の成長を抑制する方法として多国籍企業を保護する政策が取られた．かくして経済力の集中化が進むのを避けることができた．朴は民族分離（台湾における外省人と本省人との距離感）や，マレーシア，インドネシア，タイなどでみられた人種衝突を心配する必要がなかった．こうした懸念は大きな政府部門を助長し，クラウディングアウト（資源の押出）を引き起こして民間のチャンピオン企業の成長を阻害してしまう．後発国の中で韓国は総固定資本形成に占める外国投資と公共投資のシェアが最も低い国の一つであり，チャンピオ

ン企業が占めるシェアは最も高かった（表5-4と表5-5）.

　朴正熙は市場原理や企業間の競争に配慮しており，また長期計画を無視したわけではないが，国際的に経営しうる最低限の効率が維持される製造工場を設立するところまでは考えていなかった．軍事クーデターからわずか1年後の1962年に朴はこう書いている．「すべての資源を合理的に配分できる経済計画，あるいは長期開発計画を作成することが緊急に必要である」(Park 1962, p. 224). その1年後に朴は曖昧な形で自分の立場を修正した．「全体的な国家開発計画では，経済の合理的な運営のためにさまざまな産業の地域移転や投資計画に対して，不本意にも行政的な統制を課すことが必要になる．しかしわれわれは，一般的に自由競争の価格メカニズムがもたらす利点を最大限に活用するべきである」(Park 1963, pp. 224-225). どの時点で「計画」よりも市場競争を優先させるかというタイミングは，朴政権においても，政策成果を引き継いだ政権においても，繰り返し議論された問題であった (Lee, 1998).

　産業が成熟して巨大企業が成長し，世界的にみて新自由主義の思想が勢いを得るにつれて，韓国経済は徐々に市場原理から強い影響を受けるようになった．自由主義思想は，先進的な大学の経済学部でのカリキュラムを改訂させることにもなったが，そうした大学では米国で教育された韓国人経済学者たち (American-trained Korean Economists, 以下 A-TKEs と呼ぶ) が学んでいた．政策の対象である産業が最初の成果を出すためには，また特に1979年の朴の暗殺以降や1997年の金融崩壊のような経済危機においては，「計画」アプローチが支配的となった（後述）.

　ミクロ経済レベルにおける民間企業による自由競争と政府主導の経済計画との葛藤は，朴が政権に就いた当初からの関心事であった．その頃に経済成長のための大企業の重要性について朴は次のように述べた．

> 「現代経済の重要な特徴の一つは，経済力の集中化に向かう強い傾向である．現在，我が国にとって必要不可欠な巨大企業は，国家の経済発展や生活水準向上のために決定的な役割を果たすだけでなく，さらに社会経済構造の変化をもたらす．ただ国家の発展に貢献するという建前の下で巨大企業が私的利潤のみを追求するのであれば自由競争は意味を持たない．したがって自由経済政策が直面する重要な問題

第5章 「偉大な人物」と韓国の工業化

表5-4 国内総資本形成に占める純海外直接投資の比率（1960-1995年）

(単位：%)

	1960-1964	1965-1969	1970-1974	1975-1979	1980-1984	1985-1989	1990-1995
アルゼンチン	1.0	0.5	0.2	1.2	2.0	4.4	9.2
ブラジル	na	7.6	5.7	4.2	3.8	2.0	2.0
チリ	−1.3	3.0	−7.0	3.9	7.8	4.6	8.7
インド	na	0.0	0.0	0.0	0.1	0.4	1.0
インドネシア	na	0.3	na	na	25.6	25.2	28.3
韓国	0.2	0.6	2.7	0.8	0.3	1.5	0.8
マレーシア	na	10.2	12.3	12.5	11.9	8.7	20.2
メキシコ	3.5	4.4	4.1	3.4	3.2	7.1	13.7
台湾	4.4	−4.9	1.5	1.0	0.8	1.7	1.4
タイ	1.7	3.7	3.5	1.3	2.7	3.6	4.2
トルコ	2.1	0.9	1.6	0.5	0.6	1.7	2.2

資料：台湾以外のデータはIMF．台湾はRepublic of China (1996)．

表5-5 国内資本形成に占める公的部門の比率（1960-1996年） (単位：%)

	1960-1964	1965-1969	1970-1974	1975-1979	1980-1984	1985-1989	1990-1996
アルゼンチン	na	na	37.6	41.9	24.5	28.4	15.7
ブラジル	25.3	29.1	28.7	35.8	37.3	32.3	23.5
チリ	na	na	62.1	50.4	37.6	45.7	22.1
インド	46.0	41.5	41.2	45.0	48.6	47.9	29.6
インドネシア	na	na	na	na	43.8	33.2	34.7
韓国	27.4	23.8	24.3	21.9	24.5	22.2	24.0
マレーシア	27.8	38.5	31.4	37.9	46.1	41.1	33.8
メキシコ	58.0	33.8	33.7	40.7	41.7	29.8	21.6
台湾	40.9	36.4	38.5	49.2	47.4	38.3	49.2*
タイ	31.3	33.0	25.4	28.2	30.0	22.6	19.5
トルコ	49.8	53.1	41.9	47.8	56.7	52.3	25.7

*：1990-1994のみ．
資料：台湾データはRepublic of China (1996)．1970年以降のデータはGlen (1998) から引用．1960年代のデータはブラジル (Brazil, various)，インド (Chandok, 1996)，韓国 (Korea, various)，マレーシア (Malaysia, various)，メキシコ (Mexico, 1994)，タイ (Thailand, various)，トルコ (Turkey, various)．

は，政府が巨大企業の経済力を調整し監督指導することである」(Park 1962, pp. 228-229)．

他の後発国と同様に，韓国の巨大企業は多様化した企業群の形態を取っていた．つまり，日本では「財閥」，台湾では「関係企業」，インドネシアでは「コ

表 5-6 特定国製造業売上高上位 25 社民間企業集団

	企業集団名	売上高 (100万ドル)	業　種	関連企業数	創立年	国　籍
1	現代	74,142	多　様	26	1947	韓　国
2	三星	66,845	多　様	28	1938	韓　国
3	LG	51,679	多　様	43	1947	韓　国
4	大宇	37,303	多　様	14	1967	韓　国
5	鮮京	22,210	多　様	14	1953	韓　国
6	双竜	19,155	多　様	23	1939	韓　国
7	起亜*	12,096	自動車	7	1944	韓　国
8	韓進	10,053	多　様	12	1945	韓　国
9	韓国火薬	9,440	多　様	22	1952	韓　国
10	サリム	8,531	多　様	429	na	インドネシア
11	ロッテ	8,272	多　様	24	1967	韓　国
12	暁星	6,424	多　様	21	1957	韓　国
13	タタ	6,415	多　様	37	1907	イ ン ド
14	台湾プラスチック	5,346	多　様	na	na	台　湾
15	斗山	5,202	多　様	21	1896	韓　国
16	錦湖	4,993	多　様	14	1948	韓　国
17	ユーロン	4,811	多　様	16	1953	韓　国
18	サイアムセメント	4,470	多　様	21	1913	タ　イ
19	大林	4,345	多　様	13	1939	韓　国
20	新光合繊	4,021	多　様	na	na	台　湾
21	味全食品	3,872	多　様	na	na	台　湾
22	東国製鋼	3,823	多　様	13	1949	韓　国
23	東宝	3,822	多　様	13	1969	韓　国
24	韓宝	3,774	多　様	na	na	韓　国
25	サイアムダービー	3,700	多　様	60	1910	マレーシア

注：企業集団の売上高は集団内企業の売上高の合計であるが，集団内企業でも巨大規模のものについては個別の売上高となっているものもある．これは個々の企業集団の会計方法に準拠している．1993年の売上高が基本であるが，台湾のそれのみは1995年のものである．
＊：1998年に倒産した．現在は現代グループ傘下．

ングロメラト」，南米では「グルポス」，インドでは企業集団，韓国では「チェボル」などである．中心となる企業の周辺分野において世界レベルの技術が欠落していたため，後発国の巨大企業は，技術的に無関係な産業にまで広く多様化していった（Amsden and Hikino, 1994）．この点ではチェボルについて特筆することはない．韓国の巨大企業について特筆すべきは，その規模である（表5-6）．他の後発国の企業群よりもはるかに大きい．北大西洋経済圏を除く25大企業群のうち，韓国以外では七つしかない．1990年代の初め，韓国最大の企業群である「現代ヒョンデ」は，韓国以外で最大のインドネシアのサリムに比べて

9倍の売上高があった.

巨大企業を評価した朴のモデルに鑑みれば,既述したように「政府が巨大企業の経済力を調整し監督指導すること」の重要性を朴が強調したことは正しかった.韓国の工業化が他の後発国と比べて成功したのは,政府が「チャンピオン企業」を創出したこと,ならびにこれを監督することの両方に成功したからであった.

第2節　キャッチアップ・モデル,アングロサクソン・モデル

韓国の政府と民間企業の関係は,日本とドイツの経済開発モデルを混合したものにきわめて似ている.韓国はこのモデルに修正をいくつか施し,筆者がいう後発工業化モデルの先駆者となった(Amsden 1989).これらの国々では,理論的な信念というより実際的な必要性のために,政府は自由市場理論でみられる政府の役割よりもっと強い介入的な役割を演じた.韓国ではマクロ経済政策のみならず産業政策が経済成長を主導し,一般的な経済理論が想定するよりも広範に巨大企業が存在していた.さらに第二次大戦以降に英国や米国が経験してきた標準的なレベルに比べて,企業の現場管理能力,エンジニアリング能力,労働者の技術がより重視されていた.

1990年代に韓国を襲った諸問題が悪化し,これに効果的に対処できなかったのは,米国政府やA-TKEsが,日本やドイツ型の後発工業化モデルを捨てさせ,アングロサクソン・モデルを採用するよう圧力をかけたからである.アングロサクソン・モデルの採用は高い経済成長を維持するために必要だというA-TKEsの確信のために,韓国のキャッチアップは遅れ,巨大企業を直接に改革する必要性を見逃してしまった.韓国の政府と産業の関係を早急に再編し,経済における競争回避の要素を取り除く必要があった.それにもかかわらず,アングロサクソン・モデルは韓国がたどるべき工業化過程とは根本的に異なっていたために,韓国の現状に適応するには青写真としては不適切であった.

第一次と第二次の産業革命の勝者である英国と米国の場合,その競争力の源泉には先駆的技術があった.産業革命時において工業化を支えた制度は異なっていたが,両国の共通点として生産性上昇と海外市場の獲得をもたらした背景

要因として新製品と新製法という推進力があった．世界的な先端技術の領域における不断の革新が，英国と米国の国際競争力の源泉であった．先端技術という競争力のある資産によって，両国の民間企業は政府の支援にさして依存せず，単一の技術モデルに特化し，新製品を開発し普及するために必要な研究開発など特定の機能にその力を集中することができた．

対照的に，韓国や日本，ある意味ではドイツも，その工業化は先進国の企業がすでに商業化している技術を借用するプロセスであった．韓国，日本，台湾，および他の後発工業国家では，技術の学習過程を通じて成長しなければならなかった．先導的企業においてさえ新製品と生産技術という競争力ある資産を欠いていたために，これらの国々では政府干渉がアングロサクソン国家の場合より大きくならざるをえなかった．企業は技術的に無関係な産業にまで多角化する必要があり，これらの企業における戦略は研究開発や管理機能よりも現場の工場に焦点を当てざるをえなかった．生産現場は，借用技術を初めて導入しその条件に適応させる場所であったために非常に重要であった．生産現場では生産性や品質改善が低賃金労働力を補完することによって，後発工業国家は先進国において拡大する成熟産業の企業と競争することが可能になった．

日本は，米国の経済，社会，政治制度を綿密に研究した完璧な学習者だった．米国から必要なものだけを借用しつつ新技術の革新者の地位を確保したのだが，この学習者に典型的にみられる次の二つの特徴がさらに有効であった．一つは，先端技術を開発し民間消費を抑えるために，アングロサクソン・モデルに比較して日本政府はより深く介入した．もう一つには，日本企業は人的資源の質を高め，エンジニアのノウハウを向上させるために莫大な投資を行った．

一方で，韓国はどれだけ産業発展を達成したとしても，重要な技術の革新を生み出す開発能力が競争力の源泉になるというレベルにまでは達しなかった．そのため，アングロサクソン・モデルを韓国の現状に適用することは根本的に適切ではなかった．民主主義的な政治が発展して，政府と産業の関係を再編する必要性が生まれた．もし韓国がドイツや日本のような軌跡を追いながら世界的な先端技術にキャッチアップしようとしたならば，後発工業化モデルの枠組みにおいて産業と政治の関係をより強固に再編しなければならなかった．なぜならば政治的民主化は産業の高度化の結果として成るものだからである．

第3節　米国で教育された韓国人経済学者

A-TKEs は，巨大企業と政府との冷ややかな関係を解決する方法として自由市場の経済学を支持した．アングロサクソン・モデルを国家の問題に対する最も適合的な解決策とみなしていたのである．これが A-TKEs の哲学であったが，徹底した自由市場を導入するための論拠としては結果的には間違いであった．以下に示すように，A-TKEs によって韓国の自由市場経済学が優勢になり始めた．

1980-1982 年のスタグフレーションに際して，A-TKEs は無謀な膨張的公共支出が原因で物価が急上昇したと批判したが，財政赤字とはまったく関係のない理由で物価は一夜にして収拾された．1982 年に外生的な要因により物価は下落し始めたからである．すなわち輸入石油価格上昇率は 1980-1981 年には年平均 38% であったが，1982 年には 1.3% に急落した．豊作による食糧価格の急落，実質賃金伸び率の急減，朴大統領暗殺後の政治情勢の安定化である．A-TKEs の助言にしたがって政府が導入した急激な緊縮的財政金融政策は，こうした要因のため余計なものになってしまったのである（Amsden, 1987）．

A-TKEs は，重工業の推進が大失敗に終わると予測したが，実際には重工業化が韓国経済を救済した．1980 年代の初め，緊縮的マクロ経済政策が景気後退を長引かせ，その後に経済成長が復活した主な要因は，重工業製品の輸出であった．1980 年代後半も引きつづいて輸出が雇用と経済活動全般を浮揚させた．全製造業品輸出のうち半分以上が重工業品によって占められた（EPB, 1990）．また A-TKEs は，重工業の推進が大規模な金融崩壊，すなわち金融的不良債権の増加につながると恐れていたが，実際にはそのようにはならなかった．不良債権に関する時系列データを集めることは困難だが，1988 年の 1 年をみる限りでは，金融制度の不良債権負担は重工業部門への過大公共投資に対する保証とはほとんど関係がなかった．

A-TKEs や世界銀行が主張した重工業の崩壊論は理念的なものに過ぎなかった．過去もそうであったが，当時でも政府の重工業に対する投資は判断の失敗や過剰投資の危険はあったものの，先見性があり全体的に生産的なものであり，それには根拠があったのである．それでも A-TKEs や世界銀行はこの肯定的な

面をみていなかった．例えば重工業推進が韓国の外国借款の負担を大きくした事実にもかかわらず，GNP に対する外国借款の比率は 1973 年に重工業推進が始まった時点と 1979 年に終了した時点で同水準であった (Amsden, 1989)．政府が重工業への大規模な投資に課した業績基準が生産と輸出の拡大に貢献したのは明らかであった．

　産業と政府との関係に関する問題は，アングロサクソン・モデルを適用することにより解決するという A-TKEs の助言が間違っていた．このことを示す証拠は 1980 年代にもあった．A-TKEs は巨大企業の経済力を削減するためには，輸入を増加させ，政府による選択原理ではなく市場原理のみにより，どの産業が大きな投資をすべきかを決めさせればよいとする主張を好んだ．A-TKEs は，金融機関に重点産業や重点企業に融資させる政府規制をなくせば，みずからの力で効率的に活動する企業が発展し，それゆえ特権的な巨大企業集団はその経済力を失うことになると信じていた．

　実際には，1980 年代の自由化によって韓国の資本集中は，改善されるどころか悪化さえした．自由化は韓国の財閥の力を弱めるのではなく強化してしまった．中小企業に対する資源配分は 1980 年代に入りより公平なものになった．しかし，これは自由市場の要因によるというよりも，新しい政府が規制緩和された資本市場の機能を強化すべしとの指示を出したことがその原因であった．自由市場原理によれば，放置される時こそ市場は最も機能することになるはずなのにである．

　韓国の国内金融市場の自由化で勝利した A-TKEs は，みずからが予期したよりも積極的な自由化を米国政府から要求された．皮肉なことに，あらゆる自由化の主要な受益者は財閥であり，財閥は民間商業銀行と新しいノンバンク金融機関の支配的な株主になった．

　A-TKEs がこうした結果を予想できなかったのは，米国の標準的な経済学博士課程で学んだ「学問」に欠陥があるということだったのかも知れない．すべての分野にわたって博士号は米国が誇る一つの輸出品である．それにもかかわらず経済学の場合，最も優れた大学でさえ博士課程教育は市場経済理論の数学的操作に集中しがちである．有名な経済歴史家であるコーツが述べているように，「米国の経済学は狭い専門的技術にとらわれている」(Coats, 1992)．しば

第5章 「偉大な人物」と韓国の工業化

表5-7 米国で訓練を受けた韓国人エコノミスト（A-TKEs）ならびに日本人エコノミスト（A-TJEs）

	A-TKEs	A-TJEs		A-TKEs	A-TJEs
1970	10	6	1981	26	14
1971	18	16	1982	30	15
1972	25	9	1983	31	14
1973	22	10	1984	22	9
1974	22	15	1985	33	12
1975	20	17	1986	66	21
1976	13	11	1987	70	13
1977	29	19	1988	70	12
1978	19	17	1989	88	11
1979	26	21	1990	131	30
1980	30	13	合計	801	305

注：米国で経済学の博士号を取得した人数の推定値．表記されている年号は博士論文出版時の年であり，必ずしも博士号が授与された年号と一致しない．1990年の日本の人口は韓国に比べておよそ3倍であった．米国で訓練を受けた日本人と韓国人のうち少数は米国に残ったと考えられる．米国で博士号を取得した日本人の需要は日本国内では小さかったために，米国に残った日本人の割合は比較的大きかったであろう．

資料：Dissertation Abstracts International, Ann Anbor, Mich.: University Microfilms International.

しばその経済理論は広範な実証分析によって裏付けられておらず，米国のほとんどの経済学博士課程では経済史さえ主要科目に入れられてはいない[3]．

第4節　経済発展のためのエンジニアリング・アプローチ

韓国工業化のミクロレベルに関しては，朴自身の言葉はその数が限られている．朴の配下の「工業組織者」の主な一人であった呉源哲が自動車産業（部品生産も含む）創設に関して語った個人的な話は貴重である[4]．呉によれば，決

---

(3) 米国で経済学博士号を授与された韓国人が増加している．表5-7をみると，A-TKEsの人数は1970年から1990年の間に801人に達し，そのうち597人が1980年代で占められていた．一方，日本の人口は韓国の人口より約3倍以上だったにもかかわらず，米国で教育を受けた日本人経済学者は，1970年から1990年の間に韓国のわずか3分の1程度の305人であった．振り返ってみると，スタグフレーションと重工業の推進が韓国経済に及ぼした悪影響はそれほど大きなものでもなく，南米のような自由化の必要性は誇張され過ぎていた．一方で，米国で経済学の博士号を取得した韓国人の数は増加の一途を辿り，A-TKEsのOBネットワークが拡大するにつれ博士号取得者に対する需要も増加した．政府の政策や大学の研究支援金もアングロサクソン流の考え方によってますます大きな影響を受けた．

(4) アリス・アムスデンは，呉源哲にソウルで1995年2月に6回のインタビューを行った．呉，1994も参照．呉には4編の韓国語論文がある．

定的な転換点における朴の影響力，自動車産業推進システムにおける汚職の段階的な追放，周辺の軍人たちの初期の役割などがさらに追究されねばならないという．

　国立ソウル大学で工学を学んだ呉自身は軍人であった．韓国空軍を退役した後，韓国初の自動車エンジン会社であるシバルの経営者になった．李承晩大統領がドルとウォンの為替レートに対しての米国の命令に異議を唱えた時，米国は韓国向けの石油供給を止めた．そのために1958年当時の商工部は石油を使用しない車を生産した会社に賞金を提供すると発表した．シバルは無煙炭を微粒子に粉砕してできるコークスを燃料として用いる車を開発し，そのエンジンは多くの省庁の検査試験をパスした．呉源哲のシバルは賞金を勝ち取り，3000台以上のジープを生産する免許状を得たが，この免許は張　勉政権の時に廃止された．朴正熙に主導された1961年5月16日の軍事クーデターからわずか一週間後，呉は産業発展の計画策定グループを組織するために新しい軍事評議会で働くよう命じられた．呉の最初の仕事は，自動車産業の開発計画を作成することであった．1958年に韓国自動車産業の将来を議論する勉強会を結成したシバル社の友人たちは呉を支援し，勉強会の計画は商工部での呉の自動車政策の基礎となった．呉は空軍の上官であった洪性杓の命令により最初に軍事評議会に召集された人物であった．

　伝えられるところによれば，韓国中央情報局（KCIA）は，台湾が1960年代の初めに乗用車やトラック，エンジンを生産したことに関心を抱き，韓国の自動車産業が促進されることになった．KCIAが自動車産業を管轄し，ブルーバード（韓国ではセナラ）を製造するために日産自動車と合弁事業を起こした．しかし日産との合弁事業計画の過程で，車は韓国で製造するより日本から輸入した方がより大きな利益となることがわかったために，初期の自動車部品の生産者は徐々に行き詰まっていった．

　韓国の第一次五カ年計画（1962-1966年）では，二つのプロジェクトが自動車部門に割り当てられた．規模経済を達成するために，初めは自動車組立会社1社とバス組立会社1社に限って許可を与える予定であった．セナラの生産企業は釜山を拠点とする組立会社である新進に売却された．この会社のオーナーは「かなり強引」で，呉のところにビジネスで面会にきた時，陸軍大佐を一緒

に連れてきた．最終的に，新進はセナラ企業を買収する許可を得た．そしてセナラとシバルは第一次五カ年計画の下で自動車組立の認可を目指して競争した．シバルの方が大規模で経験豊かな会社であったが，「政治的影響力不足」のためにセナラが認可を獲得した．しかしセナラは自動車輸入をも継続していた．シバルは間もなく破産し，そのオーナーは米国にいってしまった．呉によるとオーナーは「それ以降は惨めな生活を送った」という．

　さまざまな不足要因により，政府は操業許可を与えるバス組立工場の数を減らした．工場が閉鎖され，そのために商工部に対するデモが起こった．政治的妥協策が急いで決められ，韓国の各道にそれぞれ一つの組立工場の建設が許され，合計で工場の数は11となった．規模経済を達成するために組立工場を一つだけにしようという呉の合理的な計画は，これにより頓挫した．

　呉によると，朴正熙大統領は商工部（金正濂の管理下の）を訪問し，部品の現地化がなぜそこまで遅いのかと尋ねた．その年に転換点がやってきた．1969年までに韓国の繊維輸出は拡大して，資本や外貨の不足が軽減された．戦略転換を図るために，呉は商工部の鉱工業エネルギー担当次官となった．多くの反対を呼んだ自動車組立工場1社と多数の部品生産者という計画ではなく，四つの組立工場を許可するものの，それぞれの主要部品については生産者は1社しか認可しないというものであり，この新しい計画に呉は確信を持った．部品生産における規模経済が，それが最も重要となる場所で実現できるように計画された（呉源哲が部品供給者を制限したことも，後に議論するように強い反対を呼んだ）．

　汚職が少なくなり，あるいは多くとも汚職の許容範囲が縮まったのは，まさに自動車組立が認可されたこの段階からであった．自動車組立企業の4社は，現代自動車，新進自動車，アジア自動車，起亜自動車であった．新進自動車は大宇自動車に引き継がれたが，大宇自動車は1997年の韓国債務危機以降，行き詰まってしまった．またアジア自動車は起亜に合併されたが，起亜は韓国金融危機の後に現代自動車に買収された．

　(1) 現代自動車は大規模プロジェクトを運営した経験を持ち，以前のプロジェクトから自社で多少の融資を賄うことができた．蔚山で新工場を建設するという「現実的で優れた」計画を提出したので，呉は四つあった認可のうち一

つを現代に与えた.

(2) 起亜は自転車の生産から操業を始め,自動二輪車と三輪自動車の生産を拡大した.しかし,四輪自動車を生産する政府の認可を得ることができなかった.現代の創業者のように,起亜の創業者は朴大統領とともに名声を得ており,自動車組立開始の許可を取るために呉を訪ねた.呉源哲は初めは起亜に認可を与えず,モデル作成の能力を証明するよう要求した.このモデルは国内で製造されたエンジンと部品だけで生産される韓国初の自動車であった.起亜は韓国で初めて現代的な非ジープ型エンジンを製造し,朴から認可を得た.

(3) 大統領選の間,アジア自動車は組立工場を韓国で最も貧しく政治的に疎外された全羅道に移転すると申し出た.これによってアジア自動車は自動車組立の認可を獲得した.その後,アジア自動車に貸付けしていたイスラエルの会社が破産し,アジア自動車も波及倒産した.アジア自動車はどこに救いを求めるべきであったか.呉は三星財閥を推薦した.三星はその他の製造業(製糖,梳毛,紙など)におけるビジネスの経験と多少の資金を持っていた.呉によれば,三星は特に防衛関連の重工業に投資する義務を負っていた(アジア自動車は軍用自動車のみを生産する認可を得ていた).三星がアジア自動車の買収を拒否したのは,大きな間違いであった.最終的に,起亜がアジア自動車を100万ドル以下で買収した.

(4) 新進グループは,政治的コネクションによって最後の組立認可を獲得した(当時,新進はトヨタとつながりを持っていた).さらにグループには韓国機械会社の営業が譲渡された.もともと韓国機械会社は日本人が1937年に創業したものだが,経営状態が悪く資本不足の状況にあった.戦後,国防部や商工部などによって経営された時期もあったが,最後は1968年に新進に譲渡され,韓国産業銀行がこれを監督した.しかし,新進はこの会社を黒字化することができなかった.そこで朴大統領が譲渡を提案したが,大宇以外の大財閥が拒否し,そのために会社の効率化を図るという義務を前提に,韓国機械会社は大宇グループに譲渡された.

1967年に創業された大宇は,その後またたく間に韓国の輸出総額の8%を占めたが,その多くは労働集約的な製品であった.韓国機械会社は大宇の当初の投資に比較して技術的にもっと高度であったため,大宇にとって韓国機械会

社の経営は新たな挑戦であった．それにもかかわらず，大宇の若い社長は韓国機械会社の業績を何とか好転させた．1977年までに利益を上げ，名前も大宇重工業に変わった．他方，新進グループ全体は，韓国機械会社を売却しても再建に成功することなく破産した．新進自動車は，最後には赤字会社を再建して大宇に身を売った（Clifford, 1994）．

現代，起亜，大宇の三大自動車会社は，一定の政治的コネクションを持ち，朴大統領との個人的な関係を築いた．しかし，最終的に三つの会社のすべてがその実力により自動車生産会社に選定された．起亜の場合は，他の産業部門での高い製造能力という基準にもとづいて，エンジンのプロトタイプ生産で選ばれた．「縁故主義」と実力，および韓国二大財閥（現代と大宇）の拡大には密接な関係があった．

しかし，朴正熙の自動車産業における役割は，主要な組立会社に対する個人的な関係以上のものであった．既述した通り，朴は自動車産業における初期の発展を牽引した．その後，この産業が成長しつづけるように重要な時期に介入した．朴は現代自動車の国民車「ポニー」を支援し，1973年の第一次石油危機による金融ショックを緩和した．朴のリーダーシップは自動車産業にとどまらなかった．朴は国産鉄鋼業の整備を推進したが，鉄鋼業は自動車産業に重要な材料を供給した．造船業に関しては，朴は産業規模に対してより小規模の造船所（ならびに小さい製鉄所）を求める世界銀行と戦った．朴は，韓国の主要な造船会社である現代重工業が最初の顧客を獲得するよう支援した．1973年のエネルギー危機後に需要が崩壊した時，朴は再び現代重工業を助け，自社製の売れ残り船舶を購入させてそれを海運会社の資産としたり，韓国に原油を運搬する船舶はすべて韓国法人が所有する船舶でなければならないとする命令を発したりした（Amsden, 1989）．朴はチャンピオン企業の裏にいたチャンピオンであった．

第5節　朴正熙——優れた経営管理者

エンジニアリングアプローチでは，プロジェクトの成功は利益によって評価される．利益は，工場建設のためにさまざまなデータと数字を使いながら最も

合理的でリスクの少ない方法を採用するか，あるいはプロジェクトのタイミングのいかんにもよる（呉 1994, p. 2）．

> 「われわれの経験からすると，工場建設にとって正確なタイミングは非常に重要である．国内市場が存在するからといっても，需要の増加が普通の状態になるまでは工場建設を遅らす方が賢明であるかも知れない」（呉 1994, p. 15）．

呉源哲の意味するところは，国内需要の大きさが工場生産において国際的にみて最低限の効率性を確保できるような規模に達するまで，工場建設を延期すべきだということであった（興味深いことに，開発の初期段階において呉が用いた規模の算定は，海外需要ではなく国内需要の推定値にもとづいていた）．一方，「あまりに遅れ過ぎると建設自体に失敗してしまう」．このバランスを取った行動の重要性は，合成繊維産業をみると明らかである．

初期の韓国の化学繊維産業では，国内需要量は1日当たり1.5トンから1.6トンであった．競争者が複数あったにもかかわらず，たった1社だけに生産許可が下りた．その結果，生産規模は当時，国際競争に必要な最低量の1日当たり30トンにまで拡大した．生産規模が30トンに達した時点で，政府は競争者の数を増やして産業を競争的なものへと転換した．しかし，国際競争に必要な最低量はすでに100トンにまで増大していた．そこで政府は競争する企業数を増やすことを中止し，既存工場の規模を100トン以上に拡大させようとした（呉 1994, pp. 15-16）．

> 「韓国において企業数を制限したのは，われわれの産業が国際競争力を失うのを防ぐことが目的であった」．しかし「この方法の問題点は，独占や寡占の許容が必要となることであった」（呉 1994, p. 16）．

その上，独占企業は市場要因だけで出現したわけではなかった．独占企業は，国家からの支援によって成長した．主要なプロジェクトは「一括操業」と考えられた．企業経営者は投資資金の融資を受けるに際して，事前に資金を十分に準備していることが求められた．政府は低金利を適用し，返済期間を延長した．

第5章 「偉大な人物」と韓国の工業化　　199

その他多くの保護政策とともに，特恵関税の適用と内国税の軽減が実施された．社会インフラ資本の投資では産業育成が優先された．そのために，例えば道路建設の政府支出には工場の入り口にいたる進入路の建設までも含まれた（呉 1994, p. 8）．

　規模経済を達成するために，納税者の所得を独占企業に補助金として与えるというジレンマがある．このジレンマを取り除いたのは朴正煕であった．呉によると，韓国の成功は納税者の所得がきわめて注意深く使われたこと，独占力が厳しく統制されたことにあるという．「慎重な計画と強いリーダーシップがこれらの問題を解決するのには必要である．開発途上国における経済開発の成功は主に国家主導者の力量によるものだ」（呉 1994, p. 16）という．

　韓国の工業計画者は詳細な計画立案を非常に重視した．エンジニアリングアプローチでは，目標は明確に提示され，数字で表されていなければならない．
　「毎年輸出を 40% ずつ増加させて，輸出額を 3 億ドルにまで増やす」，「ある年度内に 100 億ドルを目指す」などがその好例であった．こうした目標では数字と日付が特定されており，エンジニアリングアプローチにおける目標が明確となった（呉 1994）．

　エンジニアリングアプローチは非常に一般的なものであり，ブラジルやメキシコの開発銀行といった他国のエリート官僚たちも知らないものではなかった．しかし，エンジニアリングアプローチの核心はミクロレベルの経営管理にある．政府は推進しようとする特定プロジェクトや特定企業の目標を定めるが，それは単なるマクロ経済指標（例えば国民の教育や為替レートなど）や，広範にわたる特定産業の育成目標（例えば鉄鋼生産を希望する企業を保護して鉄鋼産業を育成するなど）にとどまらなかった．韓国のエンジニアリングアプローチが他国のそれと違う点はミクロレベルの経営管理にある．目標は，政府の援助を受けた個別企業の業績基準に置かれた．注意深く業績基準を特定化し，詳細な内容にこだわる呉のスタッフはこれにより精細な監査が可能になった．朴大統領が出席する月例会議で企業と政府が交渉して輸出目標が決められた．業績基準は韓国ではよく知られた慣行であり，韓国の成功は主にその輸出志向にあると主張する海外の経済学者たちからも賞賛された（Rhee, Ross-Larson et al., 1984）．しかし，経済理論の視点からいかなる公的目標管理にも強く反対した

外国人たちも多かった．彼らが知らなかったのは，企業の生産や生産性の指標レベルについて韓国政府が慎重な監査を行っていたという事実である．

呉によれば，エンジニアリングアプローチでは国内需要が成熟した時に国際規模の工場を建設し，計画した時間通りにその目標を達成するためには，その実施のタイミングが重要となる．タイミングを逃さないためには，最終目標の決定をうまく「編成」しなくてはならなかったという．

> 「1960年代と1970年代における韓国の初期工業発展の時期には，その編成の役割は，輸出拡大月例会議，経済情勢月例報告，四半期分析調査，さらに毎年前半期に開かれる年次検査会合などが担った．これらは，分析，評価，修正，補完，支援策の立案に関する決定に大統領が参加して補強する最適な機会である，と考えられた」(呉 1994, p. 14)．

こうして，韓国の大企業は寛容に支援されつつも，市場原理によって間接的に影響されていた (Amsden, 1997)．韓国の「工業化組織者」には業績管理を託した官僚機構が少なくない役割を演じた．しかし呉の最終的な分析によると，決定的な違いを生んだのは「偉大な人物」であった．

> 「特に重要だったことは，国民経済開発に寄与する企業家と労働者双方のプライドと士気を高めることであった．この時期に朴大統領は指導的な役割を果たした．国をあげて経済開発を支援したのである」(呉 1994, p. 8)．

第6節　正当に評価されていない朴正煕の経済開発戦略

朴正煕大統領が暗殺され彼の歴史の幕は突然下ろされた．呉源哲は投獄され，それから数年間，自宅に軟禁された．どの企業も呉を雇おうとせず，彼は失業したままで過ごさなければならなかった．1992年になりようやく起亜自動車が呉を雇用した．朴の暗殺から13年も経っており，起亜自動車は青瓦台から許可を得る必要があった．当然のことだが，朴の独裁的政治はその後激しく非難され，彼の後継者である全斗煥も同じように国民から見放された．朴の工

業化推進政策は十分理解されることなく，多くの論評や辛辣な批判の対象にされた．彼の死後に起こった景気後退と政治的混乱の2年間だけでなく，それ以降も朴批判は長くつづいた．エンジニアリングアプローチを焦点とした否定的評価は，全斗煥の超自由市場経済主義者である顧問に始まり，A-TKEsや世界的に有名な大学，政策立案機関にまで広がった．

朴政権の重化学工業の推進（1973-1979年）に関する最も詳細で批判的な分析は，ハーバード国際開発研究所と韓国開発研究院の「共同研究」であった．韓国開発研究院は政府のシンクタンクであり，A-TKEsの勢力が強かった（Stern, Kim et al. 1995）．この共同研究では二つの大きな結論が導かれた．

第一は，政府介入は必要ではなかった．市場に任せていればもっと成功していたという結論である．「1973-1978年の政府の産業政策は，自由市場経済よりよい成果につながったのであろうか．その答えは否かも知れない」(Stern, Kim et al. 1995, p. 190)．奇妙なことに，この結論は韓国の重化学工業化の肯定的評価にもとづいている．しかし，研究チームは，朴政権が着手したほとんどの事業は「市場適合的」であった（市場価格で十分利益が生まれる）ので，民間の企業家はどちらにせよ事業を実施していたであろうともいう．「共同研究」では，同様の難解な論理を用いて，政府介入によって実際に実現された産業構造は，介入がなくても市場が完全に機能さえしていれば実現できたはずであるとして政府干渉は不必要であったと主張している．さらに重点産業の選択策は研究チームが認めるように「勝者を選ぶ」ことに成功したが，理論的には市場の選択の方がもっとよかったであろう．「重化学工業政策は悪いプロジェクトに資金を流してはいなかったであろうが，同じように資金が優れたプロジェクトに流れたという形跡もない」(Stern, Kim et al. 1995, p. 121)．

「共同研究」の第二の結論は，政府介入が非科学的であったというものであった．投資プロジェクトの選択に当たって，韓国政府は単純に日本か欧州を模倣した．「日本その他の産業国家の経験を観察して，呉源哲らのスタッフは基本的にはクズネッツやチェネリーのような成長パターン分析を韓国のデータに応用した．青瓦台のテクノクラートは，（経済学者に逆らって）自分たちのアプローチをこのようなものと理解していなかったが，基本的に産業構造の変化パターンを観察して，韓国を回帰直線の正しい点に位置づけようとした．この

アプローチにおいて明らかに欠けているものは、コストベネフィット分析やその他のプロジェクト評価法であった」(Stern, Kim et al. 1995, p. 185).

「共同研究」の権威は、事実に反する証拠に依拠していたために低下した。研究では、韓国の重工業で実際に起こったことと、もし市場要因が支配的であったならば理論的に起こったであろうこととを比較している。実際に起こったことと、市場要因は機能するけども市場理論の主要な仮定が成立しない際に理論的に起こる他のシナリオとを比較してはいなかった。これは許容し難い方法論である（市場理論の仮定とは、完全情報や同質財、また完全競争にかかわる他の仮定を含む）。これらの仮定のほとんどはきわめて非現実的なものであり、実際に韓国や他の後発国でさえ成立していなかったものである。したがって、市場主導の工業化アプローチは、介入によって実際に達成された方法に比較して、もっと費用がかかり成功の可能性は小さかったであろう。さらに市場理論では時間に関してはまったく言及されていない。例えば、自由市場条件の下での工業化にどれだけ時間が必要なのかという問題がある。エンジニアリングアプローチが「タイミング」を重視していたことを考慮すると、時間要素の欠落はとりわけ深刻であった。エンジニアリングアプローチがなかったならば、韓国の工業化を達成するにはもっと長い時間がかかったにちがいない。

コストベネフィット分析に比較して、呉のエンジニアリングアプローチでは個々のプロジェクトは次の二つの基準によって評価された。すなわち、短期的な利潤（ほとんどのプロジェクトは市場価格でみるとまずもって利益がでなかったが）と影響力テストである。その目的は、すべてのプロジェクトにおいて韓国経済全体の技術能力の向上と市場競争のための資源増強を図ることにあった。重工業部門間や重工業部門と他の工業部門間とのリンケージの強さが重点産業を選択する際の主要基準とされた。

コストベネフィット分析は短期的な結果に偏っており、「影響力」は過小評価された。初期時点から時間が大きく経った時点の費用や利益を測ることはできない。またプロジェクトによって実現された利益以外のものに関するプロジェクトの影響を測ることもできない（この点は共同研究でも述べられている）。さらに、共同研究が評価する事例として選んだ六つの重化学工業プロジェクトのすべてが、市場価格にもとづいたコストベネフィット・テストをパスしてい

た．まさにこの理由により著者たちは韓国の重工業が市場適合的であったと主張し，そこから政府介入は不必要であるという不当な推論を導いている．ここでの疑問は，朴の成功した工業化政策を，それが引き起こした激しい批判の観点からみてどう理解するかである．政策問題が明確に示されているのに比較して，現実の政策は乱暴なほどこれとは不釣合いなものであったというのがその批判である．海外の一流経済研究所からの批判は理解することができる．「共同研究」には，他の開発途上国が，彼らの研究の方法論である自由市場理論ではなく，韓国の国家統制主義的アプローチを見習うのではないかという懸念があった（Stern, Kim *et al.*, 1995, p. 185, p. 121）．しかしそもそもなぜ，朴の工業化政策に対する敵対感が韓国人の中にあるのだろうか．

第7節　目標の超過達成

　政府の政策が不必要という代わりに，朴の工業化推進の主要な欠点は「過度の拡張」（重点産業が利潤を達成できる市場価格を通じて起こった超過供給）にあるといわれる．その証拠としてあげられるのは，1970年代末（1990年代をも含む）に起こった経済縮小である．韓国経済がひとたび軌道に乗り始めると，産業計画者や官僚機構が抑制策を採用しようとしてもまったく機能しなくなったという．米国のような先進国では，この役割は，理論的には連邦準備制度が資金供給の操作を通じて果たすことになっている．1970年代の韓国の国家統制主義は米国より強かったにもかかわらず，米国の連邦準備制度理事会の議長と等しい政府官僚が韓国におらず，また資本市場が未発展なために資金供給を管理する手段もなかった．「政府の失敗」を最小化することを意図した業績基準は，より高い投資率を促進させる継続的な奨励策になったという．

　それにもかかわらず，自由市場においても積極的な産業政策と同様に，拡大路線が極端に進んでしまうという傾向は避けられなかった．朴が暗殺される6カ月前，朴は十分に賢明な安定化パッケージを導入した．朴が暗殺される以前においてもすでに重工業化の勢いはついていた．韓国の総固定資本形成は1975-1979年と1990-1995年に急上昇し，それぞれ引きつづき過度の供給拡大という危機を生んだ．しかし総固定資本形成に占める公共部門のシェアはこうした

動きを示さなかった（表5-5）．したがって1970年代には民間投資と公共投資が相互に絡み合っていたが，政府支出は過度の供給拡大の主因ではなかったということができる．

　過度の拡張を加速化させた計画策定のミスもあり，呉と彼のスタッフが犯した過ちもあった．昌原(チャンウォン)工業団地（韓国の南東部）は，防衛関連産業を含む韓国初期の機械産業の基地として建設されたが，その背後には呉の存在があった．昌原への主な入居者は，韓国三大自動車企業のための部品製造業が想定された．呉の計画は規模経済を達成するために，自動車組立企業がそれぞれ共通した主要部品を特定の供給会社と取引きすることにあった．しかし三大企業はそれを断った．それぞれの企業は好景気で供給が逼迫している時でも一定の部品供給を確保するために，地理的に近接した独立の企業団地を求めた．したがって供給業者はすぐに昌原を離れ，過大な施設だけがここに残ってしまった．民間企業による利潤最大化行動は，呉の社会費用最小化を目指したエンジニアリングアプローチよりも重要であり，昌原の失敗はエンジニアリングアプローチに責任があるとされた．

　重工業は輸入代替から始まり，1984年には韓国の主要な輸出部門となった．これが1980年に始まった景気後退から経済を救出し，以降の製造業の推進力となった（Amsden, 1989）．1960年における韓国の三大輸出製品は，鉄鉱石，タングステン，生糸であった．1970年には上位三つの輸出品目は労働集約的産業であり，繊維，合板，かつらなどであった（繊維産業は朴政権が1960年代に育成した主要部門であった）．1980年には重工業推進の効果が表れ始め，上位三大輸出品目は電子機器，鉄，鉄鋼となり，それらに船舶がつづいた（鉄鋼と船舶は重工業推進で最も初期の巨大プロジェクトであった）．1990年代には，新しい重工業が主要輸出部門として台頭したが，それらは化学，自動車，機械（国際市場で競争するのが最も難しい製品）（UNCTAD, 1996）であった．

　同時に韓国は国際市場でも存在を示し始めた．このことは製造業で新興国の生産物に占める韓国製品の割合が急上昇した事実をもって示すことができる．産業が多様化し，比較的速く成長したため，韓国製品のシェアはほとんどすべての市場で上昇した．電機と非電機の機械産業において1980年には6位であったが，1990年には1位に，輸送機械においては9位から1位に躍進した

(UNCTAD, 1996). 朴政権は, 国内の保護市場から始めて韓国経済のグローバル化推進のロケットを仕掛けた.

重工業推進は安価な労働力は永久的には利用できず, R & D 投資がすぐに必要になるという事実をすべての韓国産業に気づかせた点で, その影響は正当に評価されねばならない. 科学技術に対する朴のビジョンが早熟であったことは, 一人当たり所得がグァテマラより低かった 1966 年に, 韓国が後発国の中で最も早く科学技術省を創設したという事実によって証明できよう (Kim, 1997). 韓国の R & D 投資 (GNP に占める比率) は, 先進国にキャッチアップしようとしていた他の後発国の中で最も高いものであった (Amsden and Mourshed, 1997).

朴の工業的成功を支えた政府と産業界の間の協調関係は, 韓国の歴史における一里塚であった. 協調関係は経済発展にしたがって変貌していくものであり, 李朝時代から長い苦痛の道のりを経てきた. 李朝時代, 政府と産業界は互いに反目し, 日本の侵略に直面してその争いが韓国を麻痺させた (Palais, 1975). 対立から協調への転換は日本により遅延させられたのかも知れないが, 日本が強力な国家としての役割モデルを提供したために促進されたことも事実である. 朴自身が書いているようにこの役割モデルは, 韓国の産業転換のためのみずからのビジョンを刺激した.

朴正熙の産業政策に対する攻撃は, 戦後韓国の最も熱狂的な西欧化推進者である A-TKEs が主導した. 彼らが米国で受けた教育は, 根本的に日本の経済慣行に敵対的であった. 朴への反対の根幹には, 彼らが競争抑圧的とみた政府と業界との協調関係に対する否定的見解があった. 彼らの師と同様に, A-TKEs は韓国の経済的問題に対して官民協力という証明された解答よりも, 自由市場という仮説的な解答を好んだ. しかし, 官民の関係が敵対的だったのは経済が長く停滞したという歴史のゆえであった. 朴の政治的な権威主義への反抗は, A-TKEs によっては正当化できない. 朴の後継者である全斗煥は朴よりかなり独裁的であり, 腐敗にまみれていたが, 経済学者の中には彼の重要な顧問として働くのを心地よく思うものもいた. しかし A-TKEs の反朴的な主張は, 政治的な抑圧ゆえに経済的な成功がなされたことを認めたがらないグループに引き

継がれた．彼らは朴が労働運動を抑圧したことにきわめて批判的であり，彼が強化した軍部と産業の親密な関係を嫌悪していた．両者の親密さを示すものとしては，1971年に朴の経済担当上級補佐官であった呉が国防産業発展の責任者となった事実がある．呉源哲は国防産業は重工業発展の広い枠組みの中に位置づけられると主張した．

将来，韓国の世論の中心が，市場対国家という観点からどちらに引き寄せられていくのか，予想は難しい．レトリックは明らかに新自由主義的なものとなった．朴の死亡直後に始まった経済危機に直面して，韓国のエリート支配層は朴の政策と彼の顧問による計画アプローチに頼るようになった．1980年に急激に経済が緊縮傾向を強める中で，全斗煥政府は韓国の自動車生産者と他の製造業者の数を削減する計画を経済企画院に提案させた．これは呉の自動車を削減する初期計画ときわめてよく似ている．この計画は，韓国系米国人でMITの機械工学教授によって提起された（Nam, 1980）．経済企画院はこの提案を受け入れたが，特にゼネラルモーターや，新進自動車とゼネラルモーターとの関連会社以来つづいてきた大宇の合弁事業パートナーをはじめとする自動車業界の反対にあって，計画は実行されなかった．1998年には大宇が電子産業部門を三星に売却し，三星は自動車部門を大宇に売却しなければならなくなった．現代が起亜の買収を容認した後，韓国には主要な自動車製造業者は2社，主要な電器電子製造業者も2社しか残っていなかった．朴正熙が恐れと畏敬の対象とした巨大企業が，ついに現実のものとなった．朴の顧問達には独占を制御しようとした意志はなくなっていた．

「偉大な人物」であった朴正熙だけが，ギリシャ神話の「失敗者と誤解された成功者」に当てはまるわけではない．朴の不人気な仲間には，実務的な産業主義者として米国製造業のチャンピオンであるアレクサンダー・ハミルトンや戦後日本の「高度成長政策」を設計した池田勇人がいる．ハミルトンの価値観は，米国民の価値観の中にあっては奴隷制に深く関与していたジェファーソンのそれと同等なほどまでに惨めにも失われてしまった．池田は国会で発した零細企業に対する差別的な発言のために，大臣を辞任しなくてはならなかった（Johnson, 1982）．しかし現実は，ハミルトンや池田勇人，そして朴の反体制文化が世界を支配したのである．

参考文献

Amsden, A. H., "Republic of Korea, Stabilization and Adjustment Policies and Programmes", *Country Study* 14, Finland: World Institute for Development Economics Research of the United Nations University, 1987.

―――, *Asia's Next Giant: South Korea and Late Industrialization,* Oxford and New York: Oxford University Press, 1989.

―――ed., *The East Asian Miracle Report: World Development Special Issue,* 1994.

―――, "The Spectra of Anglo-Saxonization is Haunting South Korea", in L. -J. Cho and Y. H. Kim, *Korea's Political Economy: An Institutional Perspective,* Boulder, CO: Westview, 1994, 87-125.

―――, "Korea: Enterprising Groups and Entrepreneurial Government", in J. Alfred, D. Chandler, F. Amatori and T. Hikino, *Big Business and the Wealth of Nation,* New York: Cambridge University Press, 1997, 336-337.

―――, *The Rise of "the Rest": Challenges to the West from Late-industrialization Economies,* New York: Oxford University Press, 2001.

―――and M. Mourshed, "Scientific Publications, Patents and Technological Capabilities in Late-Industrializing Countries", *Technology Analysis and Strategic Management* 9, 3, 1997, 343-359.

―――and T. Hikino, "Project Execution Capability, Organizational Know-how and Conglomerate Corporate Growth in Late Industrializationi", *Industrial and Corporate Change* 3, 1, 1994, 111-147.

Brazil, Government of, *Aneario Estatistico Do Brasil,* Rio de Janeiro: Ministerio do Planejamento e Coordenacao Geral, (various).

CEPD (Council for Economic Planning and Development), *Taiwan Statistical Data Book,* Republic of China, (various).

Chandhok, H. L., *India Database-The Economy-Annual Time Series Data,* New Delhi: Living Media India, 1996.

Choi, J. T., "Business Climate and Industrialization in the Korean Fiber Industry", in A. Okochi and S. Yonekawa, *The Textile Industry and Its Business Climate, International Conference on Business History* 8, Tokyo: University of Tokyo Press, 1982, 249-269.

Clifford, M. L., *Troubled Tiger: Businessmen, Bureaucrats, and Generals in South Korea,* Armonk, NY: M. E. Sharpe, 1994.

Coats, A. W., "Changing Perceptions of American Graduate Education in Economics,

1953-1991", *Journal of Economic Education* 23, 4, 1992.

Cole, D. C. and P. N. Lyman, *Korean Development: The Interplay of Politics and Economics,* Cambridge, MA: Harvard University Press, 1971.

Eckert, C. J., "Total War, Industrialization, and Social Change in Late Colonial Korea", in P. Duus, R. H. Myers and M. R. Peattie, *The Japanese Wartime Empire: 1931-1945,* Princeton, NJ: Princeton University Press, 1996.

EPB (Economic Planning Board), *Major Statistics of the Korean Economy,* Seoul: Republic of Korea, 1990.

Enos, J. L. a. P., *The Adoption and Diffusion of Imported Technology: The Case of Korea,* London: Croom Helm, 1998.

Gelb, A. *et al.* eds., *Oil Windfalls: Blessing or Curse?,* New York: Oxford University Press for the World Bank, Oxford University Press 1988.

Glen, J. D. and M. Sumlinski, *Trends in Private Investment in Developing Countries,* Washington, D. C.: World Bank, International Finance Corporation, 1998.

Hori, K., "East Asia between the Two World Wars: Industrialization of Japan and its Ex-Colonies", *Kyoto University Economics Review* LXIV (137), 1-22, 1994.

IMF, *International Finance Statistics Yearbook,* Washington, D. C.: International Monetary Fund, (various).

International Monetary Fund, *International Financial Statistics,* Washington, D. C.: (various).

Johnson, C., *MITI and the Japanese Miracle: The Growth of Industrial Policy, 1925-1975,* Stanford, CA: Stanford University Press, 1982 (チャルマーズ・ジョンソン『通産省と日本の奇跡——産業政策の発展』矢野俊彦訳, TBSブリタニカ, 1982年).

Kim, C. -y., *Policymaking on the Front Lines: Memories of a Korean Practitioner, 1945-79,* Washington, D. C.: World Bank, 1994.

Kim, L., *Imitation to Innovation: The Dynamics of Korea's Technological Learning,* Boston, MA: Harvard Business School Press, 1997.

Korea, Bank of, *Financial Statement Analysis,* Seoul, (various).

Lee, K. U., *Competition Policy, Deregulation and Economic Development: The Korean Experience,* Seoul: Korea Institute for Industrial Economics and Trade, 1998.

Li, K. T., *The Evolution of Policy behind Taiwan's Development Success,* New Haven: Yale University Press, 1988.

Malaysia, Government of, *Economic Report,* Kuala Lumpur: Ministry of Finance, (various).

Mason, E. S. *et al., The Economic and Social Modernization of the Republic of Korea,* Cambridge,

MA: Harvard University Press for the Council on East Asian Studies, Harvard University, 1980.

Mexico, Government of, *Anuario Estadistico de Los Estados Unidos Mexicanos*, Mexico City: Instituto Nacional de Estadistica, 1994.

Nam, P. S., "An Assessment of Critical Issues Confronting the Korean Machinery Industries", A Preliminary Report to the Economic Planning Board, Republic of Korea, Cambridge, MA: Massachusetts Institute of Techonology, 1980.

O, Wonchol (呉源哲), "Korean-Type Economic Construction: Engineering Approach", Seoul: KIA Economic Research Institute, 1994.

Palais, J. B., *Politics and Policy in Traditional Korea*, Cambridge, MA: Harvard University Press, 1975.

Park, C. H., *Our Nation Path: Ideology for Social Reconstruction*, Seoul: DongA, 1962.

―――, *The Country, The Revolution and I*, Seoul: no publ, 1963.

Park, S. W., *Colonial Industrialization and Labor in Korea: The Onada Cement Factory*, Cambridge, MA: Harvard University Press for the Harvard University Asia Center, 1999.

Republic of China, *Republic of China: Indicators of Science and Technology*, Taipei: Republic of China, 1996.

Republic of China, *Taiwan Statistical Data Book*, Taipei: Republic of China, (various).

Rhee, Y. W., B. Ross-Larson, et al., *Korea's Competitive Edge: Managing the Entry into World Markets*, Baltimore: Johns Hopkins University Press for the World Bank, 1984.

Stern, J. J., H. H. Kim, et al., *Industrialization and the State: The Korean Heavy and Chemical Industry Drive*, Cambridge, MA: Harvard University Press for the Harvard Institute for Industrial Development, 1995.

Thailand, Government of, *Thailand Official Yearbook*, Bangkok: Government House Printing Office, (various).

Tran, V. T., "Foreign Capital and Technology in the Process of Catching Up by the Developing Countries: The Experience of the Synthetic Fiber Industry in the Republic of Korea", *The Developing Economies* XXVI, 4, 1988.

Turkey, Government of, *Statistical Yearbook of Turkey*, Ankara: State Institute of Statistics, (various).

UNCTAD (United Nations Conference on Trade and Development), *Handbook of International Trade and Development Statistics*, Geneva: United Nations, 1996.

UNIDO (United Nations Industrial Development Organization), *International Yearbook of*

Industrial Statistics, Geneva: United Nations, (various).

United Nations (Department of Economic and Social Affairs), *Special Study, National Accounts Statistics: Compendium of Income Distribution Statistics,* New York: 1985.

World Bank, *East Asian Miracle: Economic Growth and Public Policy,* New York: Oxford University Press, 1993 (世界銀行『東アジアの奇跡』白鳥正喜監訳, 海外経済協力基金開発経済問題研究会訳, 東洋経済新報社, 1993年).

World Bank, *World Tables,* Washington, D. C.: World Bank, (various).

―――, *World Development Report,* Washington, D. C.: World Bank, (various).

第6章　朴時代における経済開発への挑戦
―― ベンチャーキャピタリズム

渡辺　利夫

　35年にわたる日本の統治の時代を経て，1945年に朝鮮解放の日がやってきた．しかしその解放は，朝鮮民族にとっては予想もできなかった変則的なものであり，民族の悲劇は解放をもってなお終了することはなかった．

　ソ連が対日宣戦布告をした1945年8月8日のその日に，ソ連軍は朝鮮東北部への侵入を企てた．ソ連軍は同月20日に平壌と元山を制圧，26日には38度線以北，現在の北朝鮮の版図を抑え，日本軍の武装解除を完了した．これに呼応して米軍は9月8日に仁川に上陸，38度線以南を軍政下におくことを宣言した．朝鮮民族が35年間待ち望んできた独立も，これがようやくにして掌中に入ったと思いきや，みずからの意思とは関係ない冷酷な国際政治の力学によって，あえなくもこぼれ落ちてしまった．米ソ両大国によって分割占領された南北朝鮮は，解放と同時に別々の方向に向けて歩を進めざるをえなかった．

　進駐した米軍は軍政を敷き，旧日本人資産すなわち「敵性財産」を接収してこれを「帰属財産」とし，その管理に当たった．鉱山，事業所，建物，不動産，有価証券，金・銀・宝石などの動産から成る帰属財産の資産額は，当時の韓国総資産額の70％から80％に達した．

　しかし，日本人経営者，中間管理者，技術者の帰国，日本からの原材料，中間製品，資本設備の輸入途絶のゆえに，帰属工業資産の運営は容易ではなかった．解放後の各産業部門の生産状況を解放直前のそれと比較すると，工業部門の場合，稼動工場数は44％減，従業員数は59％減，鉱業部門ではそれぞれ96％減，97％減，輸送部門は82％減，87％減であった．

　米軍によって接収された鉱工業資産は1947年以降，米国軍政庁の手を通じて，1948年8月の大韓民国成立以降は政府の手を通じて民間企業に払い下げ

られ，これによって工業生産は回復の兆しをみせ始めた．しかし，解放後の混乱期を切り抜けて経済がどうにか上向きに転じようとした1950年6月25日に，朝鮮戦争がこの国を襲った．そして1953年7月にいたる3年間，朝鮮半島の全域を舞台に南北両軍の間で苛烈な戦闘が繰り広げられた．

物的被害の規模は，当時の韓国の国内総生産の2年分に相当した．設備破壊の結果，1950年の工業生産額は1949年に比べて繊維産業60％減，ゴム産業83％減，製紙産業40％減，化学産業23％減，金属産業44％減，機械産業40％減，電気機械産業66％減であった．

生産設備破壊にともなう生産の萎縮は物価騰貴を促し，戦争遂行のための通貨増発がこれに加わって1950年代の前半期のインフレは異常な様相を呈した．1947年を100としたソウル卸売物価指数は1950年に350，1952年には4750，1954年には9940に上昇した．この時期，韓国経済の再生産機構は破壊された．

朝鮮戦争は，人命と物的資産を破壊したというにとどまらない．何よりも，この戦争によって朝鮮半島の南北分断が決定的となった．日本統治下の朝鮮における主要な地下資源と重化学工業部門のほとんどは北に立地し，南は農業と若干の軽工業をもつ「南農北工」をその特徴としていた．1948年の数字でみると地下資源の大半，すなわち鉄鉱石，鉄鉱と有煙炭の100％，無煙炭の98％，重石・水銀鉱の79％，黒鉛の71％が北に分布していた．重化学工業部門，すなわち金属工業の93％，化学工業の85％もまた北に立地した．南に重点的に分布していたのは機械器具工業の69％，紡織工業の77％，食品工業の61％に過ぎなかった．電力は1945年において出力の86％が北に属していた．

朝鮮戦争によって南は，植民地支配が残した資産の「分け前」に与ることもできなくなってしまった．韓国経済は文字通り「無一物からの出発」であった．

第1節　李承晩時代——米国の復興援助と政治

1　政商の暗躍

韓国民は何らかの明確な意識をもって朝鮮戦争を戦ったわけではなかった．同族である北朝鮮の軍隊がある日突然に南侵して勃発した戦争であった．さらに中国義勇軍と米軍の参戦は，この戦争を東西両陣営の典型的な「代理戦争」

としてしまった．韓国はわけもわからずに同族に侵蝕されたのである．この戦争によって1000万人を超える離散家族が発生した．

　戦争が終って残されたものは，ただひたぶるの絶望と同族北朝鮮に対する怨嗟のみであった．戦後復興への意欲は容易に起こらなかった．李承晩を擁した政府は出口のない政治抗争に明け暮れ，経済復興を運営する能力を欠いていた．戦争によって国土は破壊され尽くし，経済再建のために用いるべき資源は残されていなかった．

　頼みは唯一，米国の援助であった．休戦の翌8月に米韓相互安全保障協定が結ばれ，同時に大量の対韓援助の供与が開始された．以降，1960年にいたる援助累計額は当時の金額で21億ドルという膨大なものであった．援助の中心は物資の供与であり，物資の大半を占めたのは小麦，原糖，原毛，原綿などの原資材であった．

　この時点における韓国の主要工業部門への原資材供給のほとんどが，援助物資によってまかなわれた．援助物資は政府によって国内生産者に払い下げられた．その売上げ代金の一部は見返り資金として一般会計に繰り込まれ，一部は韓国産業銀行を経て企業融資にまわされた．

　援助によって活況をみせたのは製粉，製糖，繊維のいわゆる「三白産業」であった．自立経済の基盤を支える機械，金属，化学の重化学工業部門はこの時点ではまだ幼弱であり，これが国民経済を牽引する力を持つのはずっと後のことである．三白産業の中枢を占めたのは政府に近い特権的企業であり，そのいくつかが後の韓国経済発展の「機関車」となる財閥として形成された．大企業の多くは企業家的努力というよりは，政商的手腕によって援助物資の払い下げを享受した．援助物資は公開入札を通じて払い下げられたのではない．「実需要者制」が取られ，製粉工業協会，製糖工業協会，紡織協会，梳毛紡協会などの政治力を持つ業界団体が実需要者となって独占的な払い下げを受け，財閥系企業が既存設備能力に応じて原資材を購入した．実際，原資材不足が決定的であった当時の韓国企業にとって，援助物資入手の成否が事業拡大のためのアルファでありオメガであった．

2　政策なき政治

　財閥系大企業を利したのは援助物資の払い下げばかりではない．当時の公定為替レートは実勢レートに比較してウォンを過大，ドルを過小に評価したものであった．政府保有の外貨に対する超過需要が発生したのは当然であった．この超過需要は政府当局による外貨「割当」慣行を生み，政府に近いところにいる特権的大企業がその割当てに与った．彼らは援助物資を市場価格よりも安い価格で引き受けて国内市場向け生産を行った．また特権的大企業は援助物資のみならず，その他の原料，素材，中間製品，資本設備の輸入にも政府保有ドルの優先割当てを受けることができた．

　大企業は低金利政策によっても特恵を享受した．1950年代の後半期，韓国の低金利政策はこの政策が一般的な開発途上国の中でも際立っていた．韓国銀行の商業手形の割引率を実質金利でみると，1950年代後半のいくつかの年度において実にマイナスであった．

　手厚い保護政策の中で進展した三白産業中心の工業化は，狭い国内市場をほどなく満たし，1950年代の末には過剰設備投資が顕在化し，不況局面に入った．低所得の国内市場を顧みず，有利な保護政策の下で積極的に大企業を群生させたことの帰結であり，設備能力に応じて援助原資材を払い下げる実需要者制が設備拡張競争を促した結果でもあった．

　米国の援助物資と政府の手厚い保護を受けた特権的大企業が繁栄する一方で，事業所数と従業員数において大きな比重を占める中小企業は深刻な停滞をつづけた．一つには，米国の援助によって提供される原資材が大企業に集中し，中小企業に向けられるところが少なかったこと，二つには，大企業による生産が援助物資の加工を中心とし，関連中小企業の成長を促す力を持ちえなかったことの結果であった．

　この時期，農業政策はなきに等しく，インフレ抑制のために採用された低米価政策は低賃金を可能にして工業部門を利する一方，農村の疲弊を決定的にした．端境期を生き延びることのできない「春窮農民」はこの時期に増大の一途をたどった．1958年の台風被害と翌年の旱魃が加わって，春窮農民は全農家の5割に達したと報道された．

　貧困に対する政策を持たない政府と，特権を享受して繁栄する一握りの大企

業に対する民衆の幻滅と苛立ちは1950年代の後半期，日を追うごとに強まった．李承晩政権において政治的腐敗が蔓延し，これに対して沸き起こる政府批判に対しての弾圧は厳しかった．1960年3月15日の第4回大統領選挙時の不正は国民の怒りを買った．国民の「堪忍袋」の緒がここで切れた．4月19日にはソウルの大学生を中心に，全国で10万人以上がデモに参加，各地で警官隊との衝突を繰り返した．死者183人，負傷者620人を出す流血の惨事が全国で発生，李承晩は退陣を余儀なくされた．後に「4.19革命」と呼ばれる事態がこれであった．

第2節　軍部による近代化

1　5.16クーデター

しかし4.19革命は現状への不満の爆発であって建設的なビジョンに裏打ちされたものではなかった．1960年7月の総選挙で勝利を手にして張勉(チャンミョン)内閣を発足させた野党民主党は，経済再建第一主義を標榜したものの，これもスローガンの域を出ず，具体策は持ち合わせていなかった．張勉内閣は党内人事の内紛に追われて9カ月の短命に終わり，しかもこの間に三度の内閣改造がなされた．

4.19革命として湧き出た国民のエネルギーは，向かうべき建設への方途をみつけることはできなかった．国民は不満の吐け口をデモに見出してこれを繰り返すのみであった．4.19革命から翌年の3月までの間にデモの回数は1840回，参加数のべ96万人と報じられた．学生たちの怒りはついに南北統一の方向に向い始め，タイミングよく出された北朝鮮の連邦制統一案への強い関心となって噴出した．4.19革命1周年記念日には南北統一のみが韓国の生き残る道だと主張する多くの学生が出現，5月には南北学生会談を板門店で開催するという具体的プログラムが日程に上った．

連日つづくデモ，これに対応するすべのない政府，学生の向こうみずな北朝鮮への接近，これに対して熾烈な朝鮮戦争を戦ってきた軍部に危機意識が生まれた．1961年5月16日，朴正煕(パクチョンヒ)を陣頭に3600人の軍人がソウル枢要部を制圧，「われわれは腐敗した現政権を信任しない．国民の生活苦を救い，祖国の

危機を克服するために軍事革命委員会をここに組織する」と宣言．反共体制の再編と強化，自立経済の確立，不正腐敗の一掃，民政移管などを主内容とする公約を発表した．軍事クーデターの成功であった．

軍事革命委員会は直ちに全国に非常戒厳令を敷き，国会・地方議会の解散，政党・社会団体の政治活動禁止，閣僚・次官の逮捕，軍事革命委員会による国家機関の運営の挙に出た．張勉内閣は，軍事革命委員会の戒厳令を承認して総辞職した．

ゆく末に強い不安と危機を感じ取っていた国民の多くは，この革命に一脈の光明を見出した．軍部クーデターに対する無言の支持は広範であった．クーデターの指導者は朴正熙を初めいずれも地位の低い無名の軍人であり，日本の「2.26事件」の兵士を彷彿とさせる人々であった．革命政府がすべてに先んじて手がけたのが農村の高利債整理令の公布であり，米の政府買上げ価格の引上げであったことなどは，軍事革命委員会の「農本主義的」性格を物語る．

クーデターの翌1962年12月には，大統領権限の拡大をうたう改憲案を国民投票によって可決した．引きつづいて朴正熙は1963年10月の大統領選挙に民主共和党総裁として立候補，張勉内閣時代の大統領であり韓国の旧政治家として名をなした尹潽善（ユンポソン）を破った．韓国民は軍人出身の大統領をついに選択したのである．

2 官主導型資本主義の誕生

朴政権の登場は，現代韓国の経済発展史において決定的に重要な意味を持つ．1962年以降，韓国は首尾一貫した経済計画を用意し，この計画に沿いつつ政府の強い指導力の下で官主導型資本主義を積極的に展開し，目覚ましい成長実績を得たからである．明確な目標を設定し，その実現のための資源配分を明示し，これに見合わせて資源動員を図る軍人政権らしい組織的かつ効率的な経済運営の方式は，韓国の歴史に例をみないものであった．以下，軍事政権が韓国の経済発展史において果たした役割と意味について考察してみよう．

李朝時代以来の長期にわたる韓国の儒教的伝統の中では，軍人（武人）が政治支配権を握るという事実自体が稀有なことであった．儒教的政治支配の根幹は「徳治主義」にあり，儒教の倫理によって民衆を教化し，民衆の徳が高まる

第6章 朴時代における経済開発への挑戦　　　217

ことによって自然に社会秩序が守られることが理想と考えられてきた．政治支配の中枢を占めたのは儒教の思想を習得して「科挙」に合格した文官であり，武官の政治的地位は低かった．

　李朝時代の支配階層は「両班(ヤンバン)」と呼ばれ，文班と武班の二つが同格であるかのごとき響きがあるが，李朝500年の歴史において武人が政治の実権を持ったことはなかった．「崇文」と「重文軽武」が原則であった．文禄・慶長の役（壬辰倭乱）において朝鮮に出兵した豊臣秀吉の水軍を撃退し，救国の英雄として今日の韓国でも畏敬されている将軍李舜臣(イスンシン)すら政治的中枢をきわめることはできなかった．戦国時代から徳川時代にいたるまで，武人による政治支配の体制を確立してきた日本との対照性がここにある．

　文治官僚の関心は原典四書五経の習得にある．その思考様式は守旧的，観念論的であり，行動様式は事大主義的，形式主義的であった．現状を改革すべく新たに目標を設定し，その実現に向けて効率的に対応する進取の精神とは対極的であった．実際，儒教的倫理において私欲は蔑視の対象であり，利潤の追求は蔑まれた．

　1961年の軍事クーデターは儒教的風土の中で厚く培われてきた文治官僚制，それを支える思想と倫理を打ち破った画期的な「事件」であった．第一次経済開発五カ年計画（1962-1966年）によって開始された長期計画戦略は，軍人政権の出現によって初めて可能になったものだといってもいい．

　1961年，軍事クーデターが起こった頃の韓国においては，近代化を牽引するパワーグループは軍部以外には存在していなかった．1951年にウェストポイント（米国陸軍士官学校）に範をとって改編された韓国陸軍士官学校は，政治学，経済学，国土開発，世界戦略と国防に関する新知識を授ける当時の韓国における近代的エリートの唯一の供給源であった．朝鮮戦争は，創設されて間もない幼弱な韓国軍を強力な組織を持つ集権的機能集団へ変貌させる試練の場となった．

　　　「長い間軍隊は一貫した訓練を受けており，特に朝鮮戦争以降は合理的な教育を
　　　与えられてきた．文官の団体や組織で，明確かつ比較的公正に管理された職務を遂
　　　行している点で軍隊に近い水準にまで達した例は他にはない．そういった自信が

1961年の軍部クーデターと，政府と政治に対する軍部の指導権確立に作用した．強力な軍隊の存在は過去数世紀間の朝鮮の歴史の中では異例のことである．1961年のクーデターは，800年前に軍部が革新的役割を放棄して以来初めての事態であった」．

現代韓国の政治力学を徹底的に分析した著作の中で，グレゴリー・ヘンダーソンはそう評価している．

3 若手経済官僚の登用

軍部はみずからが近代化の担い手として登場したというにとどまらない．官僚機構の育成を図り，中枢に経済官僚組織を据えたことが重要性を持つ．軍事クーデター成功の翌1962年に第一次経済開発五カ年計画を発足させたが，計画の立案と実施に権限を持つ官僚機構として経済企画院を創設，ここに農林部，商工部，交通部，財務部などの経済関係省庁を監督，指導する権限を与えた．経済企画院長官は副首相が兼務就任し，開発行政の強力な一元化がなされた．経済企画院に象徴される新官僚機構の創設と改編の過程において見落とすことができないのは，両班出身の守旧的な官僚が排除され，開発行政の実務官僚として有能な若手が出自にかかわらず広範に登用されたことである．米国帰りのエコノミストを中心に，30歳代の清新な官僚が各経済関係省庁の中堅を形成した．これら官僚は経済政策を立案，実施していく能力を有し，経済近代化をみずからの使命とする意欲に溢れていた．

朴正煕時代にいたって，韓国は能力を持つ人間が正当な評価を受けて上方に動員される「垂直的社会移動」によって特徴づけられる開かれた社会となった．経済企画院はこの垂直的移動の頂点に位置し，多様な階層出身の優秀な頭脳がここに集い，韓国における有能な官僚集団として機能した．

韓国における軍部の権力は絶対的にみれば，きわめて大きい．しかし官僚制度が充実し，しかもこれが自己増殖と自己強化の過程をつづけてきたために，軍部権力は次第に相対化された．35年にわたる日本統治下で行政制度の中枢を日本人に握られていた韓国にとって，近代的な組織運営の主体として唯一の存在であった軍部が，独立後この面での空白を埋める重要な役割を演じたのは

一つの必然的な方向であった.

　朴時代の軍部が他の開発途上国のそれと違っていたのは，軍部自体がみずからの政治権力の拡大よりは経済近代化を優先課題とし，経済近代化の中心的主体として官僚と官僚制度を保護育成したことであり，官僚制度の拡大と整備の帰結としてみずからの相対的地位を低下させるという成熟を寛容にも許したところにあった.

　開かれた社会を創り出したのは，確かに1961年の軍事クーデターであった．このクーデターを主導したのは先に指摘したように貧農出身の名もない軍人であり，両班的な読書人階層とは縁のない人々であった．李朝時代はもとより日本の統治時代，また解放時の混乱期においてさえ両班階層以外の人間が政治支配の中枢を占めることはなかった.

　日本の統治，解放後の混乱，朝鮮戦争による破壊，戦争後の方向感覚の喪失の近現代史を経て，韓国は1960年代の初期以降，一転して経済的飛躍の時代を迎えた．韓国はいかにしてこれを可能にしたのか．

第3節　漢江の奇跡

1　経済発展の生命線としての輸出

　新政権が新たに狙ったものは何か．一言でいえば「輸出志向工業化」であった．豊かに擁する低賃金労働力を利用して労働集約的な工業製品を主に輸出市場向けに生産し，もって工業化を進め，高度経済成長を達成しようという方途であった．これは次のような合理的な情勢判断に裏づけられている．

　南北分断によって日本統治時代に蓄積された鉱工業資産のほとんどは北に帰属し，南に残されたのは過剰な人口を抱えた貧しい農村地域であった．この韓国を開発するには輸出が必要である．国民の所得水準が低いために国内市場は狭隘であり，輸出は不可避である．輸出可能な商品は当時の韓国の状況からする限り，繊維製品，合板，雑貨類などの労働集約的な軽工業品しかない．

　幸いなことに，1960年代は世界経済の「同時的拡大」の時期であった．この時期，米国，欧州，日本のいずれもが，資本主義世界の歴史の中でも稀にみる強い活力をもって拡大をつづけていた．先進国の産業構造の変動は激しく，

成長産業が次々と生まれる一方,衰退化する部門も少なくなかった.先進国における衰退産業の中心は,高賃金化によって苦しめられた労働集約的産業であった.高度経済成長によって拡大する需要と,何よりもこの衰退産業の出現によって与えられた労働集約的製品の市場に向けての輸出が可能だという確信を韓国の新政権は持った.国際市場環境を見通し,それに見合う輸出志向工業化政策を採用した能力は確かに優れたものであった.これは次のような開発途上国において一般的な政策と対照される.

第二次大戦後ほとんどの開発途上国は保護主義的工業化政策を採用した.政府の手厚い保護の下で,国内市場向けの国内企業の育成が図られた.保護主義的工業化の背後には「輸出ペシミズム」があった.工業製品の国際市場は先進諸国の独壇場であり,開発途上国が先進国企業との競合に勝って輸出を伸ばすことは容易ではないと考えられた.工業化を望むすべての開発途上国は,先進国からの輸入を制限して国内市場を国内企業のための市場として確保し,この企業(輸入代替企業)に対しては,補助金交付,低金利融資,有利な為替レートの適用,社会的間接資本の優先的利用便宜の提供など多様な保護を与えた.

2 強い政府の出現

しかし,手厚い保護の下で生産効率の改善努力は怠られた.保護によって作り出された狭い国内市場機会は枯渇し,いずれの開発途上国の工業化も開始後ほどなくして厳しい停滞に陥った.それにもかかわらず開発途上国は容易に政策転換を試みようとはしなかった.1960年代の有利な国際市場環境に恵まれながら外的世界に活路を見出そうとした国は,新興工業経済群(NIES)と呼ばれる少数の国々だけであった.

一つには,輸出ペシミズムが開発途上国を縛っていたという事情がある.しかしより重要な問題として,二つには,保護主義的諸政策が生んだ「既得権益」が開発途上国の政策転換能力を奪ってしまったことがある.保護がある期間持続すれば,被保護産業にとってこれは既得権と化する.一度与えられて恒常化した保護を排除することは,被保護産業にとっては既得権の侵害であると受け取られ,強い政治的抵抗が生まれる.既得権の規模が大きければ大きいほど,その排除はそれだけ大きい社会的コストを孕む.開発途上国においては政

府と企業家との機能は先進国のようには分化が進んでいない．「政財癒着」は強い．ここでの政府による保護政策は，企業家に向けられたものであると同時に，実はみずからの私的利権の拡張のためのものでもある．

このような形で既得権が累積した場合，状況変化に対応して政策転換を試みようとしても実行は容易ではない．保護は政府にその行政的能力を超える裁量権を与えて行政的遅滞や汚職を生み出すと同時に，保護の下で発生した既得権益の累積は結局は政府の「政策転換能力」をも奪ってしまう．張り巡らされた既得権益を切り崩して，政策転換を試みるためにはそれだけの力量を備えた強い政府が存在しなければならない．強い政府とは，政策転換すべき必要性が生まれた場合には，臆せず旧来の既得権益を排除する意思を持ち，新たな政策を実施する能力を擁した政府という意味である．強い権力と有能な人材，さらに整備された組織をもつ官僚機構の裏づけを持つことがその要件である．韓国の新政権は，多くの開発途上国とは異なり，そのような要件を整えた強い政府の創出に成功した．韓国における官僚機構の権力と能力を語らずして，この国の経済発展を展望することはできない．

3 保護政策の廃止

4.19革命は，李承晩政権による厚い保護政策の下で巨額の富を手にした特権的階層，財閥系企業，高級官僚に対する厳重な処分を要求した．「清廉」をアイデンティティとする軍事政権はまずはこの要求に応じた．多様な保護政策の中で蓄積されてきた特権的階層の財産を「不正蓄財処理」の対象とし，巨額の罰金支払いを命じてそれらを強制的に政府が還収した．還収資金は1962年に始まる第一次経済開発五カ年計画の財源の一部に組み込まれた．

不正蓄財処理と同時に，旧政権下での保護政策は次々と廃止された．保護政策に囲まれて国内市場向け生産を旨としてきた特権的企業には，国際市場競争に耐える力はなかった．政府の提供する保護政策の「獅子の分け前」に与ることが彼らの最大の関心であった．生産性の向上によって生産費を削減し，もって競争に打ち勝つという企業家的行動よりも，有利なレートの外国為替や低金利銀行資金の融資を受けたり，輸入ライセンスを確保するために，あれやこれやの手段を使って政治支配層に接近するという「政商的行動」の方を重視して

きた．公定為替レートや金利が，実勢に比較して2倍から3倍も有利なものであれば，これを掌中にしうるか否かが企業家にとっては，生産費の削減よりも重要な仕事となったのは当然である．新たに輸出志向工業化を展開するためには，こうした保護政策を廃止することが不可避であった．

保護政策の廃止は，まず外国為替市場を自由化し公定レートを実勢レートに近づけるという試み，つまり「外換率現実化政策」から始まった．この政策はその名称に相応しく，実勢を反映するレートとして実現された．1965年以降，公定レートはその変動にもかかわらず，実勢にほぼ即して調整された．

4 輸出への誘導

保護主義的工業化政策のもう一つの重要な柱であった低金利政策も，転換をみせた．1950年代，国務総理直轄の金融通貨委員会によって決定される強い金利規制の下で，韓国の預金金利ならびに貸出金利はいずれも市場金利の実勢を下回る低水準に定められていた．低金利政策は，預金金利が低いことによって金融市場に流入する貯蓄量を制限する一方，貸出金利が低いことによって銀行資金に対する超過需要を創り出した．銀行資金に接近できない企業は，非公式の資金確保ルートである「私債」に依存せざるをえなかった．私債金利は実勢を反映して著しく高く，1950年代の韓国は低銀行金利と高私債金利との「金利二重構造」の下にあった．

金利規制を廃止し，公定金利を市中実勢金利に近づけていこうという政府の意図は「金利現実化措置」と称され，1965年5月に実施された．これによって，例えば商業銀行の商業手形の実質割引率は，1964年の0.3%から1965年の14.9%へと上昇した．金利現実化政策は為替レート現実化政策とならんで，新政権による市場自由化政策の要であった．

このような自由化政策の施行によって保護主義的工業化は終焉し，一方，輸出は急速に増大した．為替レートにおけるウォンの過大評価はすなわちドルの過小評価であり，先進国からの資本集約的な投入財の安価な輸入を可能にした．したがって，このレートは輸入を強く誘発すると同時に，工業生産の方法をより資本集約度の高いものとする傾向を生んだ．低金利政策は一部の特権的企業に低利の銀行資金を供与することにつながり，その生産方法を過度に資本集約

的なものとする傾向を助長した．したがって為替レートの自由化は，低金利政策の廃止と相まって，労働過剰・資本不足という韓国の生産要素の賦存状況に適合する資源配分を可能にし，労働集約的工業製品の国際競争力強化に寄与した．

同時に，輸出産業に対する直接補助金交付，事業所得税・法人税の軽減もしくは免除，輸出用投入財の輸入関税の払い戻しもしくは免除，輸出産業への融資における特恵的利子率の適用などの形を取った政府の輸出促進政策が活発に展開された．先に述べた金利現実化政策の中にあって，輸出関連産業への貸出し金利は逆に以前より低下した．1965年における韓国銀行ならびに一般商業銀行の輸出手形割引率は，前者が年率3.5％，後者が6.5％であった．同一時点での商業手形割引率がそれぞれ28.0％，24.0％であったのと比較すれば，いかに大きい優遇条件が輸出産業に与えられていたかが理解されよう．

5　輸出競争

経済成長の主要な部門を形成したのは，労働集約的製品の輸出部門であった．賃金水準は低位にあるが，労働集約的産業において衰退化しつつある先進国の同産業を追い上げ，韓国は製造業品の供給国としての地位を確保した．

1970年代に韓国は重化学工業化の時代に入り，輸出も労働集約的な軽工業製品から次第に鉄鋼，造船，石油化学，機械，電子機械などの重化学工業製品に重点を移し始めた．特に大きな伸びをみせたのは，輸送機械，電気機械，通信機械などの機械製品であり，総輸出額に占める機械製品輸出額の比重は1971年の8％から1979年には32％へと上昇した．他方，賃金の急上昇，東南アジア諸国の追い上げのために労働集約的な軽工業製品はその比率を減少させた．総輸出額に占める，衣類など雑工業製品の比率は1971年には42％であったが，1979年にはこれが32％となった．要するに輸出構造の高度化が開始されたのである．

1970年代の韓国は輸出至上主義の時代であり，輸出はある種の信仰にまで高まった．全国の企業は「輸出100億ドル」達成のスローガンを掲げた．月1回，輸出関連企業の最高幹部を招集して輸出振興会議が開かれ，朴大統領みずからが毎回これに出席して各企業の輸出実績をチェックし，新たな輸出目標を

提示した.また1970年代の後半には輸出拡大を目指して総合貿易商社制度が新設された.政府指定を受けた商社は輸出用原資材の輸入枠を与えられ,さらに低金利の輸出金融や税制上の優遇条件をも享受した.財閥系企業は総合貿易商社の指定を受けるべく競い合った.指定基準の中心は輸出実績であり,輸出拡大競争は熾烈であった.

韓国が年間輸出100億ドルを達成した1977年12月22日には,ソウルの奨忠体育館で大祝賀会が開かれ,現代(ヒョンデ)造船,三星(サムソン)物産などの輸出貢献企業の顕彰がなされた.祝賀会で朴大統領は次のように述べた.

> 「われわれはついに輸出100億ドルを実現した.韓国の輸出は第一次経済開発五カ年計画の初年にはわずか5500万ドルであったが,15年後の今日,100億ドルの目標を計画より4年も早く達成することができた.経済大国の西ドイツですら輸出を10億ドルから100億ドルに拡大するのに11年かかり,日本もまた16年を要した.それを韓国は7年でなしとげた.われわれは分断された国土の中で好戦主義者と対峙しつつ,しかも世界的不況に直面しながら,このような成果を上げることができた.100億ドル輸出は,民族の無限の力と潜在性を誇示したという点において,絶大な意義を持つものである」.

輸出は量的に拡大しただけではない.国民経済全体に占める輸出の比重が増大し,輸出の拡大が高い経済成長率を牽引した.国内総生産に占める輸出の比率すなわち輸出依存度は1965年には10%に満たなかったが,1972年には20%を上回り,1979年には35%を超えるという変化をみせた.韓国の高度経済成長は輸出の急成長によって実現されたのである.

第4節 外資依存経済

1 輸入を誘発する輸出

韓国の輸出は確かにめざましい速度で拡大した.しかし輸入需要は一段と強く,韓国の貿易収支は1962年以来,長らく赤字であった.韓国の輸入が拡大をつづけてきたのは,高度経済成長の下で輸入需要が高水準に維持されたからである.しかし韓国の工業化が典型的な「加工貿易」の下で進められ,工業化

の進展が輸入の拡大を誘発する構造を有してきたという事情を指摘しなければならない．

韓国は，素材，中間製品や機械設備などの生産基盤の弱い未熟な工業発展段階にありながら，しかし急速な輸出拡大を図った．輸出の中心は，労働集約的な組立・加工製品であった．先進国から輸入した素材，中間製品を，同じく先進国から輸入した機械設備を用いて組立・加工して製造した最終製品を輸出するという構造が基本であった．急速な重化学工業化にもかかわらず，部品などの中間製品，機械設備などの資本財の生産基盤はなお弱く，これらを輸入に依存しながら輸出拡大を図るというのがその発展経路であった．

一国の総供給は国内生産と輸入から成る．輸入依存度とは総供給に占める輸入額の比率である．一般機械部品，電子部品などの中間製品，一般機械，産業用電気機械，原動機などの資本財の輸入依存度はきわめて高い．電子応用機器や船舶など韓国の輸出主力商品の輸入依存度が高いという事実は，韓国の加工貿易型構造の内実を端的に物語る．

このような構造の下で輸出の拡大は同時に輸入の拡大を誘発し，そのゆえに貿易収支の改善は容易ではなかった．産業連関表分析の手法を用いると，1単位の輸出がどの程度の輸入を誘発するかという輸入誘発係数を計測することができる．韓国のこの係数は1970年0.26, 1973年0.35, 1975年0.36, 1980年0.38と推移した．1980年において韓国の輸出が1単位増加すれば，それと同時に0.38単位の輸入が増加するという構造である．しかも1970年代を通じて，この係数が上昇してきたという事実も注目される．韓国の誘発輸入需要を満たしてきたのが日本であった．

2 拡張主義的経済

貿易収支の赤字に対して韓国政府が採用してきたのは，輸入削減による経済の縮小均衡ではなかった．外国資本の積極果敢な導入であった．かかる拡張主義的経済運営なくして，韓国の高度経済成長はありえなかった．貿易収支の赤字解消を図るべく輸入を削減すれば，資本設備，素材，中間製品の十分な供給はなされず，生産基盤が損なわれて輸出の伸びは低迷せざるをえないからである．外国資本の中心は借款であった．

外国借款を通じて提供されたものは多様であるが，その中心は資本設備であった．第二次経済開発五カ年計画期を例にとると，外国資本の形態別内容は資本財79％，原資材5％，消費財16％であった．第二次計画期間中の固定設備投資額8406億ウォン中，外資の寄与は4824億ウォンに及び，国内投資の57％が外資によってまかなわれた．外国借款なくして往時の韓国の工業化は考えられなかった．

韓国の国内投資に果たした外国資本の寄与を眺めれば，改めてその寄与率の高さがうかがわれる．外国資本は，政府ベースの公共借款，民間ベースの商業借款，外国直接投資の三つに分けられる．1960年代の中頃までの韓国は典型的な開発途上国とみなされ，据置き期間と返済期間が長く，金利もまた低い，譲許的条件の公共借款の対象国であった．米国援助がその中枢を占めた．

1960年代の後半期にいたると，韓国の経済力が次第に世界の注目を浴びて商業借款が急増した．日本と米国の借款が中心であり，西ドイツ，英国がこれに加わった．建設，合成繊維，化学肥料，セメント，金属，精油などの，政府が重点産業として指定した部門に対する商業借款の役割には大きなものがあった．石油ブームによって中近東諸国への大規模な建設輸出が試みられた1978年には，建設業を中心に一年間に19億1300万ドルの商業借款が韓国に供与され，商業借款のみで外資導入総額の67％を占めた．

1970年代に入ると外国直接投資がこれに加わる．1969年には台湾の高雄輸出加工区に範をとって「馬山輸出自由地域」が創設され，翌年から日本企業を初めとする外資導入がなされた．1972年に開始された第三次経済開発五カ年計画期には，馬山以外にも相似た性格を持ついくつかの工業団地が建設され，外国企業の一層の導入が図られた．

3　戒厳令下の日韓条約

韓国の外資導入の歴史において重要な役割を演じたのが，1965年12月に結ばれた日韓基本条約である．ケネディ政権は民政移管が完了する1963年まで韓国の軍事政権には外資の提供を一切行わず，そのために1962年に始まる第一次経済開発五カ年計画は，最初から資金不足に悩まされた．

国際収支の逆調に苦慮する米国は，対韓経済協力の「肩代わり」を日本に求

め，韓国は日本の協力受入れを選択した．日韓基本条約の締結によって，無償3億ドル，有償2億ドル，民間借款3億ドルの供与が決定され，これが「呼び水」となって1965年以降，外資導入が加速度的に拡大した．日韓基本条約の締結によって日韓の国交が解放後初めて正常化され，以降，日韓経済の密接な関係が形成されていった．

とはいえ日韓条約に寄せる韓国人の心情は複雑であり，条約締結の賛否をめぐって国論は深刻な分裂状態に陥った．しかし朴正煕大統領は過去のしがらみにこだわりつづけて低迷を余儀なくされるよりも，あえて日本からの資本導入に踏み切り，これを通じて自立経済の達成を図る方がより優れた方向であることを知っていた．

1964年の3.1記念日の式典演説で朴大統領は，「韓日両国は巨視的立場にたち，大胆な決断をもって正常な国交を開くべき秋(とき)にきた」と言明した．日本統治に対する抵抗を記念すべく設定されているこの記念日に，そうした発言を行ったことは画期的であり，大統領の並々ならぬ決意をうかがわせた．これに呼応するかのごとくに，野党，学生の強固な「対日屈辱外交反対」のキャンペーンが開始され，同年の6月3日の戒厳令発布にいたるまで，韓国は李承晩政権打倒の4.19革命の時期を再現する政治の季節に入った．

5月25日には，国会議事堂から青瓦台（大統領官邸）にいたる通りがデモ隊で埋まった．反対運動のデモは翌26日には釜山，大田，光州にも広がり，折りから日韓交渉のために日本を訪れていた金鍾泌(キムジョンピル)の即時召還を要求した．朴大統領も金の召還命令を出さざるをえなかった．

6月3日には，1万5000人から成る最大規模のデモが国会議事堂を目指して開始され，市内の非常線はデモ隊によって次々に打ち破られた．ここにいたって政府は非常戒厳令を公布し，ソウル周辺の二つの野戦師団と二つの予備師団兵力が市内に進駐した．日韓の14年交渉は，傷だらけの出発を余儀なくされた．明くる1965年2月に日韓基本条約仮調印，4月に漁業協定，請求権協定の仮調印，6月にそれらの正式調印，12月18日には条約批准書交換を終え，両国は正式に国交を回復した．

第5節　重化学工業化へのテイクオフ

1　加工貿易型経済からの離脱

韓国における輸出の主力製品は，繊維製品，家庭用電気・電子製品，造船，合板類，雑貨類などの労働集約的な軽工業製品であった．これらは原料，素材から中間製品を用い，これを組立・加工して製造される迂回生産過程の下流に位置する最終製品である．韓国がこの下流の最終製品の生産から工業化を開始したのは，素材，中間製品，資本財等の上流にある投入財生産の自生的発展の基盤が不十分であり，関連産業の裾野を持たない未熟な段階から工業化を出発したからである．

生産が迂回生産過程の上流に向かうほど最適生産規模は大きくなり，生産方法もより資本集約的となる．それゆえ国内市場が狭く，資本不足・労働過剰という初期条件下にあった韓国が労働集約的な最終製品の生産から工業化を開始したことは当然であった．最終製品生産のための投入財の輸入依存度は大きかった．最終製品輸出・投入財輸入という加工貿易型構造がその帰結であった．

加工貿易型構造は「従属型」構造であり，重要な基礎的投入財についてはこれを国内で生産可能な体制を確立しない以上，真に自立的な経済とはなりえない．一国経済が加工貿易に依存しつづける限り，成長の波及力が国内部門に及ぶ度合いは小さく，その多くは海外に漏出してしまう．それゆえ繁栄する輸出部門が他の国内部門の成長を誘発する力を持ちえず，「二重経済化」する危険性もまた大きい．

かかる構造の下では輸出の増大は投入財の輸入を誘発し，貿易収支も好転しない．また一国経済が海外に大きく門戸を開くために海外の市場条件の変動に応じて経済全体が揺れ動くという，対外的に脆弱な体質となりがちである．自立的国民経済を形成するには，素材，中間製品，資本財の生産基盤を創出する努力が不可欠であった．その努力が重化学工業化である．1970年代の初頭以降に展開された韓国の重化学工業化の成果には刮目すべきものがあった．

2　先進国の4倍のスピード

重化学工業化の指標として重化学工業部門付加価値に対する軽工業部門付加

価値の比率，いわゆるホフマン比率を用い，特定国についてこれを測ってみると，欧米諸国に比較して日本が，さらに日本に比較して韓国，台湾が一段と速い重化学工業化への傾斜をみせていることがわかる．

ホフマン比率が5.0-3.5の範囲で表される工業化第1段階から3.5-1.5の第2段階への移行に主要先進国は20年から30年を要したが，韓国はより短い期間にこの移行を成し遂げた．韓国のこの比率が4.0から2.0に下がったのは1960年代の初めの数年においてであった．韓国は1970年頃から比率1.5〜0.5の工業化第3段階に入った．第2段階から第3段階への移行を韓国はやはり数年を要しただけで実現した．先発国の経験に比較してここでも3倍から4倍の速度がみられた．

1973年の年頭演説において朴大統領は，「韓国の経済はいまや重化学工業化の時代に入った．政府は今後，重化学工業部門の育成に最大の努力を傾注する」という重化学工業化宣言を出し，同時に鉄鋼，非鉄金属，石油，機械，造船，電子工業を6大戦略産業として指定した．1972年に始まる第三次経済開発五カ年計画は重化学工業化計画である．戦略的重化学工業部門は政府の育成対象となり，税制上，金融上の支援の下で生産拡大の基盤を形成し．外国借款が重化学工業部門に優先的に注入された．

韓国の重化学工業化を特徴づけるのは，重点産業ごとに重化学工業基地を造成して地域的集団化を図り，集積の利益を得ようという努力である．浦項製鉄基地，昌原機械工業基地，蔚山石油化学工業基地，温山非鉄金属工業基地，浦項鉄鋼関連工業基地，玉浦造船工業基地などがそれである．これらの工業基地は政府によって造成され，道路，港湾，水道，電力などの社会間接資本を整備した上で企業誘致が図られた．基地内に立地する企業は，税制，金融上の特別措置を享受できるとともに，機械設備など資本財の輸入には関税・物品税免除などの特典も与えられた．

往時の韓国の重化学工業化の象徴は，1973年7月に粗鋼換算103万トンの規模でその第1期工事が完成した国営浦項総合製鉄所であった．韓国の粗鋼生産全体に占める浦項製鉄所のシェアは1973年に39％を記録し，1976年の58％を経て1980年の終わりには60％となった．この製鉄所の規模は1976年5月の第2期工事，1978年2月の第3期工事の完成によってそれぞれ237万ト

ン，458万トンになり，さらに第四次経済開発五カ年計画期の最終年1981年2月に835万トンの水準にいたった．

3 国家的ベンチャーとしての浦項総合製鉄所

鉄鋼業について先発国と後発国の発展速度を比較してみると，1880年を前後する時点で，粗鋼生産100万トンからスタートした英国，ドイツが1500万トンを達成するのに要した期間はそれぞれ60年，54年である．フランスは60年を要した．最も急速な粗鋼生産の拡大をみせた米国，日本も24年，34年という期間が必要であった．韓国はわずか10年を少し超える短期間にこの巨大規模を実現した．

工業化の速度は特定工業部門を取り上げた場合には，この部門の輸入期→国産化期（輸入代替期）→輸出期とつづく産業発展段階の移行速度としてこれを捉えることができる．繊維，電気・電子，造船，石油化学，鉄鋼などの諸産業にみられる，輸入依存度の減少速度と輸出依存度の上昇速度は日本の歴史的経験より速かった．

再び鉄鋼業を例にとると，1973年の浦項総合製鉄所の第1期工事の完工によって，鉄鋼業の輸入代替が進み，同時に粗鋼ベースでみた輸出依存度は1970年代の中頃に30%を超え，1980年代に入って以降は継続的に50%を上回った．輸入依存度の減少と輸出依存度の上昇とがほとんど同時的であり，産業発展段階の「圧縮」は明瞭である．

浦項総合製鉄所は政府の重化学工業化計画の下で，国家の財政的資金と外国資本を集中的に投下して建設されたものであり，その技術は在来のものとは関係なく外国の最先端技術を導入して形成された国営の巨大生産主体である．この製鉄所は少なくとも当初は合理的な費用便益計算のうえに計画されたプロジェクトというよりは，むしろ危険を賭して試みられた，国家的な「ベンチャー」であった．

実際，韓国の一貫製鉄所計画は当初，世界銀行によってその経済性を否定された．これが第二次経済開発五カ年計画の中核的事業の一つとして再計画され，米国の機械メーカー・コパーズ社を中心とする米国，英国，フランス，イタリア，西ドイツの五カ国の鉄鋼企業8社から成る韓国鉄鋼借款団（KISA）と建

設契約を結んで,年産60万トンの製鉄所建設が開始された.しかし実行可能性になお強い懸念が持たれ,結局,2年後にはKISAの解散,建設中止のやむなきにいたった.

一貫製鉄所計画が韓国の経済力から乖離したいかにリスクの大きいものであったか,少なくとも先進国からそうみなされた事業であったかが端的に示されている.この政府事業をより大規模なプロジェクトとして建設することを可能にしたのは,旧八幡製鉄,旧富士製鉄,日本鋼管三社の技術協力,ならびに日韓基本条約にもとづいて支払われた対日請求権資金であった.

4　重化学工業化への求心力

1977年に始まる第四次経済開発五カ年計画において重化学工業化は一段と加速した.この時期,財閥系企業の重化学工業部門への進出はラッシュとなり,現代重工業,現代造船,三星重工業,大宇(デウ)重工業,大韓(テハン)重機,双竜(サンニヨン)重機などが急速な投資拡大を試みた.第四次計画期間中に予定されていた重化学工業支援のための政府計画資金を,前半の3年間で使い果たしてしまうほどの熱の入れようであった.軽工業部門と重化学工業部門に対する政策金融の配分は1974-1975年には1対1.5であったが,1977-1978年にはこれが1対4.5となった.

韓国の重化学工業化を推し進めた重要な要因として,この国を取り囲んでいた当時の国際環境の問題に言及しないわけにはいかない.解放後の韓国の国際環境はつねに強い軍事的・政治的緊張に満ちたものであった.北朝鮮との対立は国民の間に強国への志向性,強国を支える重化学工業化への求心力として作用した.

1970年代に入って加速した米国の朝鮮半島における軍事的コミットメントの希薄化,在韓米軍の段階的縮小は,韓国民に経済,軍事両面における自立化の緊急性を意識させ,重化学工業化への強い国民的支持を醸成した.1977年1月の米国カーター政権登場と同時に発表された在韓米地上軍の撤退計画は,朝鮮戦争後の韓国に与えられた最大の脅威であり,重化学工業化計画がこの時期に急速に推進されたのは決して偶然ではない.

生産労働人口のうち,軍務に従事する人口は常時40万人から50万人,加え

て軍事費が国家予算の40%を占め,こうした負担は韓国の経済発展にとって過重であった.しかし韓国の重化学工業化を推進した重要な要因は,この過重を支える国民的情熱にあった.「富国強兵」が明治期日本の工業化イデオロギーであったのと同様,「滅共統一」が現代韓国の重化学工業化の重要な理念として機能したのである.

参考文献

速水佑次郎『開発経済学——諸国民の貧困と富』創文社,1995年.

グレゴリー・ヘンダーソン『朝鮮の政治社会——渦巻型政治構造の分析』鈴木沙雄・大塚喬重訳,サイマル出版会,1973年.

渡辺利夫『現代韓国経済分析——開発経済学と現代アジア』勁草書房,1982年.

───『開発経済学——経済学と現代アジア[第2版]』日本評論社,1996年.

第7章　朴正熙開発戦略の移行経済への教訓

アレクサンドル・Y・マンスローブ

　現代韓国の歴史は1961年5月16日に始まった．この日，43歳で革命家となった朴正熙が軍事クーデターを起こして政権を掌握した．彼は過去の韓国から引き継いだ負の遺産と腐敗・汚職の蔓延を根絶させ，国家の矜恃を取り戻して経済発展を大きく前進させることを誓った．彼は厳しい権威主義統制を敷き，18年の間に奇跡のような経済発展の実現に成功した．貧しく遅れた国家を世界で一流の産業国家に変貌させるべく，朴は「停滞し，暢気で封建的であった韓国社会」を強制的に活性化させたのである．

　1980年代の中頃から「漢江(ハンガン)の奇跡」は世界中の大きな注目を集めた．韓国の友好国も敵対国も韓国の社会経済と政治の発展を分析するために相当の時間を費やした．いわゆる韓国のキャッチアップ型開発やその起源，経済的ダイナミズム，および成功と継続的な発展に貢献した諸要因についての分析が進められた．旧ソ連邦も例外ではなかった．

　1980年代の中頃より以前においては，旧ソ連共産党や一般大衆は，韓国に対してはイデオロギーに影響されたきわめて否定的なイメージしか持っていなかった．韓国は軍事ファシストの独裁者が，政府に対する抵抗運動，例えば1980年5月の光州(クワンジュ)事件や学生運動を抑圧し，封建的で停滞した後進国であるとみられていた．米軍のお節介な善意に完全に頼り切っていた傀儡政権だとも思われていた．

　多くの人々は1988年のソウルオリンピック開催によって韓国の真相に気づいた．旧ソ連邦の人々の多くも初めて韓国の驚異的な経済的成功を知るようになった．ソウルオリンピックは，韓国が世界の主要経済大国の仲間入りをするところまできていることを旧ソ連邦の人々に知らしめた．1987-1988年の大規

模なデモ行進，1988年の先例のない民主的な大統領選挙，国民議会，政府の行政と司法を観測していた多くの旧ソ連人は，政権の政治的特質を再評価しなくてはならなかった．旧ソ連人は韓国の民主化や政治的自由化が不可逆的に進歩していることを知った．

同時に，旧ソ連邦の学界の中では韓国像の「非米化」が大きな流れとなり始めた．韓国の学者たちは，韓国と米国経済の緊密な関係は韓国全体の経済発展にとってマイナスよりもプラスであると実感していた．韓国経済は顕著に米国に偏った貿易や投資に依存している事例ではなく，世界経済に実にうまく統合されているケースとして肯定的に捉えられるようになった．1980年5月に光州で起こった虐殺では，米国の果たした役割は消極的なものに過ぎなかった．米国の役割は非常に誇張されて伝えられた．また米国が韓国から軍隊を撤退させることができないのは多くの韓国人がこれに反対しているからだ，ということが学者たちにもわかってきた．盧泰愚大統領が1988年7月7日に宣言した「北方政策」は，米国の扇動する単なるもう一つの「北方支配のための反共運動」ではなく，北朝鮮をも含む社会主義ブロックとの外交・政治・経済関係の正常化を目的とした，独立した外交戦略であることが理解されるようになった．換言すると，韓国は独自の国家的アイデンティティならびに具体的な国家権益を持っていること，国際舞台で韓国問題を扱う場合にはこのことを忘れてはならないと旧ソ連共産党は理解するようになった．

1980年代の後半，旧ソ連邦自身が深刻な社会経済危機に陥ってインフレと失業に見舞われ，窮乏と不平不満が蔓延していた．民心は，提起はされながらも，長年実現されることなく終わっていた政治公約と公共政策の失敗で疲れ切っていた．こうした時代に旧ソ連邦の学界は，東アジアとラテンアメリカの新興工業国家における後発工業化の経験に注目した．特に韓国が注目を集め，以下のような問いかけがなされた．

「一体どうして1961年に1人当たりGNP 80ドルの遅れた農業国が，1989年に1人当たりGNP 4570ドルを誇る産業国家になったのか」「韓国の経済的成功に特有の要素は何か」「どうしたらソビエトの経済，政治，社会は韓国の発展モデルから学ぶことができるか」．韓国の経済的奇跡とその主な立役者である朴正煕は，遅ればせながら世界からの注目を受けた．晩年のソ連邦の政策

立案組織内の改革主義派から肯定的な反応がみられるようになった．

第1節　後期ソ連邦における朴正煕遺産の再評価

　1980年代の後半期に，旧ソ連邦は大衆の消費を無視し，国内工業再生のための需要を満たす巨大な重化学工業基地を建設した．しかしこれはすっかり陳腐化していた．ガスと石油の輸出で動いていたこの非競争型経済はすでに失速していたのである．政策立案者の目的は，消費者需要を満たすよう生産構造を再編し，躍進のきっかけとなる多くの高度技術産業を育成し，全般的な科学技術レベルを上げることであった．高度技術産業が旧ソ連邦経済に適切な競争優位をもたらし，国際市場で西欧の先進国経済との競争を可能にするものと期待された．政策立案者は，その目的を達成するため「第二波工業化」や「消費者主導の後発工業化」を通じて経済成長に再び点火させる方法を模索した．

　朴正煕の経済改革に関する旧ソ連邦の初期の研究は，やや記述的で一般論的であり，旧ソ連邦と韓国との構造的類似性が強調された．例えば，類似性としては経済発展における国家の大きな役割，経済社会の高度軍事化，強い保護主義，与党と国家の統合された政党国家，イデオロギーの支配的役割（それぞれ共産主義と反共産主義），個人崇拝の伝統，内部抗争を解決する方法としての「暴力の文化」などが上げられた．

　研究者たちは，広く認知されている後発工業化政策の肯定的側面を強調した．例えば，韓国の輸出志向的発展，西欧先進国からの莫大な資金と技術の導入，国営部門の大きな役割，韓国人の勤勉な労働と自己犠牲などであった．朴正煕の経済戦略は全体的にみて成功し，いわゆる「漢江の奇跡」を生み出したが，その戦略を旧ソ連邦経済の現実と実際に適用することはほとんど不可能だと彼らは主張した．

　そうした主張は，主に旧ソ連邦内部の経済的政治的な配慮にもとづいていた．第一に，輸出志向の後発工業化という新しい戦略は国内消費の一層の削減を意味し，政治的に実行不可能であった．当時の飢餓に苛立っていた旧ソ連邦の民衆はそれを受け入れようとはしなかったであろう．第二に，1960-1980年代の韓国経済においては政府の規制や援助が大きかったものの，私的所有および利

潤動機にもとづく資本主義的な市場経済が基本であり，この二つの構造的要因が長期的成長を支えていた．この構造的要因が中央計画国家である旧ソ連邦経済と根本的に異なる点であり，長期的な収益性や競争力に影響を与える要因だと考えられた．第三に，ゴルバチョフが改革・開放政策を採用したにもかかわらず，旧ソ連邦は西欧技術の導入はできなかった．朴正熙が20年にもわたって享受した潤沢な技術・資金援助の恩恵を旧ソ連邦は受けることができなかった．第四に，旧ソ連邦政権の斜陽時代，共産党にせよ改革リベラル派にせよ，新しい野心的な経済再構築の目標達成のために旧ソ連邦の労働力を動員することは難しかった．ましてや後発工業化でみられた韓国人の自己犠牲や禁欲的生活といったものを，すでに70年間にもわたり共産主義制度のために事実上強制されてきた旧ソ連邦の民衆に期待することなどできるはずもなかった．

同時に朴正熙の統治に関する旧ソ連邦の初期の研究では，韓国の経済発展モデルにおける数多くの問題点が指摘された．研究者が強調したのは，第一に，韓国では経済力と土地所有が家族単位の少数の特権階級の手に過度に集中していたことであった．経済成長は富裕者と貧困者との間の所得格差や資産の不平等を拡大させる傾向があり，政府に対する民衆の憤りに油を注いで社会的緊張を強めるということであった．激化する労働紛争，爆発寸前の農村の不満，深まる地域格差などは，朴正熙がやったような加速的なキャッチアップによっては解決できないと考えられた．

第二に，これらの研究では，経済活動に対する過度の政府干渉がいくつかの重要な重化学工業の国際競争力を失わせることにつながると指摘された．重化学工業は政府保護の温室の中で活動し，逆に銀行や金融さらに農業といった経済的に重要な数多くの部門の発展が阻害されるとも主張された．

第三に，厳しい価格統制と賃金の行政的規制，商品，外貨，外国資本などの輸入・導入に対する政府統制が市場機構の発展に深刻な障害になると一研究者は指摘した．彼は韓国経済は1970年代の中頃から1980年代までに労働生産性や収益の成長を鈍化させ，経済効率性も弱まったと主張した．

研究者の間で合意がみられた第四として，李承晩が1950年代に統治していた時代に韓国に新しく生まれた民主主義制度は，朴正熙の軍事政権による権威主義的統治の犠牲となり，弱体化したと捉えられた．韓国の市民社会は，奇跡

的な経済躍進と引き替えに大きな代償を払わなくてはならなかったとされた．朴正熙はカリスマ的なリーダーシップを発揮し，彼の考えた「行政的民主主義」「誘導的民主主義」，あるいは「韓国式民主主義」は，強力な軍部，警察の治安機構によって支えられていたと主張された．そのために韓国の政治発展は大きく後退し，真に民主的な制度や規範，民主主義的な市民文化の生成が阻害された．また偏向した国家監視や警察権の乱用，縁故主義，同郷者と同窓生への依怙贔屓，汚職などの社会現象といった，東洋専制的な韓国社会の半封建的な伝統がなくなることはなく，韓国の政治リーダーシップと官僚機構の質は低下し，道徳的な規律と与党政権の国内的合法性は弱まり，大衆の不満は高まっていくといわれた．

　しかしここで指摘したいのは，旧ソ連邦は，朴正熙の主導した「漢江の奇跡」の経験や教訓を含む1980年代後半における政治経済の発展に対しては，ほぼ肯定的な再評価がなされたという事実である．このことが，1990-1991年に旧ソ連邦と韓国の間で外交関係が正常化し，経済関係，政治対話，科学文化交流などを活発化させたゴルバチョフ政権の最終的な決定に好ましい影響を与えたのである．

第2節　初期ロシアの朴正熙経済戦略に対する評価

　旧ソ連邦の崩壊から1カ月後の1992年1月，首相代行のエゴール・ガイダルに率いられた最初のロシア政府は，経済自由化の一連の改革を断行した．価格と賃金の国家統制が解かれ，海外貿易や投資，通貨交換が自由化された．また私的所有が合法化され，民間の企業家は自由に活動できるようになった．こうして新しく生まれたロシア国家は，ビッグバンのように経済自由化と市場形成加速化の道程を進むことになった．ロシア型ショック療法が意図した目標は，市場経済の急激な導入により，キャッチアップ型開発の段階ならびに消費者需要に適した重化学工業経済の漸進的な再構築という過程を迂回し，一気に先進資本主義国の仲間入りを図ることにあった．

　1990年代の初め，朴正熙の経済政策に関する解釈や，ロシアが計画統制経済から市場経済に移行し，権威主義から民主主義に変化していくに際して，韓

国の経験がどの程度応用可能であるかという議論をめぐって，リベラル派のロシア人エコノミストと保守的な共産主義の反対派とが対決した．ロシアの急進リベラル派は資本主義の経済開発における朴正熙の戦略を受け入れなかった．資本の原始的蓄積や市場形成，輸出志向的成長を通じ，第二波工業化，ポスト工業化段階へと移行するのに必要なすべての経済的プロセスを統制するような「まことに巨大な国家の役割」は旧ソ連邦には期待できないと彼らは主張した．1990年代の初め，急進リベラル派は1960-1970年代の韓国の経験やロシア保守派の考えとは違ったショック療法形式を採用し，ロシア経済における主要な国家の調整機能をすべて撤廃し，国家補助金を廃止するようロシア政府に勧告した．

特に中央経済計画の機能は非効率であるとして，その廃止を強く勧告した．旧ソ連邦の国家計画委員会は，五カ年経済開発計画の企画や監督に責任を持ち，副首相に率いられた韓国の経済企画院に例えられる．そして誤った資源配分や資源の浪費に対しては国家計画委員会に責任があるとリベラル派は主張した．

ロシアのリベラル改革派は，価格や賃金，信用，金融に関する国家独占を破壊しようとした．韓国における朴正熙の初期時代と同じように，旧ソ連邦では労働市場が厳しく規制され，価格統制も強力であった．また商業銀行は国有化され，中央銀行その他の銀行における人事は国家によって任命された．朴正熙政権は旧ソ連邦の共産主義政府のように，ほとんどの価格や賃金を決定し，信用供与水準を管理し，利子率を固定化して産業投資を拡大させた．そうして韓国政府は政策目標に沿って社会の経済的基礎を形成しようとしたが，リベラル改革派は同様の観点からロシア政府を批判した．

ガイダル政権は外国為替と外国貿易の国家独占を廃止した．ロシアのリベラル派は朴正熙の輸出志向的な成長戦略とは対照的に，多くの輸出補助金を削減し，以前は高率であった輸入関税を大幅に引き下げるよう主張した．ロシアの保守派や共産主義反対派が落胆したのは，ガイダル政権の自由貿易政策が原材料の採掘・採取やその輸出を促進し，機械・機器の輸入を事実上停止させ，贅沢品の流入を促し，派手な散財や劇的な海外資本逃避を結果的にせよ生じさせてしまったことにあった．

ロシアのリベラル派が韓国のキャッチアップ型開発モデルに関連して肯定的

に評価した数少ないものの一つに，政府が巨大民間企業や民間起業家の育成を促進したことがあげられる．朴正熙は，三星(サムソン)，現代(ヒョンデ)，大宇(デウ)，LG（旧ラッキー金星）などの有名な韓国の財閥を支援し育成した．例えば，無制限の特恵的融資，国家補助金，輸出インセンティブ，インフラ開発のための税軽減，債務の決済繰延べや債務帳消しなどを財閥に提供した．その条件として個々の財閥は指示されたビジネスへの専門的特化，価格政策，他の政策指針などに関する政府の命令に確実にしたがわなければならなかった．ロシアのリベラル派は朴正熙のこうした取り組みを高く評価し，朴が韓国の巨大企業をまったくゼロから育成したという経験は，ロシアにとって有益だと考えた．朴は政府の「指示」を無視した企業に対しては信用限度額を減額させたり合法的な圧力をかけたり，また反抗的な経営陣のトップを逮捕さえするという威圧的な行動を取った．こうした行動に対する支持者は，全体主義的な指令統制という旧ソ連邦の慣行が染みついていたロシア官僚の中に多く存在していた．

　1990年代の前半期，ロシア経済の崩壊によって資本の海外逃避がつづき，財政は一挙に悪化した．ロシア政府は国際収支の赤字穴埋めと構造調整のためにますます多くの外部資金を借り入れ，国際金融機関や外国政府に対するロシアの負債が増大した．その結果，経済再構築により外国支援や外国融資が増大することに期待し賛同する政府の政策支持者は，「漢江の奇跡」が少なくとも1980年代の初めまでは主として二国間借款や国際金融機関からの借入れによって推進されたものであったことを強調した．彼らは韓国の第三共和制時代，直接投資はさしたる役割を果たさず，ほとんどの外国投資が合弁事業やポートフォリオ投資に限られていたことをも強調した．大きな負債をともなう輸出志向型経済成長という朴正熙のモデルは，石油輸出を自由化すれば販売収入増加が世界市場で期待される状況下においては，ロシアの外債急増の問題を正当化するものと考えられた．

　多くのロシアの知識人は，朴正熙の開発モデルには次のようないくつかの重要な欠点があるとも考えていた．第一に，20年間にわたる韓国の驚異的な成長率は，都市と地方の発展，重工業と軽工業，さらに巨大企業と中小企業などの関係に深刻な構造的不均衡をもたらした．高度経済成長は外国資本の借入れによって推進され，技術進歩や労働生産性の上昇ではなく資源の野放図な利用

と労働者の厳しい搾取が発展を支えた．それがいつかは終わるということは明白であり，実際，1980年代に韓国の成長は停滞してしまった．第二に，輸出志向の第二波工業化は国内市場の閉鎖につながった．最終的に，西欧諸国から貿易障壁を削減し外国貿易を自由化すべきだという圧力が強まった．第三に，厳しい労働条件（6日間で60-70時間の長時間労働，なきに等しい社会福祉や社会保障制度など），深まる社会的分裂，強制的な公的貯蓄などは，労働者階級からの激しい反対や中流階級からの不平不満を引き起こした．その結果として社会的安定性が損なわれ政治不安につながった．第四に，朴正熙の冷酷な統治によって拡大した人権侵害，個人的自由の欠如，政治的迫害などは，目を見張らせる経済的躍進の一方で，与党政権の国内的合法性を次第に弱め，1980年5月の光州虐殺にまで行き着いてしまった．多くのロシアの知識人は，旧ソ連邦における血まみれのスターリン統治下で育ってきたために，朴の権威主義による社会，政治，経済面での犠牲というコストは，その推進を正当化するにはあまりにも大きい代償だと考えられたのである．

第3節　1990年代後半期の朴正熙開発モデルに対する評価

1990年代を通じて「強力な国家」と行政執行権の強化を支持したロシア人たちは，激しい社会経済の混乱や政治的断裂，終わりのない階級闘争，蔓延する政府の汚職などに終止符を打つために「強権政治」を望んだ．民主的改革への転換を求めるロシア人は，東アジアの虎と呼ばれた国家の政治的経験に希望を託した．これらの国では，権威主義国家が未熟な社会を現代にまでつながるキャッチアップ型発展の軌道に見事に誘導し，最終的に政治の自由化をももたらした．特に韓国における壮大な現代化の創始者が市場という「見えざる手」やマクロ経済の自動調整機能という正統派の考え方を信仰する「理論の罠」に陥らなかった，という事実に彼らは強い印象を受けた．彼らは民主主義による統制を拒絶しようとして，「民主主義と呼ばれる輝きを失った宝石は，飢えと絶望に苦しむ人々にとってまったく価値がない」という朴正熙将軍の有名な文言を好んで引用した．

権威主義政権の復活を求めるロシアの強硬路線の提唱者は，朴正熙の韓国，

第7章 朴正煕開発戦略の移行経済への教訓

アウグスト・ピノチェトのチリ，ケマル・アタテュルクのトルコなどといった新興工業国家では，政治経済の移行期間という歴史的に重要な局面では軍隊が最終的な決定権を握っていたと主張した．ロシアの社会経済発展における国家の安全保障機構や産軍体制の役割拡大を求めた．そして彼らがしばしば指摘したのは，韓国社会が現代化へのプロセスと経済発展のダイナミズムを推進している期間において，朴正煕自身に先導された多くの軍部は実業家と合流し，軍事に関連した「資本主義官僚」という単独のエリート集団を形成したという事実であった．このエリート集団は，民間の争いと目に余る汚職から国を救うために「戦車ではなくリムジンに乗って国会に乗り込んだ」．ついでながら，国力増強を提唱したロシア人のこうした軍国主義的目標は，ロシアの大統領にプーチンが選ばれて以降，事実上実現してしまった．プーチンは旧KGBの秘密諜報員であったが，ポスト工業化への飛躍を目指してロシア社会を誘導して，国家の安全保障機構の活用を熱心に唱道した．

儒教を経済発展の障害だとする古典的なウェーバー流の考えとは対照的に，より正統派的なロシアの思想家は儒教的伝統が韓国の経済的成功の骨格にあると考えた．なぜなら儒教では階層秩序や従順性，教育と家族の尊重，倹約と適応が重視されたが，「漢江の奇跡」を起こす上でこれらが非常に重要な役割を担っていたからである．同じ論理を用いて，労働の倫理と公共の道徳を強化し，市民的平和を回復し，より大きな国家目標を達成するためにロシア人を動員する方法として，ロシアの正統派的伝統を復興させることが必要だと力説された．

リベラル派はロシアに必要なのは現代化ではなく政治経済の自由化であると主張し，保守的な要求に対抗した．言い換えると「再び前進するために，ロシアは橋の下をすでに流れてしまった水の中にまで後退する必要はない」．強権国家や新しい皇帝の代わりに「すべての国民のための堅固な法律と市民秩序の形成」を提唱した．ロシアは市民社会と先進的な経済への平和的移行を成功させ，民主的な手順と市場原理に沿い，軍部が民間の問題に介入することのない，法が支配し法を遵守する国家になれる，と考えた．

さらに，リベラル派の学者たちは朴正煕の経済発展モデルにおける非強制的な側面を強調する傾向があった．第一に，彼らは1960年代に不正蓄財法を通じて汚職の蔓延を根絶する朴正煕の取り組みを褒め称えた．ロシアの政府と経

済に広範に広がった不正と戦うためには，国の代表者の意志が必要であることを示唆した．第二に，1960-1970年代に現代的教育制度を発展させた韓国政府の取り組みは，韓国の発展モデルの全体的な成功に重要な貢献をなしたと賞賛した．第三に，韓国の政府官僚のプロフェッショナリズムと深い経済的専門知識が強調された．韓国の官僚は非イデオロギー的で，政党に属しておらず，経済的繁栄と成長という国家目標に関心を集中させていたと主張された．第四に，軍隊の支援に頼った韓国の経済官僚と実業界の関係は，リーダーとその追随者との関係であったことが強調された．この関係に親密な個人的付き合いは存在せず，人事や意見の交流もなかった．かくして役人の汚職は減少し，国家による経済主導の効率性が高まったというのである．

経済が飛躍的発展に向かう直前の1960年において，韓国の1人当たり国民総生産はわずか74ドルでしかなかった．朴正熙がシナリオを書いた韓国経済の発展は40年間にわたる継続的な経済成長となって表われ，2000年代に入って1人当たり国民総生産は約2万ドルに達した．韓国経済のダイナミズムとその持続性には驚くべきものがあり，1980年代の後半から現在まで数多くのロシアの学者，政治家，政府官僚たちはこの事実に詳細な検証を試みてきた．彼らはロシアが問題を抱えながらも共産主義から資本主義に移行する過程で，朴正熙の包括的な開発戦略の多様な側面に注目し，朴の現代化のための改革の中で彼らが前から抱いていた主張や政治的な好み，イデオロギー的信条を反映する経済，社会，政治のさまざまな側面を取り上げてこれを重視した．朴正熙は，考え方のかなり違う人々や目標の非常に異なる人々に対しても，何でも屋のように彼らが欲するものを提供することができた．ある人々は一分の隙もない理想的な韓国モデルを欲した．ロシアの古い政治家や学者層は，「漢江の奇跡」の本当の由来やダイナミズムには関心がなく，ただ朴正熙の現代化のための改革や権威主義統制の中で自分の目的に都合のよい教訓や興味のある教訓を欲しがった．

それは別にしても，朴正熙の体制と遺産に関する論争を通じて，ロシア人は後発国のキャッチアップ過程における一般的な長所，短所を具体的に明らかにし，韓国とロシアとの間の「二重意識」の中の共通要素を明示したという意味

で重要であった．また国民経済発展の過程で輸入代替と輸出志向にもとづく「二重的産業発展」という考え方が研究され，移行期間中のいわゆる「ストロングマンによる統治」の利点や潜在的費用などが再評価された．

注目すべきは，韓国を専門とするロシアの研究者が，朴正熙の経済発展モデルの肯定的な要素を，若干の明確な欠点を修正しながら強調し，韓国の改革への取り組みに関して精細に学んだことである．ロシアの観測者は，特に韓国政府が徐々に経済を自由化し開放していった改革計画に関して詳細な追跡調査をした．例えば，外国債務の再検討，外国貿易の段階的自由化，国内労働市場の開放，技術移転の自由化，国内市場向けの製造業再編などがその追跡調査の中に含まれていた．さらに韓国政府は，民営化や企業統治の改革，財閥の解体や再構築，中小企業の奨励や市場に対応した企業内R＆Dプログラムの促進などを実施したが，国家と巨大ビジネスの関係を再構築しようとする，こうした試みに関して数多くの分析がロシアでなされた．

最後に，韓国とロシアのキャッチアップ型開発モデルを比較した時，ロシアの観測者たちにはなお数多くの根本的な問題が遺されている．第一に，政治的な民主化は経済発展のために犠牲にされるべきか，あるいは延期されるべきか．第二に，いかなる開発アプローチが経済・社会的統制の機構としてより豊かな成功をもたらすであろうか．つまり国家規制がいいのか，レッセ・フェールが望ましいのか．第三に，二重的工業化に関し社会経済転換の優先事項の中で最適な順序はどういうものであろうか．例えば，マクロ経済安定化の後に金融構造改革をなすべきか．国際金融と海外貿易の自由化と開放はどういう順序でなされるべきか．第四に，所有権の確立のための適切な順序は何か．例えば，先ず民営化を進めるべきか，あるいはマクロ経済の安定化を図るべきか．第五に，国際投資家の信用を損なうことなく「IMFの罠」をどうしたら避けることができるか．第六に，エリート層のレントシーキング，つまり贈収賄や腐敗に対処するための最善の方法は何か．最後に，ボトムアップ（韓国）による民主化あるいはトップダウン（ロシア）による民主化との二つの間には，経済的意志決定に対する長期的な影響という点で違いはあるのか．もし朴正熙の信条や近代化に向けての改革が包括的な分析の主題となり，旧共産主義ロシアが模倣すべきモデルになりうると朴正熙が知ったならば，すべてを知悉する将軍は大い

なる驚きを示したにちがいない.

参考文献

Shipayev, V. I., *South Korea in the World Capitalist Economy System,* Moscow: Nauka Publishers, 1986.

Simonia, N. A., ed., *At the Crossroads of Global and Local Patterns: Russia, PRC, and ROK,* Institute of World Economy and International Relations, Russian Academy of Sciences: Moscow, 1996.

———, "Lessons of the Chinese and South Korean Reforms for Russia", unpublished conference paper, Institute of World Economy and International Relations, Russian Academy of Sciences: Moscow, 1997.

Experiences of Economic Reforms in Developing Countries, eds., Nauka Publishers: Moscow, 1992.

Tsyganov, Yu. V., *State Regulation of the ROK Economy: Formation of Modern Society,* Institute of World Economy and International Relations, Russian Academy of Sciences: Moscow, 1996.

Kachalin, V. V., *Korean Peninsula in Regional Relations,* Institute of World Economy and International Relations, Russian Academy of Sciences: Moscow, 1997.

Zaytsev, V. K., *Peculiarities of the Models of Market Economy in Japan, Newly Industrializing Countries, and PRC,* Institute of World Economy and International Relations, Russian Academy of Sciences: Moscow, 1998.

———, *The Republic of Korea in the 1990s: A New Stage of Reforms,* Institute of World Economy and International Relations, Russian Academy of Sciences: Moscow, 1998.

——— ed., *Korea in the 1990s,* Institute of World Economy and International Relations, Russian Academy of Sciences: Moscow, 1999.

Nesterenko, A., "South Korea: Crisis and Resolution", *The Journal of the Problems of the Far East,* No. 4, 1999, Institute of the Far East, Russian Academy of Sciences: Moscow.

Syrkin, V., "Use of Growth Pole Strategies for Acceleration of Regional Development: Case Studies of Japan, ROK, and PRC", *The Journal of the Problems of the Far East,* No. 2, 2000, Institute of the Far East, Russian Academy of Sciences: Moscow.

Alexandrov, Yury, "Agreement between the Hunter and the Bear?" *New Times,* February 2003, Moscow.

新聞

Finansoviye Izvestiya, Moscow.

Nezavisimaya Gazeta, Moscow.

Segodnya, Moscow.

Izvestiya, Moscow.

Financial Times, London.

終　章　朴正煕時代の経済発展
―― 開発経済学の観点からみる

渡辺利夫・趙　利済

　朴正煕(パクチョンヒ)は「革命主体勢力」として張勉(チャンミョン)政権に挑戦し，1961年に5.16軍事クーデターを断行，1962年に尹潽善(ユンボソン)大統領が辞任するや大統領代行に就任．1963年の選挙で民主共和党から立候補，第5代大統領となった．1962年以降は大統領の強権をもって逐次，経済開発五カ年計画を遂行していった．1969年には三選禁止条項を改定し三選に成功．1972年には大統領権限を一段と強化して維新体制を確立した．しかし第9代大統領となったものの，1979年に側近によって殺害されるという悲劇に見舞われた．したがって1961年から1979年までが朴正煕の時代である．この時代の韓国経済を開発経済学の観点から総括して，本書の最終章としたい．論じられるべき課題は，以下の七つである．

第1節　経済開発と後発性利益

　朴正煕時代の韓国経済における何よりも大きな特徴は，その成長が「非連続的」なスパートをもって開始されたという事実である．成長開始に遅れを取った後発国ほど，ひとたび開始された経済成長のスピードは先発国のそれよりも加速するという，19世紀先進世界の経済史から得られた経験則は第二次大戦後の資本主義世界の中にも生きていたのであり，このことを朴正煕時代の韓国経済は証明した．韓国の重要なマクロ経済指標はそのいずれにおいても，資本主義世界の最後発の日本のそれよりも鋭い動きをみせた．韓国の経済発展は先発国がその発展過程で要した歴史的時間を「圧縮」して表れたのである．

　朝鮮戦争直後の1953年において7.2%であった韓国の資本形成率は，朴正

熙時代の終わり頃の1978年には30.7%とほぼ日本のそれと同水準に達した．この間の韓国の資本形成の年平均増加率は16.1%であり，同期間における日本の増加率を上回った．第二次大戦後，日本の資本形成が最速で増加したのは，1956年から1962年までの技術革新投資を主内容とする民間設備投資ブーム期においてであり，この間の年平均増加率は17.6%であった．しかしこれに比すべき韓国の投資スパートは第二次経済開発五カ年計画期（1967-1971年）に発生し，その年平均増加率は27.6%であり，これも日本の最速期比率を超えた．高い資本形成増加率に牽引されて経済成長率，特に製造業の成長率は高く，1962年以降，韓国は高度経済成長期に入った．この事実は「漢江の奇跡」として世界に驚きをもって迎えられた．

　後発国の工業化の速度が先発国のそれより速いのは，後発国ほど工業化が重化学部門に重点をおいて進められるからだという，同じく重要な経験的命題がある．ホフマン命題である．ホフマン比率で測られる韓国の工業構造深化の速度はやはり日本のそれより速かった．このことは特定産業部門を取り上げた場合には，当該産業の輸入期から輸入代替期を経て輸出期へと向かう産業発展の段階移行のスピードが速いという事実となって表れた．韓国の鉄鋼業における段階移行の速度は，これも日本の歴史的経験を上回った．

　韓国の経済発展がこのような速度を持ったのは，韓国が日本に代わって新たに資本主義世界の後発国となったことにより，豊富に存在する後発性利益を享受しながら成長しえたからであった．一般に後発国は，先発国が長い技術開発史の中で創り上げてきた工業技術を，発展の始発時点で「既存のもの」として利用できるという有利性をもつ．また長期にわたる国内資本蓄積期間を資本輸入を通じて短縮することができるという利益にも恵まれる．さらに第二次大戦後の後発国にとっては技術や資本の導入にとどまらず，技術や資本を有効に組織化する企業経営の主体や能力それ自体をも導入しうるという有利性もまた大きい．先発国企業による直接投資がそれである．韓国が享受した後発性利益は，韓国が「小国」であることによってなお促進された．小国は小国であるがゆえに，急速な発展を望む以上，技術，資本，外国民間企業を導入して「対外接触度」（クズネッツ）の大きいオープンエコノミーとして形成されるからである．

　かかる後発性利益を「内部化」しつつ，先発国の実績を上回る成長を実現し

たという意味で，韓国はガーシェンクロン・モデルにおける後発国の第二次大戦後の世界を舞台にした再現である．すなわち，(1) 韓国の高度経済成長を支えた経営主体が新興の財閥を中心とした巨大企業集団であったこと，(2) 技術，資本，熟練労働などの「欠落要因」を満たし，さらに戦略的産業部門の設定とその育成に果たした政府の「工業組織者」としての機能には大なるものがあったこと，(3) 韓国の工業化は南北対立という政治的・軍事的「外圧」の下で自国の存亡を賭した国家的課題であり，かかる意味で北朝鮮との対決が工業化イデオロギーとして作用したこと，これら三つの事情もまた韓国の工業化がガーシェンクロン命題に沿って実現されたものであったことを示唆する．

18世紀後半に英国に発したインダストリアリズムの波は，欧州諸国と米大陸諸国に及び，次いで日本とロシアを巻き込み，ついに開発途上国のいくつかの国々の岸を洗い始めた．韓国の経済発展はこのインダストリアリズムの波動への先駆的反応であったということができよう．

第2節　輸出志向工業化の実現

製造業品の輸出が工業化率の上昇を促し，工業化がさらに高度経済成長を主導するという輸出志向工業化が，朴正熙時代の経済発展を特徴づけた．韓国が後発性利益を豊富に享受しえたのは，この工業化類型においてであった．輸出志向工業化政策とは後発性利益を有効に「内部化」するための政策体系であり，かかる観点を採用することによって韓国におけるこの政策の真の意味を知ることができよう．

1960年代は先進諸国の経済が活力をもって同時的に拡大した時期であり，この間，世界の工業製品の貿易増加率は経済成長率を上回った．いずれの先進国の産業構造の変動も激しく，成長産業が次々と生まれる一方，衰退化していく部門もまた少なくなかった．しかし衰退産業から成長産業への生産要素移転はこの時期それほど困難ではなく，産業構造は高度経済成長過程でおのずと調整されていった．石油危機にいたる十数年間のこうした環境は，新たに国際市場参入を図ろうとする後発国を有利化した．しかし大半の開発途上国は「輸出ペシミズム」に災いされて，有利な国際市場環境に恵まれながら輸入代替とい

う「内向型」の工業化政策を追求し，外的世界に活路を見出そうとする国は少なかった．

韓国自身，1960年代の中期までは工業化政策の中心を輸入代替におき，輸入代替を促進するための政策，すなわち貿易保護と輸入代替産業の国内保護は他の開発途上国と同様であった．複雑な保護主義的政策の中で，企業家は生産性の向上を通じて生産費を削減し，もって企業競争に打ち勝とうという企業家的行動ではなく，有利なレートの外国為替や低金利の銀行資金を手に入れたり，輸入ライセンスを確保するために，さまざまな手段を使って政治支配層に接近するというレントシーキング的な行動の方を重視しがちであった．

保護主義的政策の下，生産費の削減努力がなされなかったというにとどまらない．生産財の輸入に有利な為替レート，貿易為替制限，関税制度は，国内財を利用するよりも海外からこれを輸入するという企業家の志向性を強めた．労働過剰・資本不足の状態にありながら，先進国からの中間財や資本財が導入され，資本集約的な生産方法が促進された．低金利政策はそうした生産方法の採用を助長した．低賃金労働力を豊富に擁しながら，これを有効に利用する労働集約的な生産方法は保護主義的政策の中で顧みられることは少なかった．

したがって新しい政策は，既存の政策を廃止すると同時に，国際競争に耐えうる体質自体を新たに創出し，輸出市場に向かう実力を養成しなければならないという困難な課題に応える必要があった．しかも保護主義的政策の廃止には，この政策の下で網の目にように張り巡らされ，肥大化した既得権益を排除する強い意思を体現した政策の下で，これを「権力的」に施行しなければならなかった．朴正煕時代の韓国は全面的な政策転換を，しかも短期日になしえた開発途上国の典型であった．

韓国政府は輸入代替工業化の行き詰まりを察知するや，この工業化を支持してきた一連の保護政策を覆す「市場自由化政策」を展開した．保護政策の廃止は，労働過剰・資本不足という，当時の韓国における生産要素の賦存状態に適合する生産方法と貿易パターンの採用を促し，保護主義により進んだ資源配分の歪みは是正された．労働過剰経済である韓国に潜んでいた国際競争力は高まりをみせ，かつ一連の輸出促進政策が用いられて国際市場への進出が開始された．輸入代替政策の下で狭小な国内市場に閉じ込められていた企業家の活力は

海外市場に向けて放たれ，労働集約的な製品においては国際市場での有力な輸出者としての地位を得た．

第3節　重化学工業化への軌道

韓国は輸出志向型工業化政策の下で後発性利益を豊富に享受しながら高度の経済成長実績を手にすることができた．しかし輸出工業製品の中心は労働集約的な最終消費財であり，一方，この最終財生産のための素材，中間製品，資本財等はそのほとんどを先進国からの輸入に依存するという「加工貿易型」の発展であった．輸出志向型工業化を通じての急成長は，韓国を「開かれた」経済とするとともに，その対外的依存を深化させた．韓国の輸出志向工業化が加工貿易型構造にとどまる限り，後発性利益は国民経済の深部にまでは及ばない．加工貿易型構造の下では，繁栄する輸出部門が他の国内部門の成長を誘発する力をもちえず，二重構造に陥る危険性が大きかった．

とはいえ1960年代の韓国は，比較優位をもった自然資源に恵まれていないのはもちろんのこと，生産財生産の自生的発展の基盤は幼弱であり，関連産業の裾野を持たない未熟な段階にあった．加えて国内市場の狭小な「小国」でもあった．このような初期条件から出発し，にもかかわらず急速な経済発展を望むのであれば，輸入した素材，中間製品を，同じく輸入した資本財を用いて組立・加工して製造された最終財を輸出に向けるという多分に加工貿易型の構造は避けられなかった．かかる構造は「従属的」発展パターンとして当時，批判的論評の対象とされた．しかし小国は小国であるがゆえに，海外に大きく門戸を開いてその「対外接触度」を大きくしない以上，急速な発展を求めることはできない．この「宿命」は重化学工業化を実現しない限りは打ち消すことはできない．しかし朴正熙時代の韓国は重化学工業化に成功した．しかもその重化学工業化は加工貿易型発展がこれを誘発したのである．その因果的メカニズムは次のように考えられる．

韓国は最終消費財の輸入代替工業化から輸出志向工業化への転換を，短期間に手際よくなしえた数少ない開発途上国であった．輸入代替期が時を移さず輸出拡大期につながるという産業発展段階移行の時間的「圧縮」のゆえに，総需

要は持続的に拡大した．すなわち初期には国内需要が，次の時期には輸出が国内生産の拡大を牽引した．この国内生産の拡大は生産財生産への「後方連関圧力」を創り出し，需要が「国内最小生産規模」（ハーシュマン）に達した時点で，生産財の国内生産が開始された．すなわち韓国における生産財の国産化は，最終消費財の拡大がもたらした後方連関圧力による需要牽引型のそれであった．特に，いくつかの最終財の需要において輸出が決定的な役割を果たしたことが強調されなければならない．最終財の輸出志向工業化の下で生産財国産化への道が開かれたのである．迂回生産過程のダウンストリーム（下流部門）における輸出志向がアップストリーム（上流部門）の輸入代替を促進するという因果的誘発関係を，韓国の重化学工業化のプロセスの中に見出すことができる．規模効果がここで大いに発揮されたのである．

後発性利益を受けて胎動した韓国の工業化は，消費財部門と生産財部門との有機的関係を生み，工業構造の一層の深部へとそのインパクトを及ぼしていった．ここに朴正熙時代の韓国の経済発展おける注目すべき成果がある．

第4節　二重経済の発展と解消

構造深化は工業部門でみられただけではない．輸出志向工業化過程で工業と農業の二部門間に連関が生まれたことも，朴正熙時代の韓国経済における注目すべき成果であった．韓国の輸出志向工業化は典型的な加工貿易の下で進捗し，したがって輸出部門の成長波及力は多くの先進諸国へ漏出し，国内の他部門に及ぶ度合いは小さいと考えられた．輸出工業部門の成長率は高かったが，国内の停滞的な伝統部門の成長を誘発する力は小さく，輸出志向工業化過程は二重経済を帰結すると論じられた．

しかし，この考え方はイデオロギー的に過ぎた．あれほどまでの規模で展開された輸出志向工業化のインパクトが輸出工業部門のみにとどまり，これを取り巻く伝統部門には影響を及ぼさない，といった類の過度に単純化された議論が不的確であったのはいうまでもなかろう．韓国の輸出志向工業化が農工二部門間に連関関係を形成していった経緯は次のように想定される．

韓国の輸出志向工業化において注目されたのは，それが生んだ強い雇用吸収

力であった．総労働投入量における最大の部門は，繊維，雑貨，電気・電子の3部門であった．労働力の産業連関分析によれば，輸出によって直接，間接に誘発された労働量のそれぞれ3部門の総労働投入量に占める比率は，1975年においていずれも60%を優に超えた．製造業全体ではこの比率は40%ほどであった．近代部門のかかる強い雇用吸収波を受けて，都市の失業者ならびに日雇労働者，臨時労働者，不払家事使用人，自営業者などの諸範疇に含まれる不完全就業者は吸収され，次いで農業の労働市場にも変化が生まれた．

工業部門の雇用吸収力に呼応して農業人口，農家戸数の減少傾向が顕著となった．そうして生まれた農村労働市場の逼迫化に呼応して，農民の平均労働時間の延長，不完全就業率の減少，農家女子労働力率の上昇がみられ，農業労働力の実質賃金が上昇を開始した．農業における資本蓄積も相当の速度で進められ，1960年代初めに4%強であった農業資本蓄積率は1979年代末には12%に達した．加えて後背地開発の余地をもたない韓国の経済発展が，農村部の地価高騰を招くことになったのも当然であった．

このような要素賦存状況の変化は，農業部門における相対要素価格の変化と要素代替を生み，これに応じて生産性が変化し，農業構造の高度化をもたらした．資本金利に対する賃金率の比率で示される相対要素価格は，1960年代の初期以降，数十年にわたって下降し，資本労働比率も増加傾向をたどった．かかる相対要素価格の変化にともなって生じた農業の資本集約化（機械化），土地集約化（肥料化）の速度，したがって労働生産性，土地生産性の増大速度には刮目すべきものがあった．

製造業では，賃金率はもちろんであるが，資本金利の上昇率も大きく，したがって相対要素価格の変化は農業ほど大きくはなかった．このために資本労働比率も安定的な推移をみせた．資本よりも労働を集約的に利用しながら拡大した輸出志向工業化の特徴は，この事実に由来すると同時に，この事実を促した要因でもあった．すなわち韓国の工業化が雇用吸収力の大きい労働集約的な生産経路にしたがって拡大したために，農村の労働力を都市工業部門に引き付けて農業の相対要素価格を変化させたのであるが，その変化に応じて試みられた要素代替と生産性向上は，次の段階でより多くの労働力を都市工業部門に放出する余裕を農村に創出し，これが工業部門の労働集約的な生産経路を支持した

のであった.

第5節　工業化と社会的公正

　韓国の輸出志向工業化は，これがもたらした高い成長力のゆえに開発経済学上の焦点の一つであったが，高い成長力は同時に雇用成長と分配上の公正を実現する方途でもあった．それがゆえに韓国の工業化パターンが開発途上国の開発政策に対して持つ意味は一層大きい．工業化の戦略的役割を保護主義型の輸入代替政策に求めた大半の開発途上国の経済成長が，特定の産業部門，特定の地域のみを利することにより経済発展の恩恵に与ることのできない階層の比重を増大させたという一般的事実と韓国のそれとは対照的であった．

　多くの開発途上国は工業化における戦略的役割を近代部門の大規模単位に求め，これに多様な国家的保護を与えることによって輸入代替工業化を実現しようとした．保護の下での工業化は，一つには，近代部門に自国の要素賦存状況に逆行する過度に資本集約的，労働節約的な生産方法を促した．二つには，保護による工業化は資本集約的産業の成長を促進して産業構造全体におけるこの部門の比率を高め，労働集約的産業の成長を妨げて産業構造全体におけるその比率を低めるという帰結をもたらし，それゆえ保護主義的工業化の雇用吸収力は小さかった．

　他方，開発途上国の労働力は1960年代の初期以後に増加期を迎えていた．特に農村における増加率は大きかった．プッシュ・アウト型の向都移動を通じて農村から都市へ移住した農村の過剰人口は，一部は失業者として，他の一部はサービス部門を中心としたインフォーマルセクターでの不完全就業者として都市周辺部での滞留を余儀なくされ，都市勤労者の所得分配を不平等化させた．

　工業部門の雇用吸収力が小さいために，農村の過剰就業もまた解消しなかった．生産性の増加速度が鈍く，かつ耕地の外延的拡大の余地が限定的であり，その上に人口圧力を加えられて，人口土地比率を上昇させた開発途上国が一般的であった．人口土地比率の上昇は，耕地保有地規模別農家階層における零細農家階層の比重を高め，かくして農家家計間の所得分配の不平等化をもたらした．分配の不平等化が所得水準の停滞の中で生じれば，零細農民の多くが所得

水準を低下させ，零細農民の離農・離村を促し，流民化した農民がプッシュ・アウト型都市化の主役となるという経緯が生まれる．これは当時の開発論上の一大テーマであった．

保護主義的工業化は，資本や外資といった希少資源を農業のような非保護部門から引き出して工業部門に移転させ，そうして農業部門の停滞を厳しいものとした．さらに保護主義的工業化は，農産物価格に相対して国内工業製品価格を高めることにより農家交易条件を悪化させ，この経緯を通じても都市農村間の所得格差を後者に一層不利なものとした．保護主義的工業化を展開した多くの開発途上国において，近代部門の繁栄と伝統部門の停滞は対照的であった．

しかし，このような開発途上国の一般的経緯とは異なり，工業成長が強い雇用吸収力を発揮して都市勤労者家計，農家家計さらには都市・農村家計間の多様な賃金・俸給・所得面での格差を縮小させたという興味深い事例を，1960年代以降の韓国の経済発展の中に見出すことができる．すなわち韓国の工業化は，強い雇用吸収力により都市の失業者，不完全就業者に就業機会を与えて都市勤労者間の所得分配を平等化させた．また都市工業部門の雇用吸収力に呼応して生まれた農工間労働移動は，農村家計数を減少させてその一家計当たり所得水準の上昇に寄与した．同時に，この国内労働移動が農家交易条件を有利化させる過程でその傾向を助長し，都市・農村間所得格差をも縮小に向かわしめた．朴正熙時代の韓国経済発展の公正的意義をここにみることができる．

第6節　経済開発の対外的側面——日韓経済関係

外国貿易構造もまたこの時代，急速な深化のプロセスをたどった．すなわち韓国は，労働集約財の強い競争力をもって先進国市場でそのシェアを拡大する一方，輸入をも大きく増加させて，先進国経済との間に分業関係を形成した．しかもこの分業関係は，産業間垂直関係から産業内水平分業へ，いいかえれば開発途上国型の貿易構造から先進国型の貿易構造へという重要な変化をそのうちに含んでいた．

韓国による国際市場への進出は，米国や欧州諸国等の第三国市場で日本との競合を引き起こし，韓国によって「追撃」されてしまった日本商品も少なくな

かった．いくつかの労働集約的な軽工業品については，当の日本市場への輸出も無視できない規模に及んだ．しかし韓国による日本へのかかるキャッチアップは，ことの半面であった．実は，韓国と日本とはそうした競合的関係にある一方，強い補完的関係によって結びついた．

韓国の輸出を主導したのは労働集約的な工業製品であったが，これらはそのほとんどが迂回生産過程の最末端に位置する最終財であった．素材，中間製品，資本財はその多くを先進国からの輸入に依存していた．韓国は生産財を先進国より輸入し，これを組立・加工した最終財を再び先進国に向けるという加工貿易型構造の下にあり，したがって韓国の輸出は強く輸入誘発的であった．日韓貿易には，日本の生産財輸出・最終財輸入，韓国の生産財輸入・最終財輸出という関係が典型的に表れ，競合関係よりも補完関係の方が強かった．

韓国は加工貿易型工業構造の下で，主として日本から生産財を大量に輸入していたが，これを組立・加工した最終財は日本にではなく米国，欧州諸国に向けた．その結果，韓国の対米，対欧貿易収支は黒字であったが，対日収支は恒常的な赤字であった．かくして日韓貿易関係は垂直的補完というにとどまらず，韓国の日本の生産財に対する一方的依存によって特徴づけられた．こうした一方的依存が生じたのは，韓国が日本の生産財に大きく依存せざるをえない一方，しかし日本の「フルセット自給型」工業構造に阻まれて，日本市場への最終財輸出を図ることが容易ではない，という事情に由来していた．朴正熙時代の日韓貿易の基本構造はこのように設定された．

しかし日韓貿易の基本構造は1970年代に入って崩れ始め，1980年代に入るや日韓分業パターンは従来の垂直貿易型から新たに水平貿易型へと変化していったことに注意が向けられねばならない．同一産業内で生産される商品が国際間で相互に取り引きされるいわゆる産業内分業はごく一般的な現象であり，1960年代を彩った先進国間貿易の拡大はこれによって促された．水平分業は産業内分業の別名である．日韓水平分業は，実は先進国間のそれよりも速いスピードで進んだ．日本は韓国との水平分業の展開によって，不合理なフルセット自給型の経済構造を是正する重要なきっかけを得ることになった．そして韓国は日本との水平分業の進展によって，経済自立化の条件である重化学工業化の市場的基盤を与えられ，より高度の産業構造と貿易構造を形成するための条

件を手にすることができた．朴正熙時代の日韓経済関係の変化の枢要なポイントはここにあった．

第7節　グローバリゼーションと北東アジア地域の経済発展

　日韓の経済関係を超えて北東アジアの全域を展望すれば，韓国の急速な経済発展は，韓国，日本，中国などの躍動的な相互作用を受けて実現されたものであったことが理解されよう．北東アジアは，極東ロシア，モンゴル，中国東北部，朝鮮半島，日本，さらにはアラスカや太平洋にもいたる広大な地域である．一世紀以上にわたり，この地域は，政治的緊張，軍事的対立，領土問題など深刻な問題に直面してきた．その結果，天然資源，人的資源，資本，技術など豊かな資源を擁しながらも，国境線を横断した経済協力や経済発展に向けて大きな潜在力を活用することができなかった．

　極東ロシアとモンゴルは，天然ガス，石油，鉱物資源などを豊富に有する．中国東北部には農業資源と人的資源が存在する．北朝鮮は戦略的に重要な地理的位置にあり，優れた労働力を潜在させている．韓国には産業技術と資本があり，日本は厖大な金融資本と先進的技術を持つ．さらにこの地域は，アラスカや北太平洋の天然資源を擁する先進的地域とも繋がっている．21世紀には北東アジア地域から欧州へのランド・ブリッジもいずれ形成されるであろう．

　グローバル経済の遠心力と地域統合の求心力の作用を受けつつ，北東アジアの地域協力と地域統合が目下進展している．北東アジア地域では，経済発展段階が国や地方ごとに異なるが，それがゆえにこそ潜在力は大きいのである．多様性を適切に組み合わせれば，流れる水が水力発電を生み出すようにエネルギーを放出する．地域経済統合への動きの中で各国の地方政府や制度の役割はますます大きくなるであろう．

　国民経済は個々人のライフサイクルと同様に考えることができよう．病気，健康，精神的なエネルギーに影響されつつ成熟する過程である．人間の寿命には限りがあり究極的には死を迎える．しかし国民経済は若返ったり活発な時期を延ばしたりすることができる．それでもやがてすべては老いる．歴史の教訓は，どんな国民経済でも永遠に第1位ではありえない，ということであろう．

北東アジア地域は,「成熟した経済」と「若く活力ある経済」という性格の異なる二つのタイプの経済から成り立っている. 協力と統合を経て新しい地域経済圏が形成される可能性は大である. 多様性の中の融合, つまり「成熟した経済」の経験と「若く活力ある経済」の潜在力を結合させることにより, 巨大規模の経済発展が推進されよう. そして「成熟した経済」は活力を取り戻し「若く活力ある経済」はさらに成長しよう.

　この過程で, 朴正熙時代にさまざまな方法で築かれた戦略的な基盤の上で劇的な成長と成熟を遂げた韓国経済は, 今後も経済協力と発展に向けて地域的環境を躍動させるのに少なからず貢献しつづけるであろう. 統合に向けての経済的趨勢が逆転することはもはやありえない. そしてこれがいずれは北朝鮮のような国の固い扉をも開かせるにちがいない.

　本書の作成中に, 米国発の金融収縮が世界経済を大きく揺るがせるという空前の事態が発生し, 現在, その危機が進行中である. "グローバリズムの衝撃"である. 世界経済の運営原理をグローバリズムと市場自由主義におき, これをよしとしてきた経済学思想も深い反省を余儀なくされよう. 朴正熙時代の韓国に典型的にみられた国家主導の市場経済は, 現代世界を覆う野放図な市場経済主義を再考するに際して, 一段と大きな重要性を持つとわれわれは考える. しかし現時点ではこのことはまだ「示唆」にとどまる. 問題意識を新たにかかる観点から韓国経済発展のありようを見定める試みを, 韓国経済を専門とする研究者達は始めなければならない.

あとがき

　米国発の金融危機が世界的な規模で市場経済を揺るがせている．市場原理主義ともいうべき米国のイデオロギーが世界を席巻し，金融部門はグローバリズムの名の下に，一つの地球的ネットワークの中に統合されてしまったかの感がある．これによって世界的レベルでの資源の再分配が進み，世界全体の成長が促進されたことはまぎれもない．しかし同時に，米国のマネー運用に齟齬が生じれば，その負の影響は瞬時にして世界全体を混乱に巻き込むという危うい時代の中にわれわれは生きている．

　現在，世界各地で起こっていることが，まさにそうである．おそらく，このグローバル資本主義の衝撃が癒える頃から，「国民経済」という，いささか古ぼけた感のある時代概念に，われわれが後戻りしようというムーブメントがやってくる可能性が大である．「国家資本主義」を絵に描いたように顕現した，現代の開発途上国の典型が朴正熙時代の韓国であり，現在の世界の現実を眺めて，われわれは韓国のこの時代に焦点を当ててみたいという衝動を抑えられない．

　そればかりではない．食うや食わずの飢餓の韓国を救出したのみならず，今日，世界で有数の資本主義国として名を馳せる韓国の経済発展の諸条件をみごとに整えたのが，朴正熙時代に他ならない．しかし，そういう観点がもはや開発経済学においても，何より韓国内外の韓国研究者の中からも次第に薄いものとなっているのは，嘆かわしい．朴正熙時代の韓国を虚心に研究せずして，国家資本主義論も韓国論も成り立たない．韓国は，二つの議論の格好のテキストなのである．韓国経済研究の碩学――すでに逝去された研究者を含め――を糾合し，朴正熙時代の韓国を高度かつ謙虚に論じた文献を一書にまとめあげたいというわれわれの意図が本書となった．

　本書の核となる知見に少し敷衍しておこう．

　1961年の5.16革命は，現代韓国の経済発展史において決定的な意味をもつ政治的事件であった．その翌年に，第一次経済開発五カ年計画が発足した．以

来，韓国は経済計画に沿いながら権威主義体制下での開発を積極的に展開していった．明確な開発目標を設定し，その実現のための資源配分の在り方を明示し，これに見合わせて資源動員を図るという組織的な経済運営の方式は，韓国の歴史に例をみないものであった．

韓国は経済開発計画の立案と実施に強力な権限をもつ官僚機構として経済企画院を創設，ここに経済関係省庁を監督，指導する権限を与えた．開発行政の強力な一元化である．韓国における資本主義的開発の直接的な担い手は財閥である．しかし財閥の伸長は，官僚の庇護があって初めて可能になった．官僚テクノクラートの作成する開発のブループリントに応じて財閥が行動し，政府もまた財閥を支援し，両者の緊密な連携の下で韓国の速やかな工業化が展開していった．

韓国経済は，1970年代に入って重化学工業化への傾斜を強めた．財閥企業は，政府の提案する計画のうちから自社に適切と思われる重化学工業プロジェクトを選定し，政府の計画に見合う事業計画案を作成した．この計画を政府に提出し，認可の下りたプロジェクトについては，政府によって資金的裏づけがなされ，工場建設と増設を行うという手順が取られた．

韓国経済における財閥の地位を卓越なものにしたのは，政府による政策金融支援であった．厳しい資金不足の韓国経済において，企業経営の資金チャネルを掌握していたのは政府であり，財閥は政府の指示に従順に応じるより他なかった．外国借款もまた政府を通じて供給された．海外資金を調達しうるのは政府のみであり，調達された資金の配分は政府裁量に任せられた．こうして韓国は強い権威主義的な開発を展開していった．

韓国における権威主義開発体制の頂点にいたのが，朴正煕であった．北朝鮮との軍事的・外交的な対決状態下の韓国を経済強国たらしめることに失敗するならば，国の将来は危ういという強い危機意識が朴正煕を衝き動かしてきた．そして，朴正煕はすべてのエネルギーを工業化に集中させるという，厳格なまでに強い意思をもってことに当たった．朴正煕の考え方を簡単に要約すれば次のようなものであった．

極度の貧困状態にあり，高い失業率と非識字率を払拭することができず，守旧的な文化的伝統を引き継いでいる韓国が，いまの時点で欧米流の民主主義制

度を採用しても，混乱と腐敗を招くだけだ．韓国に真の民主主義を実現するためには，その基礎となる経済的基盤，貧困からの脱却が不可欠である．この試図は国民大衆の同意を得てなされるのが最善であるとはいえ，親北朝鮮政治勢力を国内に抱え，国民的同意を得ることの容易ではない韓国においては，指導者の強固なリーダーシップの下でこれを推進するより他ない．北朝鮮という固いイデオロギー国家が南進への意図を露わにしている以上，韓国はこれに抗すべく重化学工業化を中心に，経済力のいち速い増強に向けて国の総力を傾注すべきである．朴正熙はそう考えていた．

この考えに明瞭に表れている，対外的危機意識，エリート主義，そして何よりも強い開発志向において，朴正熙は権威主義開発体制下の東アジアにおいても典型的な政治家の一人であった．権威主義体制下で韓国が手にした経済開発の成功は誰の眼にも明らかであり，1960年代後半期以降の韓国は，「輸出志向型」工業化の顕著な実績によって，開発経済における「規範」とされるほどの高い評価を手にした．

朴正熙の死去の後，彼を襲ったのは全斗煥であったが，この政権下で権威主義開発体制は揺らぎをみせ始め，盧泰愚政権を経て金泳三政権にいたり韓国の民主化はついに花開いた．ここはその因果関係についての解釈を試みる場ではないが，いずれにせよ，韓国の政治的民主化を花開かせる「先行条件」を整備したのが，朴正熙政権下の国家資本主義体制もしくは権威主義開発体制の経済的成功にあったことは明らかであろう．

本書の原文は英文である．論文は各国の韓国研究者から趙利済のところに集められた．原文である英文をもとに，韓国語版が月刊朝鮮社から，中国語版が吉林人民出版社から出され，このたび日本語版が東京大学出版会から上梓されることになった．

日本語の翻訳出版に際してここに謝辞を記したい．韓国の首相を務めた金鍾泌（キムジョンピル）氏に大いなる感謝を申し述べたい．同氏は，本書のもとになった研究のために資金援助を惜しまず，また重要な情報を伝えて下さるために趙利済との対話に貴重な時間を費やしてくれた．朴大統領の前秘書室長である金正濂（キムジョンニョム）氏にも感謝したい．同氏は，韓国のマスコミでは経済開発担当「副大統領」と呼

ばれ，朴正熙の指導で韓国が高度経済成長を遂げた重要な時代に，開発の取り組みをさまざまな分野で指導，調整，管理の仕事をこなした人物である．また同氏は，研究と出版の諸段階で原稿を詳細に吟味し，自身が詳細に記録した事実と照合して修正を施してくれた．韓国の農水産部前長官である鄭 韶永氏(チョン ソ ヤン)，および浦項総合製鉄会社の前会長である金満堤氏(キムマンジェ)には，日本語版の実現のために支援を頂いた．

東京大学出版会から日本語で翻訳出版することができ，私どもは大いに喜んでいる．理事・編集局長の竹中英俊氏ならびに依田浩司氏の，目配りをきかせた編集の労に深甚の謝意を申し上げる．

最後に，ハワイ大学で趙の指導下にあり，現在は一橋大学グローバルCOE研究員を務める田中清泰氏の厖大な翻訳の努力にとりわけ深い敬意を表する．趙がハワイ大学で指導し現在は公立大学法人国際教養大学で教鞭を執る山本尚史准教授には，日本語訳を英語原文と照合する作業を，また拓殖大学の文大宇教授には，日本語訳を韓国語版と照合する作業をお願いした．三氏の真摯な努力に深く感謝する．

2009年10月15日

趙　利済

カーター・J・エッカート

渡辺 利夫

人名索引

漢字は日本語読みで配列し，（　）に原音に近い読みを表記した．

ア行

アタテュルク，ケマル　183, 241
アムスデン，アリス　18
池田勇人　206
尹潽善（ユンポソン）　50-51, 56, 216, 247
ウイルソン，ウッドロー　3
ウェード，ロバート　18
ウェーバー，マックス　241
ヴェブレン，ソースタイン　18
乙支文徳（ウルチムンドク）　38

カ行

ガーシェンクロン，アレクサンダー　18-19
ガイダル，エゴール　237
韓昇洲（ハンスンジュ）　46
ギブニー，フランク　28
金泳三（キムヨンサム）　30
金潤根（キムヨングン）　49
金正日（キムジョンイル）　24, 37
金鍾泌（キムジョンピル）　45, 52, 86, 227
金大中（キムデジュン）　30, 37
金日成（キムイルソン）　24
グーテンベルク，ヨハネス　144
久坂玄瑞　45
クズネッツ，サイモン　201, 248
グリーン，マーシャル　51
ケネディ，ジョン・F　27, 44, 51-53, 56
江沢民　24
コーツ，A・W　192
胡錦濤　24
呉源哲（オウォンチョル）　181, 193-196, 198-200, 206
ゴルバチョフ，ミハイル　236

サ行

崔慶禄（チェキョンロク）　53
ジェファーソン，トーマス　206
シュンペーター，ジョセフ　18, 30, 98
蒋介石　28
蒋経国　28
ジョンソン，チャーマーズ　18-19, 21

ジョンソン，リンドン　27
申采浩（シンチャホ）　38
スターリン，ヨシフ　240
全斗煥（チョンドゥファン）　30, 48, 206
孫文　183

タ行

高杉晋作　45
チェネリー，ホリス　201
張勉（チャンミョン）　15, 45-48, 50-52, 54, 102, 108, 215-216
トインビー，アーノルド　5
鄧小平　24-25, 29
豊臣秀吉　217
トルーマン，ハリー　40
南雲親一郎　44

ナ・ハ行

ナセル，ガマール，アブドゥン＝　183
バーガー，サミュエル　53-56
ハーシュマン，アルバート　18, 252
ハミルトン，アレクサンダー　206
ピノチェト，アウグスト　241
ファーリー，ヒュー　48
フーコー，ミシェル　37
プーチン，ウラジーミル　241
溥儀　3
ヘンダーソン，グレゴリー　39, 218
ホーチミン　3
朴殷植（パクインシク）　38
朴忠勲（パクチュンフン）　86

マ・ヤ行

マーシャル，アルフレッド　97-98
マグルーダー，C・B　51-52
マッカーサー，ダグラス　12, 40
マルクス，カール　20, 57
明治天皇　41
吉田松陰　45

ラ行

ラスク，ディーン　56

リークヮンユー（李光耀）　23, 29
李翰林（イハンリン）　45, 53, 57
李錫采（イソクチェ）　49
李舜臣（イスンシン）　38, 217
李承晩（イスンマン）　13-15, 23, 26, 47, 102, 213, 227

李秉喆（イビョンチョル）　94
ロストウ, ウォルト・W　27
盧泰愚（ノテウ）　30, 234

事項索引

ア 行

R & D　145-146, 163-164, 168
　——機関　153, 155, 158-159, 165-167
　——事業　162, 243
　——設備　156, 167
　——センター　147, 150, 165
　——投資　163, 205
　防衛——　167
IMFのスタンドバイクレジット　110
IMFの罠　243
アジア自動車　195-196
アングロアメリカン経済理論　181
アングロサクソン・モデル　189-192
安定第一，成長第二　85
ERS　→輸出の実効補助金率
ERP　→国内販売の実効保護率
蔚山（ウルサン）石油化学工業基地　229
一般的関税法　105
移転技術　147
隠者の国　4
インフォーマルセクター　254
インフォーマルな資金市場　90
インフレ　17, 48
　——ギャップ　111
ウェストポイント（米国陸軍士官学校）　217
浦項（ポハン）製鉄基地　229
浦項総合製鉄所　125-126, 230
浦項鉄鋼関連工業基地　229
A-TKEs　186, 189, 191-192, 201, 205
S & T　161, 163, 176
　——インフラ　164, 166
　——発展　160
エリート主義　20
LG（旧ラッキー金星）　239
エンジニアリングアプローチ　181, 197, 199-202
エンジニアリングコンサルティング企業　160
エンジニアリングサービス推進法　162
エンジニアリング能力　152, 178
OEM契約　148
OEM製品　145
穏健な権威主義　22-23
温山（オンサン）非鉄金属工業基地　229

カ 行

ガーシェンクロン・モデル　249
外国援助　16-17
外国為替管理法　104
外国為替レート改革　18
外国技術移転　146-147, 152, 154
　——額　152
外国資本　78
　——投資法　93
外国借款　78, 127, 138
外国直接投資（FDI）　149-150, 152, 154, 177
外国融資の償還保証制度　17
外国ライセンサー　165
外国ライセンシング　145, 147, 150-152, 154, 177
ガイダル政権　238
開発借款基金（DLF）　106
科学技術促進法　162
価格凍結　17
科挙　217
革新能力　178
革命審議会　108
革命的愛国主義者　45
加工貿易　224, 228, 251-252
　——構造　256
寡頭政治　20
為替プレミアム　114
関係企業　187
漢江（ハンガン）の奇跡　77, 233, 235, 239, 241
韓国開発銀行法　89
韓国開発研究院（KDI）　70, 87-88
韓国科学技術院（KAIST）　164
韓国科学技術研究院（KIST）　86, 164-165
韓国株式会社　98
韓国教員組合　46
韓国銀行　17
　——法　89

韓国経済人連合会　94
韓国国際鉄鋼連盟　125
韓国産業政策のダイナミズム　137
韓国人帰還プログラム　173
韓国人経済学者　186
韓国人の反日感情　9
韓国鉄鋼借款団　230
韓国陸軍士官学校　44-45
間接的社会資本の整備　74
関東軍　6
官民協力　205
起亜（キア）　196
起亜自動車　195, 200
企業家精神　18
企業内組合　20
技術開発促進法　162
技術獲得プロセス　177
技術吸収能力　177
技術サービス　145
技術指導　147
技術伝播モデル　5
KIST　→韓国科学技術研究院
偽装失業　102
北朝鮮　→朝鮮民主主義人民共和国
騎馬民族国家　5
規模経済　195, 199
キャッチアップ　189-190, 205, 236, 256
　——型開発　21, 233, 237
　——型開発モデル　238, 243
　——型発展　240
　——段階　20
　——・モデル　19
共産主義者　53-54
共産主義体制　24
強制貯蓄　19
金利現実化政策　222-223
金利二重構造　222
グルポス　188
軍事援助　16, 39
軍事的現代化　38
軍人勅諭　41
経済企画院（EPB）　16, 60-62, 161
　——長官　73, 79, 85, 107
KDI　→韓国開発研究院
月例経済情勢報告会議　80
月例輸出振興会議　114
ケネディ政権　226

権威主義　181
　——的リーダーシップ　23
研究開発　→R ＆ D
現代（ヒョンデ）　188, 196, 239
現代自動車　195, 197
現代重工業　231
現代造船　231
工業化組織者　200
光州（クヮンジュ）事件　233
高収量品種の米　8
皇道派　42-43
後発工業化　236
　——モデル　189
後発工業国家　190
後発国　19, 181
　——開発　18, 21
後発性利益　251
後方連関圧力　252
国内最小生産規模　252
国内貯蓄　16-17, 75
国内販売の実効保護率（ERP）　119-120
コストベネフィット分析　202
国家経済動員　97
「国家主導」計画　68
コングロメラト　187

サ　行

在韓米軍の撤退問題　167
財閥　79, 187-188, 192, 224
債務超過企業　92
産業間垂直関係　255
産業内水平分業　255
産業連関表分析　225
「三高」現象　79
38度線　12, 37
三星（サムソン）　94, 196, 206, 239
三星重工業　231
三白産業　213-214
CIA　→米国中央情報局
資源ナショナリズム　83
私債　222
志士　45
「指示的」計画　67-68
実効為替レート　118
実需要者制　213
実践主義　182
ジニ係数　27

事項索引　267

シバル　194
シベリア大陸横断鉄道　8
資本主義型開発国家　19, 23
資本主義型後発国家モデル　20
資本主義官僚　241
社会的公正問題の解決　74
重化学工業　65, 74, 77-78, 97
重化学産業宣言　75, 83, 85
「従属型」構造　228
「従属的」発展パターン　251
儒教的価値観　28
儒教的伝統　241
儒教的倫理　10
春窮農民　214
商業銀行法　89
昌原（チャンウォン）機械工業基地　229
昌原工業団地　204
消費者主導の後発工業化　235
昭和維新　42-43
職業訓練法　175
植民地的現代化　37
ショック療法　238
所得分配　185
「指令的」計画　67
新興工業経済群（NIES）　220
新進（シンジン）　196-197
新進自動車　195, 206
人的資源　10, 12, 176-177
　──発展度　171
スタグフレーション　191
スルタン　23
政策転換能力　221
生産至上主義　22
政治的コネクション　196-197
政府の失敗　203
世界銀行　93
世界経済の「同時的拡大」　219
石油化学産業推進法　126
セナラ　194-195
ゼネラルモーター　206
セマウル運動　27, 65, 73, 86, 97
繊維産業近代化促進法　127
選択的な鎖国政策　184
造船工業推進法　127
総督府　6
双竜（サンニョン）重機　231
ソウルオリンピック　233

ソウル科学パーク　163

タ　行

ターンキー工場　145, 147, 151-152
第一次オイルショック　83
第一資本制度　91
第二資本制度　91
大宇（デウ）　197, 206, 239
大宇重工業　231
対外接触度　248, 251
大韓（テハン）航空（KAL）　135
大韓重機　231
大邱（テグ）師範学校　28
大統領緊急令　79
大統領秘書　64
大徳（テドク）研究団地　163-164
第二波工業化　235, 238
多国籍企業　185
脱亜論　4
玉浦（オクポ）造船工業基地　229
単一変動（為替）レート制度　110-111
チェボル　→財閥
チャンピオン企業　184-185, 189, 197
中央情報局部長　1
中国東北部　→満州
朝貢体制　4
朝鮮王朝　38
朝鮮戦争　13, 15, 38-39, 56, 101, 184
朝鮮民主主義人民共和国　13, 24, 46, 102, 182, 184
テクノクラート集団　66-67
鉄鋼産業推進法　126
電子機械工業推進法　127
天皇　40, 42
ドイツ租借地　2
統一固定為替レート　104
統制派　42-43
徳川幕府　45
徳治主義　216
特別関税法　105
土地改革　14, 184
トップダウン型の方法　21
トヨタ　196

ナ　行

ナチスドイツ　21
南農北工　212

ニクソンドクトリン　28, 82
二重経済化　228
二重的産業発展　243
日露戦争　2, 10, 25, 36
日韓基本条約　227
日韓水平分業　256
日清戦争　2, 25, 36
2.26事件　42-43, 48, 216
日本経済研究センター　87
日本鋼管　231
日本式の産業政策　181
日本帝国陸軍　41
日本の軍国主義　37
(日本の) 陸軍士官学校　28-29, 43
ネガティブリスト　116
農家交易条件　255
農工間労働移動　255
農本主義　216

ハ　行

ハイパーインフレ　103
パリ講和会議　2-3, 11
反植民地　3
反西欧　3
反日　3
東アジアの奇跡　1
非識字率　169
ビスマルク＝明治政府的な権威主義モデル　19
ビッグバン　237
ビッグプッシュ　139
複数為替レート制度　114
富士製鉄 (旧)　231
不正財産蓄積特別対策法　108
不正蓄財者　108-109
不正蓄財処理　221
不動産投機　79
部門間連関効果　7
ブルーバード　194
「フルセット自給型」工業構造　256
プロジェクト評価法　202
文禄・慶長の役 (壬辰倭乱)　217
米国国際開発庁 (USAID)　69, 106
米国資金援助　137
米国中央情報局 (CIA)　46-48, 51, 53-54
米国と相互防衛条約　13
米国の援助　110

暴力の文化　235
保護主義的工業化政策　220
ポジティブリスト　116
ポニー　197
ホフマン比率 (命題)　229, 248
歩兵操典　40
ボルシェビキ　2
ホワイトハウス　65

マ　行

馬山 (マサン) 輸出自由地域　226
満州　6, 25, 45
満州軍官学校　43-45
満州国　3, 7, 37, 43
南ベトナム　40
民族主義　3
無血革命　44
明治維新　4-5, 23, 41-42, 44-45, 184
名目実効為替レート　118
滅共統一　232

ヤ　行

八幡製鉄 (旧)　231
「誘導された資本主義」　68, 121
輸出インセンティブ　105
──政策　112-113
──抑制効果　113
輸出記念日　84
輸出志向　167, 243
──(型) 工業化　121, 219, 222, 249, 251-252
──(型) 工業化政策　220
──(型) 工業化戦略　102, 112, 114, 137-138
──的発展　235
輸出振興拡大会議　80, 84, 88
輸出促進政策　18
輸出促進法　106
輸出ターゲット制度　113
輸出第一　84
輸出入リンクシステム　104, 110-111
輸出の実効補助率 (ERS)　119-120
輸出ペシミズム　220
輸入自由化の措置　18
輸入代替　101, 120-121, 124, 127, 156, 243, 249
──企業　220

――工業化 250
――産業 121-122, 124, 250
輸入プレミアム 104
幼稚産業 176
4匹の虎 1

ラ 行

李朝 36, 217, 219
リバースエンジニアリング 146-147, 149, 152-155, 168, 176-177
両班（ヤンバン） 13, 217, 219
レーニン＝スターリン的な全体主義モデル 19
労働組合 20
労働集約的工業製品 223
ローカルコンテンツ 127
ロシア型ショック療法 237
ロンドン海軍条約 42

編者・執筆者紹介（＊は編者）

趙利済（チョー・リージェイ）＊
京都で出生．ハワイ在住の韓国人．シカゴ大学で社会学博士号，東京大学で人口学博士号，慶應義塾大学で博士号，ロシアアカデミーで名誉経済学博士号を取得．シカゴ大学，ソウル大学，ミシガン大学，ハワイ大学で教授を務めた．東西センターの人口問題研究所所長を長く務め，東西センター総裁を歴任．1991 年以来，北東アジア経済フォーラムの議長として毎年，フォーラムを主催．韓国政府による最高の国民憲章である「ムクゲ賞」や新潟県より「環日本海賞」を受賞．人口学，経済発展，社会学，統計学における論文や著作多数．

渡辺利夫（わたなべ・としお）＊
1939 年 6 月山梨県で出生．拓殖大学学長．慶応義塾大学卒業，同大学院博士課程修了．経済学博士．筑波大学教授，東京工業大学教授，拓殖大学国際開発学部長を経て 2005 年より現職．東京工業大学名誉教授．外務省国際協力有識者会議議長．山梨総合研究所理事長．第 17 期日本学術会議会員．JICA 国際協力功労賞．外務大臣表彰．主著に『成長のアジア 停滞のアジア』（東洋経済新報社，吉野作造賞），『開発経済学』（日本評論社，大平正芳記念賞），『西太平洋の時代』（文藝春秋，アジア太平洋賞・大賞），*Asia : Its Growth and Agony,* Hawaii University Press，『神経症の時代』（TBS ブリタニカ，開高健賞正賞），『種田山頭火の死生』（文春新書），『私のなかのアジア』（中央公論新社），『新 脱亜論』（文春新書）などがある．

カーター・J・エッカート（Carter J. Eckert）＊
ハーバード大学朝鮮史教授．ハーバード大学およびロレンス大学で西洋古代史・中世史専攻．1970 年代初め，韓国に国連平和維持軍として滞在し，東アジアや韓国に関心を持つ．ワシントン大学（シアトル）日本史・韓国史博士．1985 年からハーバード大学で韓国現代史の講義を持つ．1994 年からハーバード大学韓国学研究所所長．ウッドローウィルソンセンター研究員等を歴任し，米韓関係の発展のための諸委員会の諮問委員．現在，梨花女子大学名誉教授．主著として『日本帝国の申し子』（草思社），*Korea, Old and New: A Historical Perspective on Contemporary East Asia, Offspring of Empire. The Colonial Original of Korean Capitalism* などがある．

李基俊（イ・ギジュン）
1920 年韓国忠清南道礼山で出生．ソウル大学経済学科卒業．オックスフォード大学経済学博士．国民大学教授，経済科学審議会議常任委員，韓国開発研究院（KDI）理事長，産学協同財団顧問，産業経済開発研究院理事，産学協同財団監事，東アジア経済研究院理事等を歴任．主著に『韓末西欧経済学導入史研究』『新経済学入門』『需要理論』『韓

国経済学教育研究』『景気循環論』『無資源国の経済学』などがある．1998年没．

金光錫（キム・クワンスック）

1929年韓国平安北道で出生．慶熙大学校で学士号，高麗大学で経済学博士号を取得．プリンストン大学研究員，韓国開発研究院（KDI）副院長，慶熙大学校経済学部教授，韓国国際経済学会グローバル経済研究所の顧問を歴任．主著に『韓国工業化のパターンとその要因』『韓国の輸出と工業化』などがある．

金仁秀（キム・インス）

韓国ソウルで出生．国際大学（現・西京大学）経営学科卒業．米国インディアナ大学経営学博士．韓国科学技術院教授，高麗大学教授，コロンビア大学招聘教授，行政改革委員会委員長，国連大学新技術研究所理事，韓国知識経営学会会長，人文社会研究会理事長等を歴任．主著に『技術革新の過程と政策』『未來の韓国企業』『巨視組織理論』 *Imitation to Innovation, Learning and Innovation in Economic Development. Technology Learning and Innovation* などがある．2003年没．

アリス・H・アムスデン（Alice H. Amsden）

米国マサチューセッツ工科大学（MIT）政治経済学教授．ロンドン・スクール・オブ・エコノミクス経済学博士．主著に *Asia's Next Giant : South Korea and Late Industrialization, The Market Meets its Match : Restructuring the Economies of Eastern Europe. The Rise of "the Rest" : Challenges to the West from Late-industrializing Countries, Beyond Late Development* などがある．

アレクサンドル・Y・マンスローブ（Alexandre Y. Mansourov）

米国アジア太平洋安全保障研究センター教授．コロンビア大学政治学博士．金日成大学で韓国学研究．韓国と北朝鮮の国内外交政策，特に東北アジアの政治，経済，安全保障について研究．モスクワ外交研究員，ジェームズマディソン大学やジョージタウン大学で講義．ハーバード大学韓国学研究所協同研究員，米国ワシントン北東アジア政策研究所客員研究員等を歴任．主著の *The North Korean Nuclear Program : Security, Strategy, and New Perspective from Russia*（共編）は日本語，中国語，韓国語に翻訳された．

訳者

田中清泰（たなか・きよやす）

一橋大学グローバルCOE研究員．北東アジア経済フォーラムプロジェクトアシスタント．ハワイ大学経済学部講師．中央大学経済学部国際経済学科卒業．ハワイ大学マノア校修士．同博士号取得．博士論文 "Essays on Japanese and U. S. Multinational Enterprises". "The Complex Expansion Strategies of Japanese and U. S. Multinational Firms".（『経済学論纂』第48巻第3・4合併号，中央大学経済学部）などがある．

朴正熙の時代
―― 韓国の近代化と経済発展

2009年11月17日　初　版

［検印廃止］

編　者　趙利済・渡辺利夫・C. J. エッカート

発行所　財団法人　東京大学出版会
代表者　長谷川寿一
113-8654　東京都文京区本郷 7-3-1 東大構内
http://www.utp.or.jp/
電話 03-3811-8814　Fax 03-3812-6958
振替 00160-6-59964

印刷所　株式会社三陽社
製本所　矢嶋製本株式会社

Ⓒ 2009 Cho Lee-Jay, et al.
ISBN 978-4-13-026137-1　Printed in Japan

Ⓡ〈日本複写権センター委託出版物〉
本書の全部または一部を無断で複写複製（コピー）することは，著作権法上での例外を除き，禁じられています．本書からの複写を希望される場合は，日本複写権センター（03-3401-2382）にご連絡ください．

著者	書名	判型	価格
月脚 達彦	朝鮮開化思想とナショナリズム 近代朝鮮の形成	A5	7200円
金 洛年	日本帝国主義下の朝鮮経済	A5	5800円
金洛年編/文浩一・ 金承美訳/尾高煌之助・ 斎藤 修訳文監修	植民地期朝鮮の国民経済計算 1910-1945	A5	18000円
林 采成	戦時経済と鉄道運営 「植民地」朝鮮から「分断」韓国への 歴史的経路を探る	A5	12000円
宣 在源	近代朝鮮の雇用システムと日本 制度の移植と生成	A5	5800円
服部 民夫	東アジア経済の発展と日本 組立型工業化と貿易関係	A5	5400円
三谷 博 並木 頼寿編 月脚 達彦	大人のための近現代史 19世紀編	A5	2600円

ここに表示された価格は本体価格です．御購入の
際には消費税が加算されますのでご了承下さい．